JN028645

確実に儲けを生み出す

不動産投資の教科書

姫野秀喜

Hideki Himeno

はじめに

会社勤めをしながらでも確実に儲けられる手法がある！

サラリーマンの不動産投資が一般的になって約20年が経ちました。築古、新築、地方RC、木造、戸建、廃墟投資、光速投資など、この20年間に提示された投資手法は様々に存在しますが、それらは「再現性がある手法」と「再現性がない手法」の2つに大別することができます。

「再現性がない手法」は、主にこの20年間に起こったマクロの出来事、例えばITバブルやリーマンショック、震災などの時流に乗ったその場限りの手法です。これらの手法は非常に強力で、成功できれば一獲千金が可能ですが、使うタイミングを誤ると失敗してしまう猛毒にもなります。

それに対し**「再現性がある手法」**は、そういったマクロの出来事に左右されず、誰でもいつでもほぼ同様に結果を出せる手法です。手っ取り早く大きく成功することはできませんが、コツコツと努力することができれば確実に儲けられる、時代の影響を受けない手法です。そして、これこそが、3000万人いるといわれるサラリーマン・OLにとって、最も適した手法というわけです。

日本のサラリーマンは受験勉強や毎日の仕事などを勤勉に、コツコツと努力する能力をすでに身につけています。その**コツコツと努力する能力こそが不動産投資で成功するために最も重要な力になる**のです。そういう意味で、すべてのサラリーマンは不動産投資で成功できる資質があるわけです。

ただし、それには正しくて「再現性がある手法」を身につける必要があります。**本書では誰もが行える「再現性がある手法」だけを厳選しています。本書の通りに行動することで絶対に失敗せず確実に成功できる未来をあなたにお約束します。**

本書の4つの特徴

本書の特徴は4つあります。

1つめは、**全体像が見える（業者の動きが見える）**ことです。本書を読むことで、投資家としての心構えから、必要な現地調査、数値シミュレーションなど、何をどのタイミングで行うべきかを把握することができます。

2つめは、**定量・定性の両方から見ることができる**ということです。本書では不動産投資を「事業経営」と位置付けています。事業経営である以上、財務3表に基づいた定量分析（数値の把握）は必須です。しかし、多くのサラリーマンは（経理などに携わっていない限り）会計および税務の数字に苦手意識を持っています。本書では会計・税務知識のうち、不動産投資に必要な部分だけに特化して、できるだけ簡単に使いこなせるような仕組みを用意しています。

定量分析の類書は多数ありますが、難解すぎるか、簡便すぎる（税務が加味されていない）のどちらかであり、必要最低限の税務を加味した簡便なシミュレーションができる書籍は今のところ存在していません。

定性分析とは、物件の現地調査などで壁の劣化など建物の状態や管理状態、周辺環境などをチェックすることを意味します。その場合に最も大切なのは「写真を5W1Hで撮る」ということです。実際の物件の写真を用い、どのような部分をどういう観点で撮るのか、誰でも確実に必要な定性情報を取得することができるスキルを解説しています。写真をただ掲載している不動産投資書籍は存在していますが、効率的に必要十分な情報を撮るスキルを解説した書籍は皆無です。不動産投資は中古物件を購入することがほとんどですから、すべての投資家に必須のスキルを身につけることができる唯一の書籍となります。

3つめは、**2秒でわかる図**です。「2秒でわかる」とは外資系コンサル時代に図を作成する際、常に意識していたことです。図は2秒でわからなければ、そのプレゼンを見ている人（クライアント）の意思決定が遅れてしまい、クライアントの大切な時間を奪うことになるからです。

本書の読者は、主に日々忙しく働いているサラリーマンの方を想定しています。だからこそ、パッと見ただけで「2秒でわかる」ことを意識しました。本書は、一度読んでしまえば、後は図を見るだけでその内容を想起することができ、皆様の大切な「時間」を守る仕様になっています。

4つめは、**再現性があり末永く使える不動産投資の手法**だということです。投資手法には流行り廃りがあります。というのも、不動産はバブルや不況などのマクロ環境に大きな影響を受けるため、その時代のスター投資家が生まれやすく、そのスター投資家の手法がクローズアップされるからです。

しかし、当然ですがマクロ環境が変化すれば、そのスター投資家の手法も使えなくなります。合法・非合法問わず、一物件一銀行一法人の手法、消費税還付、太陽光発電の手法などは、経済や税法のマクロ環境が変化したことで、もはや使えない手法となってしまいました。

本書ではそういったマクロ環境の浮き沈みにほとんど関係のない堅実な手法をお伝えします。堅実な手法とは、具体的には事業経営を行うということ、とりわけ財務3表（B/S、P/L、C/F）に基づく不動産事業および30年先を見据えた経営を行うことを意味しています。

著者はコンサル時代に多数の大企業の経営コンサルティングを行い、日本を代表する大企業の経営を目の当たりにしてきました。日本を代表する大企業はすべからくビジョンを持ち、戦略と目標を立て、実行可能なアクションに落とし込み、それらの予実を定量的に管理しています。だからこそビジョナリーカンパニーとして何十年も生き残っているわけです。

不動産投資は最低でも（ローン返済期間である）30年は続けなくてはならない事業経営です。本書では、大企業が行ってきた再現性のある経営手法をできるだけ簡素化し、不動産投資に必要十分な内容に凝縮しました。本書を読むことで読者は不動産投資で成功できるだけでなく、サラリーマンとして今お勤めの会社の経営についても理解が深まるという副次的メリットも享受できるかもしれません。

本書でご紹介する投資法は、時代に左右されることなく末永く使えるものであることを確信しています。ぜひあなたの不動産投資が成功することを願っております。

確実に儲けを生み出す　不動産投資の教科書

目次

第2章 不動産屋探しから始めるパートナー選びの世界

第3章

マイソクから始める物件の良し悪し判断

第4章 シミュレーションから始まる成功の未来

第5章

現地調査で高める物件目利き力

第6章

金融機関探しから始まる一流投資家への道

第7章 管理会社探しから始まる満室経営

第8章 売買契約・金消契約、そして大家さんの第一歩

ブックデザイン　大場君人
図版制作　石山沙蘭

序　章

不動産取引の全体像

1 「不動産取引」の登場人物

まずは20～21ページにある「不動産売買の全体マップ」を眺めてみてください。

これを見ると、不動産取引には多くの人が関わることがわかります。売主や買主はもちろん、売主側の仲介業者、買主側の仲介業者、そのほかにも金融機関や司法書士、物件の管理会社など、その大半はその道のプロフェッショナルたちです。

それでは買主はどうでしょうか。ずぶの素人なのでしょうか。

いいえ、**買主は不動産投資という事業を行うプロでなくてはなりません**。なぜなら、プロにならなければ不動産投資での成功はできないどころかだまされる危険性すらあるからです。

「スルガ銀行」が不正融資を行った「かぼちゃの馬車」の事件では、融資のプロと不動産のプロが素人である買主をだましてシェアハウスを相場よりもかなり高額な価格で売りつけていました。

もちろん不正融資自体は問題ですが、もし買主が不動産投資のプロだったらこのようなシェアハウスに引っかかっていたでしょうか。

不動産投資はプロとプロがしのぎを削る世界です。そのような世界になんの知識もスキルもない素人が飛び込めば、カモにされることは間違いありません。

本書には不動産投資経験ゼロの人が、不動産投資のプロになることができる必要十分な知識が詰め込まれています。

不動産投資のプロは、仲介業者のように不動産に関する細かな法律の知識はあまり必要ありませんが、事業を経営するための投資家としての知識が必要になります。

最初の目標設定から不動産屋探し、物件探し、定量チェック（シミュレーション）、定性チェック（現地調査）、管理会社探し、契約と決済まで、本書に記載された不動産投資家が行うアクションを順に読み進めていくことで、それらの知識を自然に身につけることができます。

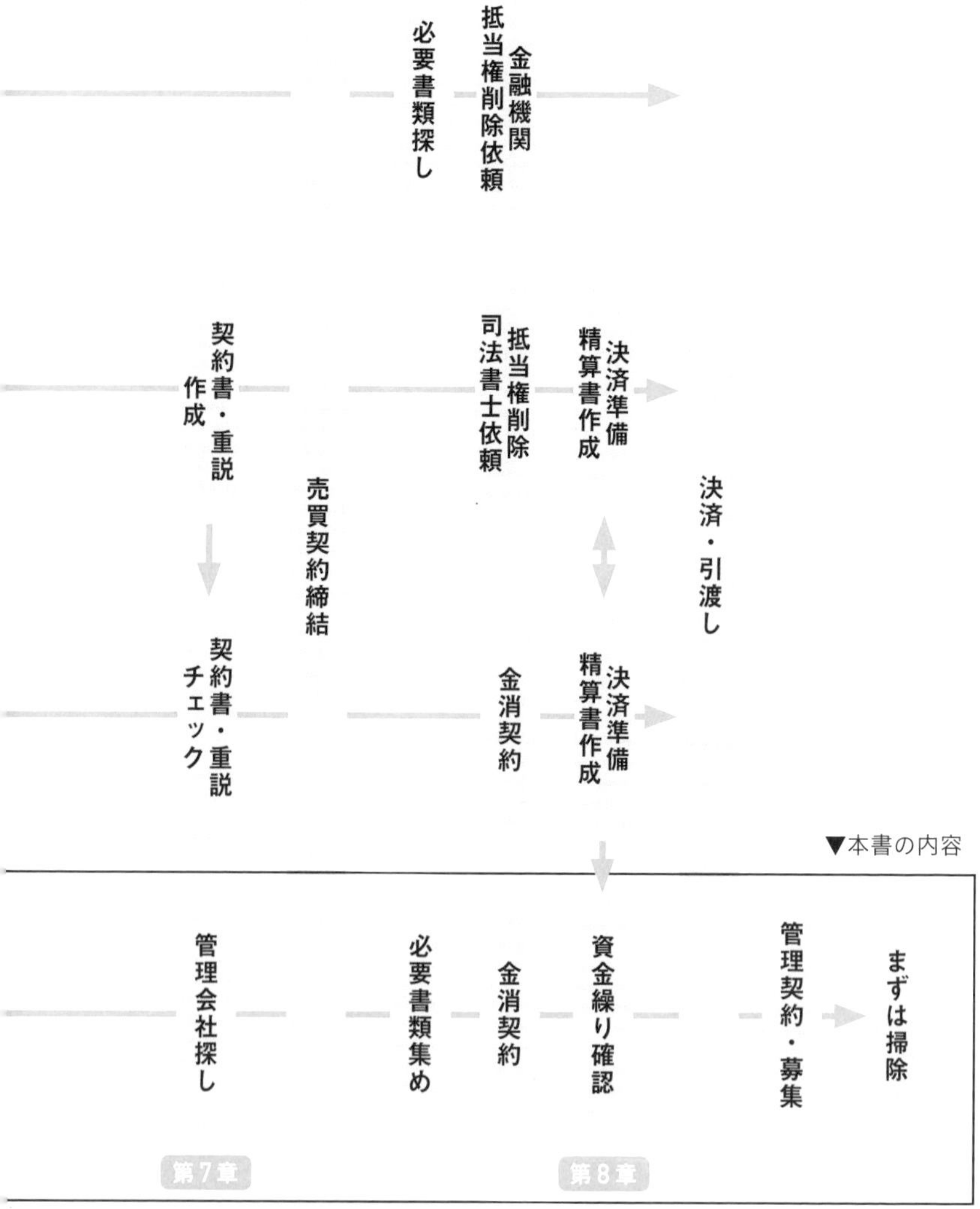

決済・引渡し

決済準備
精算書作成

抵当権削除
司法書士依頼

金融機関
抵当権削除依頼

必要書類探し

決済準備
精算書作成

金消契約

売買契約締結

契約書・重説
作成

契約書・重説
チェック

▼本書の内容

まずは掃除

管理契約・募集

資金繰り確認

金消契約

必要書類集め

第8章

管理会社探し

第7章

不動産売買の全体マップ

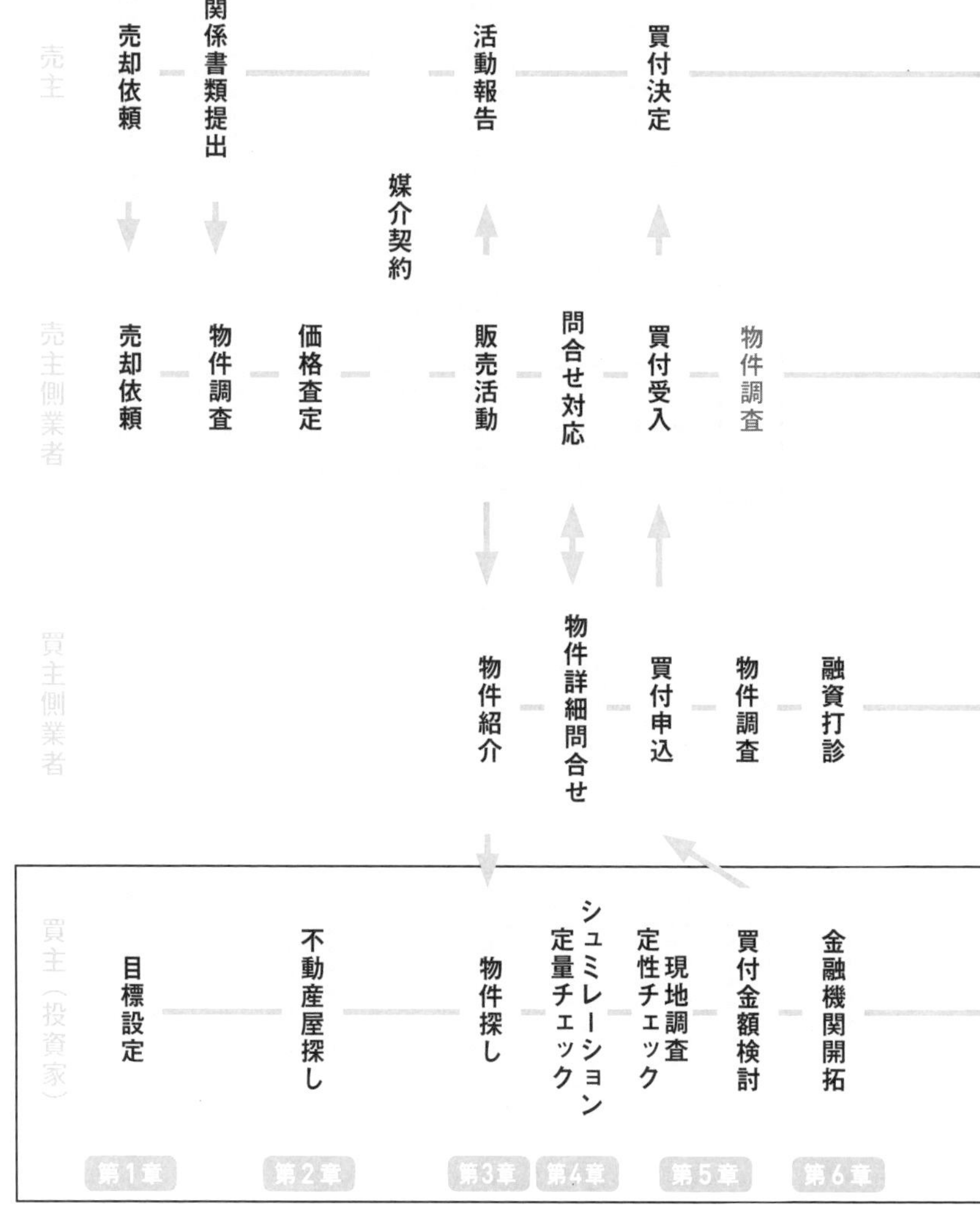

2 知っておくべき3つのお金の使い方

不動産投資に限らず、投資を行うにはお金のリテラシーを高めなくてはいけません。そのためには、お金の使い方を知り、お金とどう向き合っていくかという自分自身のマインドを決める必要があります。

お金の使い方は大きく分けると**「消費」「貯蓄」「投資」**の３つに集約されます。

具体的には、お菓子を買ったり、洋服を買ったりするのが「消費」、お金を銀行に預けたり、貯金箱に入れるのが「貯蓄」、株やＦＸ、不動産を購入するのが「投資」ということは読者の皆様もよくご存知かと思います。

では、これら「消費」「貯蓄」「投資」の３つのお金の使い方の定義とはなんでしょうか。

それは、その「お金を使う前（Ｂｅｆｏｒｅ）」と「お金を使った後（Ａｆｔｅｒ）」でお金がどう変化しているかということで決まります。

「消費」とは、お金が使われる前より後の方が手元に残るお金が少ない、すなわち「Ｂｅｆｏｒｅ

お金の3つの使い方（定義）

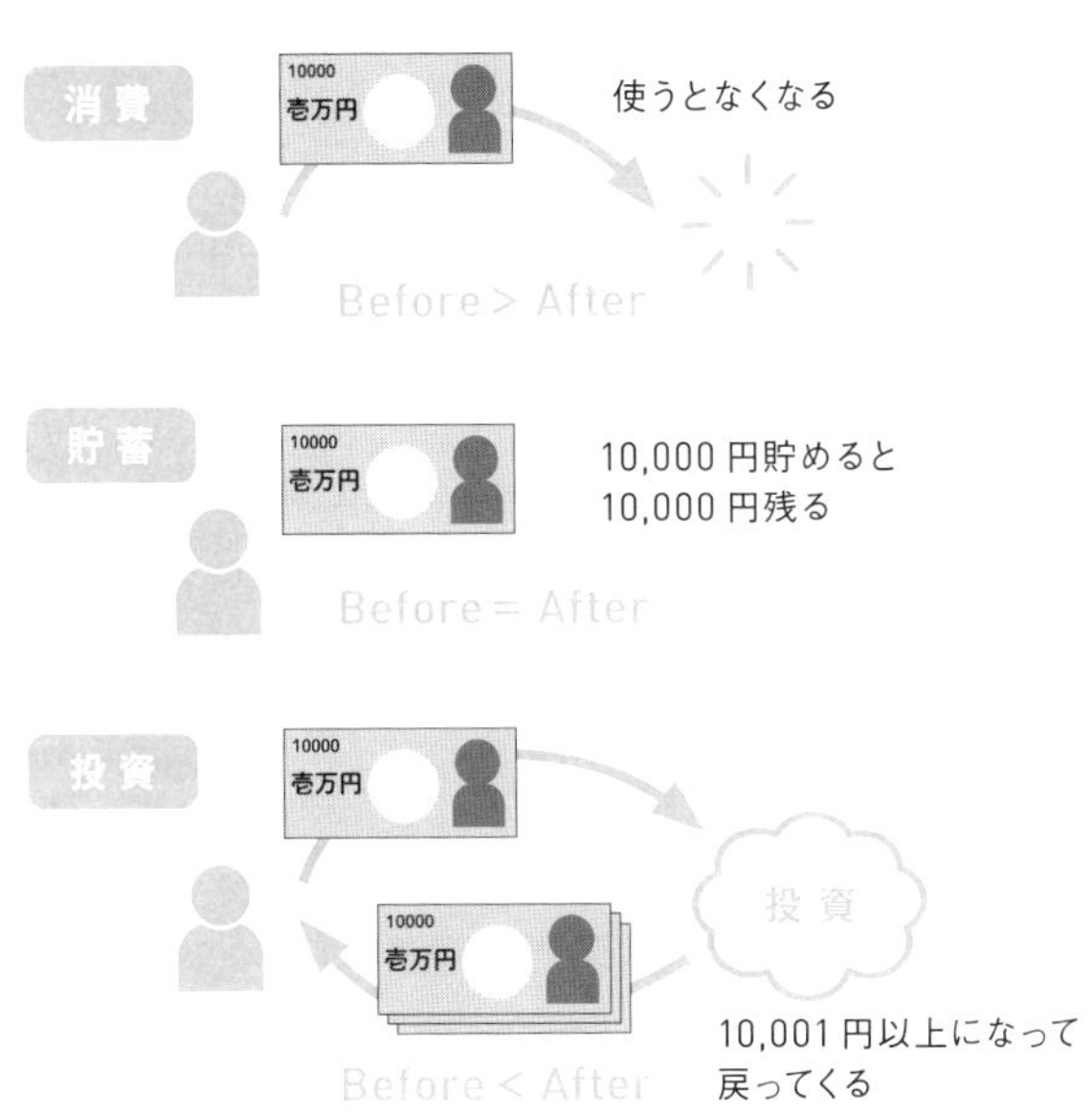

＞Ａｆｔｃｒ」ということです。同様に「貯蓄」とは、お金を貯めた前と後が基本的に「Ｂｅｆｏｒｅ＝Ａｆｔｅｒ」であり、「投資」とは「Ｂｅｆｏｒｅ＜Ａｆｔｅｒ」ということです。

　つまり、手元に1万円がある時に、消費するとその1万円は９９９９円以下になることを意味し、貯蓄すると1万円のまま（ここでは利息はないものとします）であり、投資すると1万1円以上になって戻ってくることを意味します。これが3つのお金の使い方の定義です。

　次にあなた自身が「お金とどう向き合っていくか」のマインドを決めます。具体的にはあなたの日々のお金の使い方について、定義に照らし合わせ、その使い方が「消費」なのか「貯蓄」なのか「投資」なのかを認識することから始めます。

例えば、同僚とお昼ご飯を食べに行くことは「消費」、給与天引きで積立預金をすることは「貯蓄」というように、自分自身の生活で使っているお金について考えてみます。

ご飯を食べることなどは簡単に分類できるのですが、混同しやすいのが「貯蓄型保険」や「自己投資」など、貯蓄や投資を語るエセ貯蓄やエセ投資です。先ほどの定義に照らすと「貯蓄型保険」などは、支払った総額よりも解約返戻金が少ないのであれば「Ｂｅｆｏｒｅ＞Ａｆｔｅｒ」であり消費になります。

英語の勉強や料理教室やエステサロンといった自分磨き系の「自己投資」もエセ投資になることが多々あります。そこで磨いたスキルを活かして英語の通訳になって収入が増えたり、小料理屋を開いて授業料以上のお金を稼げたり、エステで美人になって大金持ちと結婚でき可処分所得が増えたりすれば、「Ｂｅｆｏｒｅ＜Ａｆｔｅｒ」なので立派な「投資」になりますが、単なる楽しみのレベルを超えられなければ、それは単なる「消費」だからです。

なにも私は、「自己投資」や「自分磨き」に価値がないと言っているわけではありません。英語を自在に操れる、料理がうまくなる、美容健康に気をつかうことは人生を豊かにする素晴らしいお金の使い方だと思っています。

混同しやすい使い方

ただ、本書の読者は「投資」をしたいと思っているのですから、「消費」「貯蓄」「投資」の定義に敏感でなくてはいけないと言っているのです。

「投資」をするということは、**そのお金の使い方が「投資」なのかどうかを正しく認識して、行動していくというマインドを持つことが必要**だからです。

不動産投資の世界は一見投資に見えるエセ投資であふれかえっています。その世界に飛び込むということは、エセ投資か本物の投資かを見極めるという強いマインドを持ち、見極めるための知識を身につけなくてはいけないからです。

3 不動産を買うまでの流れをつかもう

不動産投資で成功するためには、よい物件（購入した人を儲けさせてくれる物件）を購入する必要があります。世の中には星の数ほどの物件がありますが、あなたに経済的自由を与えてくれるよい物件というのはほんの一握りしか存在しません。しかもよい物件は、エリア、築年数、設備、駅、駐車場、間取り、人口動態、その他様々なマクロ環境、ミクロ環境の要素が複雑に絡み合って形成されているため、瞬時に見抜くことができません。

それでもプロの不動産業者やプロ顔負けの不動産投資家は、よい物件を瞬時に見抜き、生き馬の目を抜くようなスピードで買付を行っています。あなたがこれから入ろうとしている世界はそういうところです。全くノープランで参入すれば瞬く間に業者の口車にのせられて、たいして儲からないかむしろマイナスになるような〝ダメ物件〟をつかまされることでしょう。

それを避けるには、不動産投資の基本的な買い方を事前に知っておく必要があります。

不動産投資の基本的な買い方とは、**「ぐるぐるスパイラル購入」**です。

不動産を買うまでの〝ぐるぐる図〟

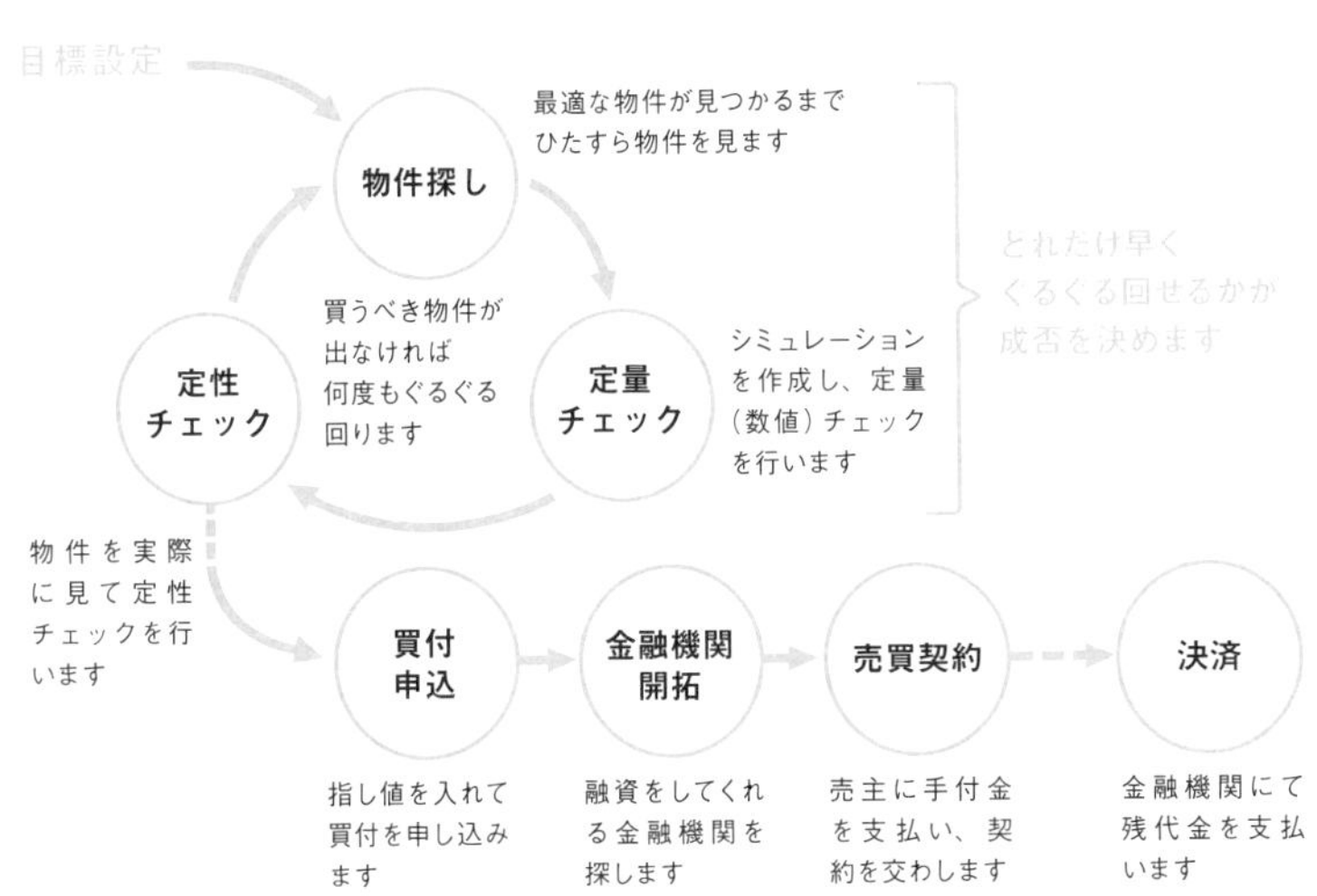

まずは正しい目標を設定し、その目標を達成するために適切な物件を探します。探した物件は定量チェックと定性チェックを行います。

最初は不動産業者がすすめてくるダメ物件（儲からない物件）ばかりを目にすることになるでしょう。あまりにダメ物件ばかり目にしすぎると、本当によい物件（儲かる物件）は存在するのかと不安になるかもしれません。右を見ても左を見てもダメ物件ばかりで時間の無駄だなぁと感じるかもしれません。

しかし、ご安心ください。たとえよい物件と出会えなかったとしても、この「ぐるぐるスパイラル」を繰り返すほどにあなたの知識レベルは上昇していくからです。

この知識レベルというのは、「現在の不動産マーケットにどんな物件が多数を占めているのか」「よい物件がいかに希少か」という事実を知ることや、それぞれの物件に記載されている不動産の専門用語の意味や気をつけるべきポイントへの理解が高まるということを意味します。

もちろん、付き合う不動産業者のレベルと倫理観によって、身につく知識レベルは変わってきますので、倫理的でスキルのある業者と付き合うことが大前提です。

万が一、倫理観のない（＝自分だけが儲かればよいというスタンスの）不動産業者と付き合ってしまうと、あなたは前進することなく滑車を「ぐるぐる」と回すだけの〝かごの中のハムスター〟になってしまうかもしれません。そうならないためにも、まずは第2章で説明する方法でよい不動産屋を見つけてから、「ぐるぐるスパイラル購入」をスタートしてください。

この「ぐるぐるスパイラル購入」には1つだけ欠点があります。

それは、多大なる時間と労力を必要とするということです。当たり前のことですが、たくさんの物件を見て、定量チェックで数字を確認し、定性チェックのために現地に赴くには多くの時間や労力（それと交通費など少しのお金）を必要とします。

手っ取り早く投資したいとか、楽して儲けたいなんて甘い考えを持っている人には実行不可能

スパイラル購入と知識レベルとの関係

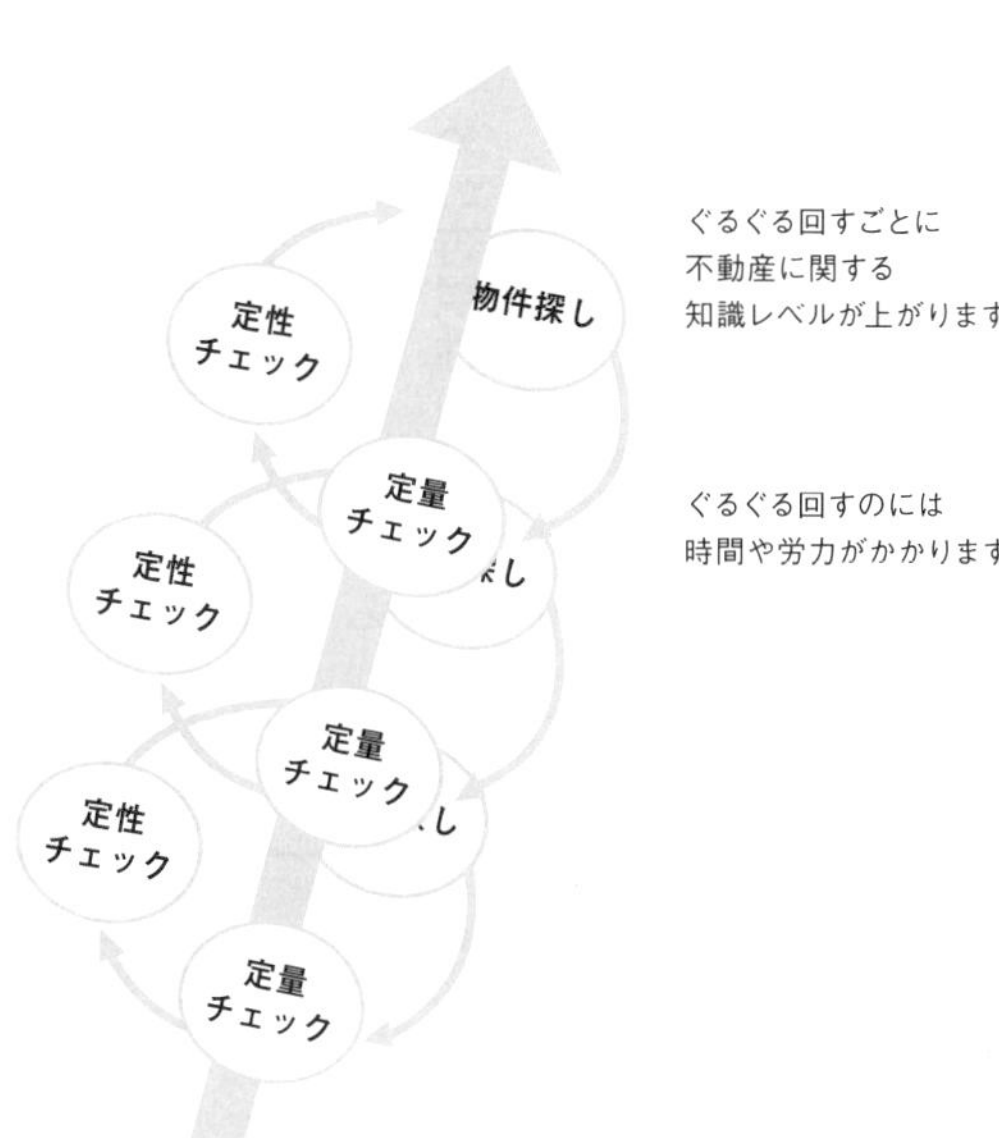

なプロセスです。

だから、最初に言っておきます。**不動産投資において手っ取り早く楽して儲かる手段などありません。**仮にあったとしても、この本を手に取るような一般人にはそのような楽して儲かるチャンスなどは巡ってきません。

ただ、逆に言えば、**まじめにコツコツとこの「ぐるぐる」を回せる人であれば、誰でもかなりの確率で成功できるのが不動産投資**だとも言えます。

私が株やＦＸではなく、不動産投資を好むのは、この確立された手法で、努力さえ惜しまなければ誰でも成功できるという〝再現性〟があるからです。

世の中のサラリーマンの多くには、

学校での受験勉強や毎日の会社勤めなど、労力を惜しまずコツコツと努力する資質が備わっています。つまり、理論上ほとんどすべてのサラリーマンは不動産投資で成功できる能力を持っているということなのです。

「かぼちゃの馬車」などでだまされてきたエリートサラリーマンたちも、自分たちが過去にやってきた受験勉強や会社で行っている仕事と同様の集中力と努力を不動産投資に注いでいたのであれば、失敗はしなかったはずです。

まじめにコツコツと努力する人が報われる社会をつくるために、一人でも多くの投資家が成功できるための再現性の高い手法をこの本でご説明します。

第1章

目標設定から始まる不動産投資の世界

1 あなたはなぜ不動産投資をしたいのか？

あなたはなぜ不動産投資をしたいのでしょうか。家族のため、あるいは自分のためでしょうか。自由な時間がほしい、将来が不安、仕事を辞めたい、節税をしたいといったこともあるでしょう。やりたいと思ったきっかけはなんでも構いませんが、不動産投資を続けていくにはその指針として**「なぜ不動産投資をしたいのか」を明確にしておく必要があります。**なぜなら、不動産投資をしたい理由を自分自身がはっきりと認識していないと、途中で自分自身の心がブレてしまい、いつまでたっても購入できなかったり、儲からないダメ物件を購入してしまったりするからです。

不動産投資をしたい理由を明確に認識することで、その目的に最も適した物件を購入するための具体的な行動をとることができるようになるのです。

また、不動産投資は砂漠の砂の中から一粒のダイヤモンドを探し出す作業であり、変化が少なく、興味の持てない人には退屈極まりない作業の連続です。とても退屈なので、途中でやめてしまったり、見た目だけがきれいな物件に心惹かれて購入してしまいがちです。

不動産投資を行う〝理由〟を明確にする

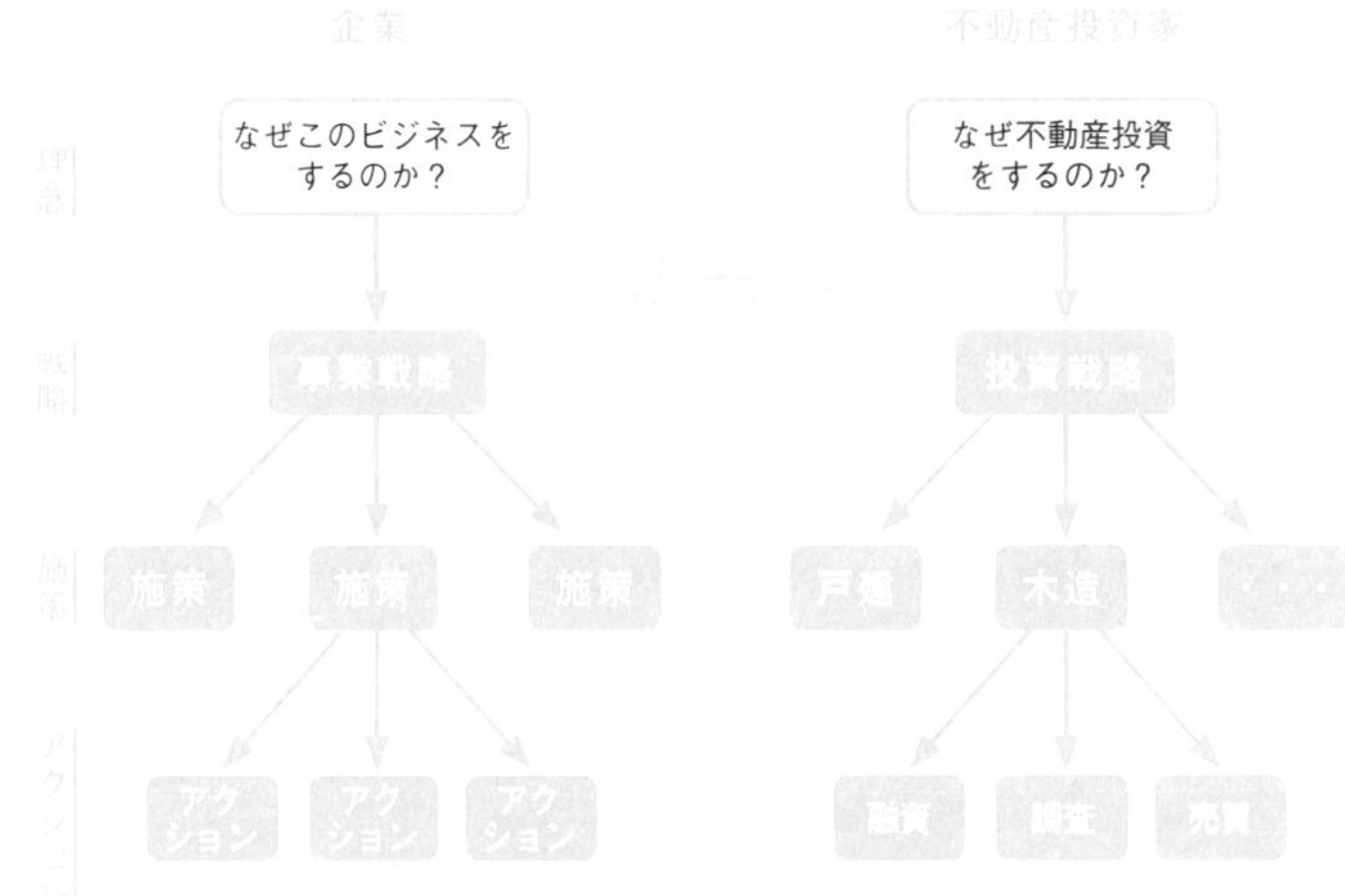

**不動産投資を行う理由を明確にすることで
適切な投資戦略や施策、アクションが選択できる**

自分自身が「なぜ不動産投資をしたいのか」を明確にしておくことで、退屈な作業で発生するこうしたダレや妥協による購入を防ぐことができます。

これは企業における「企業理念」に相当するものです。企業は毎年の売上目標や開発目標などを立てますが、それらの上位概念として「なぜ自分たちの企業はこのビジネスを行っているのか」という「企業理念」を掲げています。そしてこの「企業理念」に即した形で具体的な目標を立てて実行していきます。不動産投資も同様に、開始すればローンを払い終わるまで最低でも20～30年は経営を続けていく息の長い事業です。その事業の礎を確固たるもの

投資の目的(理念)は人生のステージに合わせて

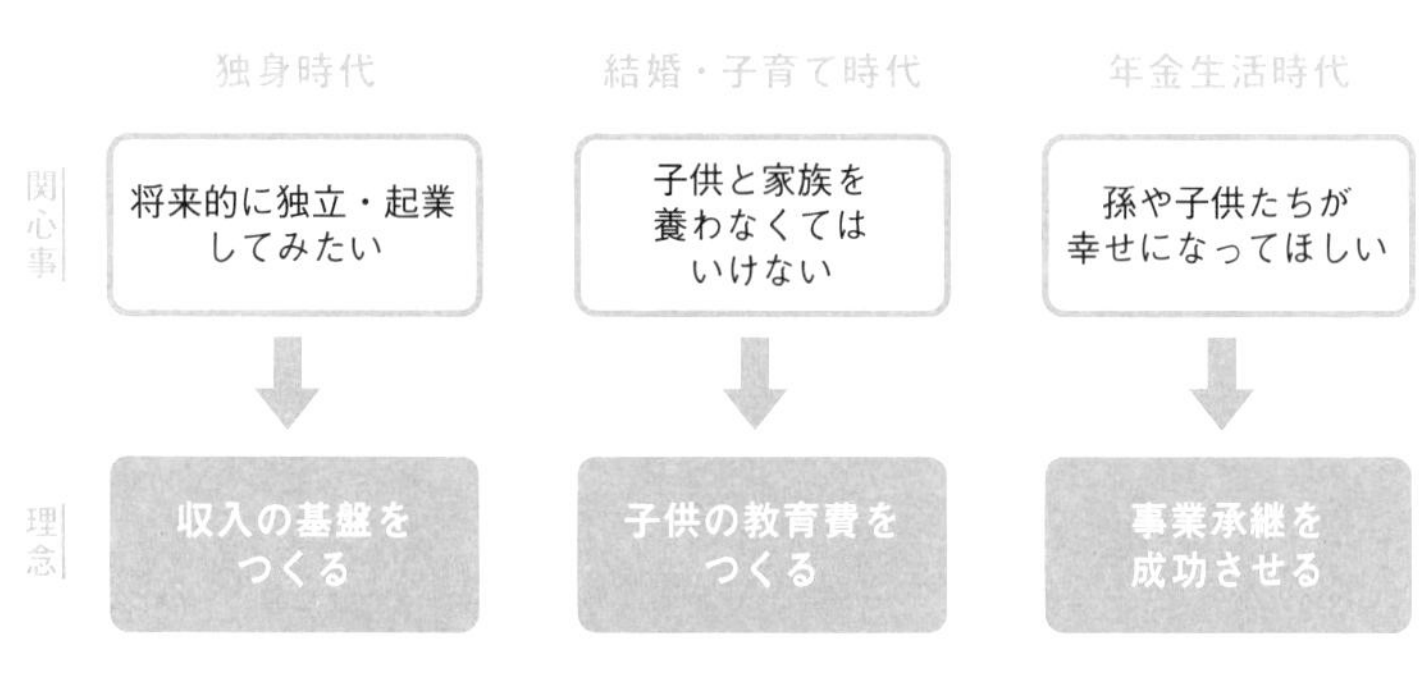

投資の目的(理念)は人生のステージごとにその時の関心事に合わせて変化する

にするためにも「企業理念」に相当するものを常々明確にしていく必要があるのです。

「なぜ不動産投資をしたいのか」という理念は、人生の時々で変化してもよいものです。今現在、自分が独身であれば独身生活をベースとした理念になるでしょうし、結婚して子供が生まれれば家族での生活や子供の将来を勘案した理念に、歳をとり子供や孫に相続をさせるタイミングではそれに適した理念を再構築することになるでしょう。

大切なのは、その時々で明確に「理念」を認識するということです。そうすれば「理念」に反した不動産投資による失敗を未然に防ぐことができるからです。

まずは、あなたが考える「なぜ不動産投資をしたいのか」について、ノートなどに箇条書きで書き出してみてください。ぜひじっくり考えてみましょう。

2 目標と手段は合っているか？

前節では不動産投資の「理念」について考えてもらいました。家族のためなのか、自分自身が起業するためなのか、趣味のためなのか、自分自身の思いがある程度考えられたら（完璧である必要はありません）、次はその「理念」を実現するための具体的な目標と不動産投資という手段について再考しましょう。

あなたが実現したい「理念」は、具体的にどのような「目標」を達成できれば実現するのでしょうか。具体的には、どのくらいの利回りで、どのくらいの規模の物件を、何年で築き上げれば達成できるのでしょうか。

例えば、利回りだけで考えると、「利回り50％」「利回り150％」などの目標を不動産投資で実現することはほぼ不可能です。不動産投資でそれらを実現しようとするなら、廃墟投資や田舎の空き地・空き家などを自分自身でリフォームするなど、特殊な技術と圧倒的な時間と労力、そして自己資金などが必要になります。

目標と手段は合っているか

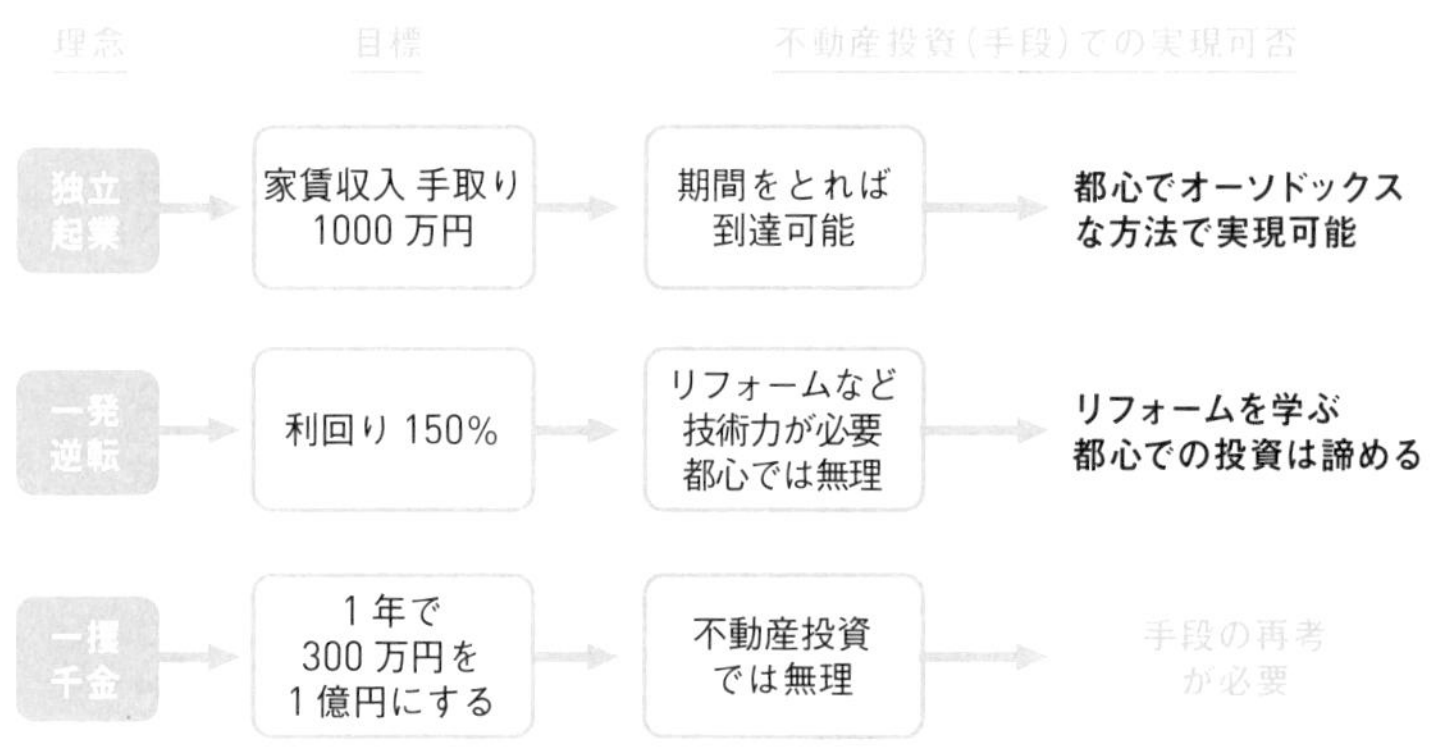

自分自身の時間をできるだけ節約して、特殊な技術も用いず、将来的にも人口が減らない都心部で普通の不動産投資をしようとする大部分の投資家が実現できる利回りは、せいぜい**10％程度**がいいところでしょう。

10％を超える利回りを目標としたいのであれば、不動産投資は適切ではありません。ＩＰＯ株を狙うとか、ＦＸでレバレッジをかけまくるとか、暗号通貨で一攫千金を狙うとか別の手段を検討した方がよいでしょう。

不動産投資とはそのような大きく一発逆転できるものではありません。その代わり普通の人でも成功できる再現性がある地味な手段なのです。

そうした特性を理解したうえで、自分は特殊な才能を持っていないけれど努力だけはちゃんとできるという人は、「不動産投資」を選択してください。

3 目標規模を設定する

1 As-Is と To-Be を明確にしてギャップをあぶりだす

不動産投資では最初に目標規模 To-Be（「トゥービー」と読みます）を設定します。目標規模とは、**最終的にいくらまで物件を買い進めたいか**という金額になります。

自分は1億円くらいでいいと思っているのか、10億円くらいほしいと思っているのか、はたまた100億円くらいを目指すのかという目標のことです。

目標を明確にすることで、その目標に向かって、どのくらいの金額のどういった物件を何年かけて購入する必要があるのかを考えることができるのです。

だからといって、いきなり初年度から100億円の物件を購入するなど実現不可能な目標設定をしても意味がありません。

As-IsとTo-Beを明確にしてギャップをあぶりだす

そのような無謀な目標設定にならないために、今自分がどのような状態にあるのかの現状As-Is（「アズイズ」と読みます）を明確にします。

目標規模（To-Be）と現状（As-Is）との差が、埋めるべきギャップです。その差があまりにも大きすぎて人生の時間をすべて費やしても到達できなければ、それは目標設定（To-Be）に誤りがあるということです。

また、3年程度で到達できるということであれば、目標設定（To-Be）が小さすぎるのかもしれません。

多くの人は、だいたい10年程度で現状（As-Is）から目標（To-Be）に到達できますが、より加速するために自己資金をどんどん投入して飛躍的に規模を拡大する人もいます。

もっとも、家族構成や勤務地が変われば、当然目標（To-Be）も変わりますので、まずはあまり難しく考えずに目標設定を行ってみてください。

As-Isで明確にすること

・金融資産（預貯金、株、FX、保険等）
・金融資産の中で、不動産投資に使える最初の資金額
・世帯の年収
・世帯の年収から毎年不動産投資に使える資金額
・所有している不動産の購入価格と残債額
・担保となる不動産の評価額（残債がない自宅など）

目標設定をするにあたり、先に現状（As-Is）を明確にしてください。

この場合の現状とは、不動産投資に関係する資産の現状という意味です。

具体的には、現時点での金融資産や担保となる不動産、年収や毎年の年収から不動産投資に使える金額などです。

41ページの上の図では、3人家族のサラリーマンAさんの例を記入しています。Aさん家族は預貯金400万円、株式100万円を持っているので、そのうち現金300万円を最初の資金として使用すると決めています。

また世帯年収はAさん自身の年収が600万円と配偶者が200万円の合計800万円ありますので、そのうち毎年200万円は頑張って不動産投資の原資にすると決めています。

所有している不動産は3000万円の自宅があるものの、購入したばかりで残債がほとんど残っているため、担保となる不動産評価額（購入額－残債）は、ほぼ0円となります。

これらのことから、Aさん家族の現状（As-Is）は、最初に300万円、毎年200万円を不動産投資に無理なく使えることが明確になります。

それでは、次は下の図にご自身の現状（As-Is）を記入してください。

3　To-Be：未来のあるべき姿を描く

現状（As-Is）を書き終えたら、次は目標として未来のあるべき姿（To-Be）を描きます。といっても、ライフプラン全体を描くわけではなく、あくまで不動産投資における未来の姿です。

具体的には**毎年不動産投資からいくらの税引後キャッシュフロー（C／F）**が入るとうれしいかを想定します。

先ほどのAさん家族の場合、自分自身が仕事をセミリタイアできるように、ご自身の年収の2倍にあたる**1200万円を目標のC／F額**としました。

As-Isで明確にすること（Aさん家族の例）

As-Isで明確にすること（ご自身で記入してください）

このＣ／Ｆ額から逆算して、あるべき規模を計算します。計算方法は、先ほど記入したキャッシュフロー１２００万円÷０・０２５〜０・０３です。

この「０・０２５〜０・０３」の係数はあくまで簡易的ですが、東京23区や都心部において利回り10％前後の物件を購入した場合に利用できます（田舎など土地値が安く、表面利回り20〜30％という場合にはあてはまらないのでご注意ください）。

Ａさん家族の例では、目標規模は**4〜4・8億円**というものになりました。つまりＡさんがセミリタイアするためにはアパートやマンションを合わせて最低でも4億円分の不動産投資を行わなくてはならないということです。

それでは、ご自身でもTo-Beを記入してみてください。

キャッシュフローのあるべき姿から、逆算して所有不動産のあるべき姿となる目標規模を計算してください。それがあなた自身の目標規模（To-Be）となります。

さて、先ほどのＡさん家族の4〜4・8億円という目標規模ですが、これはおおよそ10年から20年あればほとんどの方において実現可能な目標規模です。

目標規模が5億円や10億円になったとしても努力と時間のかけ方次第では決して実現不可能ではありませんのでご安心ください。

逆に目標規模が５００億円や１０００億円などになってしまった人は、おそらく人生が終わ

To-Beで未来のあるべき姿を考える(Aさん家族の場合)

【計算方法】

1,200万円 ÷ 0.025 = 4.8億円
1,200万円 ÷ 0.03 = 4億円

To-Beで未来のあるべき姿を考える(ご自身で記入してください)

るまで不動産投資を続けても到達できないかもしれませんので、まずは最終的な目標の10分の1くらいの中間目標を設定するのがよいと思います。

前節までで明確にした目標（To-Be）と現状（As-Is）をもとに、次はいよいよ何年でその目標に到達できるかという成長スケジュールを策定します。

成長スケジュールといっても、あまり難しいことはありません。最初の投資資金と毎年使える投資資金で購入できるアパートやマンションの規模を機械的に算出していくだけなので、電卓やエクセルがあれば誰でも検討可能な方法です。

まずは、左の図表「成長スケジュール（Aさん家族の場合）」を見てみましょう。左端には期首（年の最初：1月1日時点）、期中（年の間）、期末（年の終わり：12月31日時点）と書かれており、一列ごとに1年ずつ進んでいく作りとなっています。

最初に1年目の期首のところを見てください。規模のマスが0万円となっていることがわかると思います。これはAさん家族が投資用の不動産を持っていないということを意味します。その下の資金のマスは３００万円とありますがこれは、As-Isのところで決めた最初の資金の額を記入したものです。

成長スケジュール（Aさん家族の場合）

		1年目	2年目	3年目	4年目	5年目	6年目	7年目	8年目	9年目	10年目
期首	規模	0万円	3,000万円	5,750万円	9,190万円	1億3,490万円	1億8,860万円	2億5,570万円	3億3,960万円	4億4,450万円	
	資金	300万円	200万円＋75万円	344万円	430万円	537万円	671万円	839万円	1,049万円	1,311万円	
		約10倍									
期中	購入規模	3,000万円	2,750万円	3,440万円	4,300万円	5,370万円	6,710万円	8,390万円	1億490万円	1億3,110万円	
	支出	▲300万円	▲275万円	▲344万円	▲430万円	▲537万円	▲671万円	▲839万円	▲1,049万円	▲1,311万円	
期末	規模	3,000万円 約2.5%	5,750万円	9,190万円	1億3,490万円	1億8,860万円	2億5,570万円	3億3,960万円	4億4,450万円	5億7,560万円	
	C/F税引後	75万円	144万円	230万円	337万円	471万円	639万円	849万円	1,111万円	1,439万円	
	年齢	31歳	32歳	33歳	34歳	35歳	36歳	37歳	38歳	39歳	

次に期中の購入規模のマスには３０００万円と記入されています。これは３００万円の最初の資金をもとに購入できるのは、その10倍が現実的なラインですので３０００万円となります。この時の支出のマスは▲３００万円となっており、期首にあった資金を使い切ったことを意味します。つまりAさん家族の場合、1年目に資金３００万円を使って、３０００万円の物件を購入したということになります。そして期末の規模は３０００万円となります。

この３０００万円が年間に稼ぎ出す税引後キャッシュフロー（C/F）は、所有している物件規模の２・５％程度となりますので、単純に３０００万円×０・０２５（２・５％）＝75万円となります。

実際には購入するタイミングや、物件の利回り、返済比率、税率などでこの金額は前後しますが、23区内や都心部にある利回り10％前後の投資物件であれば、経験上あてはまります。

今度は2年目になります。2年目の期首の規模は1年目に購入した３０００万円の規模からスタートします。2年目の資金はAs-Isで毎年使うと決めた２００万円に、1年目に購入した３０００万円の物件が稼ぎ出してくれた75万円を加えた２７５万円となります。

期中で購入できる規模は、２７５万円の10倍なので２７５０万円となり、▲２７５万円が支出のマスに記入されます。期末の規模は３０００万円＋２７５０万円＝５７５０万円となり、それらの物件が稼ぎ出すＣ／Ｆは１４４万円となります。

同様に3年目以降も記入していくと、9年目にはTo-Beで決めた目標の年間Ｃ／Ｆ額１２００万円を上回る１４３９万円に到達します。

もちろん、物件が稼ぎ出すＣ／Ｆを全額再投資に回さず、少し長い期間で目標を目指してもよいのですが、あまり無理なく9年で目標に到達できることがわかると思います。

これがあるべき姿（To-Be）までの成長スケジュールの作成の仕方です。エクセルが得意な方はパソコンで計算すると楽に作成できます。

それでは読者自身のあるべき姿（To-Be）までの成長スケジュールを記入してみてください。物件が稼ぎ出すＣ／Ｆを全額使わない場合や、会社の給与から使う資金を調整して自分自身のスケジュールを組んでみてください。

成長スケジュール（ご自身で記入してください）

4 目標エリアを設定する

1 不動産は立地が命

不動産投資は立地が命です。

極端な話、立地さえよければ風呂なし物件ですら入居者がいる一方で、立地が悪いとどんなによい設備の新築でも入居者を集めることができないというのが不動産投資です。

また、日本はすでに人口減少時代ですから、今は入居者がいても将来的には入居者がいなくなるエリアがあります。つまり、今の需要ではなく、30年先でも需要がなくならないエリアを選定しなければ勝ち残ることはできないのです。

51ページの図表「都道府県別人口増加率」を見てください。この表は平成26年から29年までの4年間の人口推移を表します。これを見ると一目瞭然ですが、47都道府県のうち、人口が増加しているのはたったの7都県です。それ以外の道府県はみな人口が減少しているのです。

次に図表「市区町村別人口増加率（人口30万人以上）」を見てください。この表は人口が30万人以上の市区町村別に人口増減を見たものです。細かい単位で見ていくと福岡市や大阪府吹田市、愛知県岡崎市、宮城県仙台市など人口が増加している市区があるのがわかります。こういったエリアをさらに個別に分析することで、同じ市内で需要があるエリアを絞り込んでいくことができるのです。例えば福岡市東区はエリアとしては広範囲なため、一見人口が増加していますが、賃貸需要は東区の中でも西側の方が強く、東側はマイホーム需要で人口が増えているなど地域特性を踏まえていく必要があります。

当然ですが不動産は一度購入してしまえば場所を動かすことができません。ですから立地による需要の違いを慎重に見極めて狙うべきエリアを決める必要があるのです。

エリア選定は不動産投資の要（かなめ）ですが、初心者には多少難しいところがあります。それを簡単に行うための考え方を次節で述べたいと思います。

都道府県別人口増加率

[単位：人]

平均成長率順位	県名	平成 26 年	平成 27 年	平成 28 年	平成 29 年	平成 26 ～ 29 平均成長率
1 位	東京都	13,202,037	13,297,585	13,415,349	13,530,053	0.82%
2 位	沖縄県	1,448,358	1,454,023	1,461,231	1,467,071	0.43%
3 位	埼玉県	7,288,848	7,304,896	7,323,413	7,343,807	0.25%
4 位	愛知県	7,478,606	7,489,946	7,509,636	7,532,231	0.24%
5 位	神奈川県	9,100,606	9,116,666	9,136,151	9,155,389	0.20%
6 位	千葉県	6,247,860	6,254,106	6,265,899	6,283,602	0.19%
7 位	福岡県	5,118,813	5,120,197	5,122,448	5,126,389	0.05%
8 位	滋賀県	1,421,779	1,421,342	1,419,863	1,420,260	-0.04%
9 位	大阪府	8,878,694	8,868,870	8,865,502	8,861,437	-0.06%
10 位	宮城県	2,329,439	2,328,133	2,324,466	2,319,438	-0.14%
11 位	京都府	2,585,904	2,579,305	2,574,842	2,569,410	-0.21%
12 位	広島県	2,876,300	2,869,159	2,863,211	2,857,475	-0.22%
13 位	石川県	1,163,380	1,159,763	1,157,042	1,153,627	-0.28%
14 位	兵庫県	5,655,361	5,638,338	5,621,087	5,606,545	-0.29%
15 位	岡山県	1,945,208	1,939,722	1,933,781	1,927,632	-0.30%
16 位	栃木県	2,010,272	2,004,417	1,998,864	1,991,597	-0.31%
17 位	群馬県	2,019,687	2,012,203	2,005,320	1,998,275	-0.35%
18 位	茨城県	2,993,638	2,981,773	2,970,231	2,960,458	-0.37%
19 位	香川県	1,010,028	1,005,570	1,002,173	997,811	-0.40%
20 位	静岡県	3,803,481	3,786,106	3,770,619	3,756,865	-0.41%
21 位	三重県	1,868,860	1,860,113	1,850,028	1,841,753	-0.49%
22 位	熊本県	1,825,686	1,818,314	1,810,343	1,798,149	-0.51%
23 位	岐阜県	2,098,176	2,087,595	2,076,195	2,066,266	-0.51%
24 位	富山県	1,091,612	1,085,710	1,080,160	1,074,705	-0.52%
25 位	長野県	2,160,814	2,148,503	2,137,666	2,126,064	-0.54%
26 位	奈良県	1,403,034	1,395,648	1,387,818	1,380,181	-0.55%
27 位	佐賀県	852,285	847,424	842,457	837,977	-0.56%
28 位	北海道	5,463,045	5,431,658	5,401,210	5,370,807	-0.57%
29 位	福井県	808,229	803,505	799,220	794,433	-0.57%
30 位	大分県	1,197,854	1,190,798	1,183,961	1,176,891	-0.59%
31 位	福島県	1,976,096	1,965,386	1,953,699	1,938,559	-0.64%
32 位	山梨県	861,615	855,502	849,784	844,717	-0.66%
33 位	宮崎県	1,142,486	1,135,652	1,128,078	1,119,544	-0.67%
34 位	鳥取県	587,067	583,351	579,309	575,264	-0.67%
35 位	鹿児島県	1,703,126	1,691,427	1,679,502	1,668,003	-0.69%
36 位	島根県	711,364	706,198	701,394	696,382	-0.71%
37 位	愛媛県	1,436,527	1,426,367	1,415,997	1,405,325	-0.73%
38 位	長崎県	1,424,533	1,413,155	1,404,103	1,392,950	-0.74%
39 位	新潟県	2,354,872	2,337,485	2,319,435	2,300,923	-0.77%
40 位	徳島県	782,342	776,567	770,057	764,213	-0.78%
41 位	山口県	1,443,146	1,431,540	1,419,781	1,408,588	-0.80%
42 位	岩手県	1,311,367	1,300,963	1,289,470	1,277,271	-0.87%
43 位	和歌山県	1,012,236	1,003,730	994,317	984,689	-0.92%
44 位	山形県	1,151,318	1,140,735	1,129,560	1,118,468	-0.96%
45 位	高知県	754,275	747,122	740,059	732,535	-0.97%
46 位	青森県	1,367,858	1,353,336	1,338,465	1,323,861	-1.08%
47 位	秋田県	1,070,226	1,056,579	1,043,015	1,029,196	-1.29%

※年平均成長率は CAGR にて算出

市区町村別人口増加率（人口 30 万人以上）

[単位：人]

平均成長率順位	県名	市区町村名	平成 26 年	平成 27 年	平成 28 年	平成 29 年	平成 26 ～ 29 平均成長率
1 位	東京都	新宿区	324,082	327,712	334,193	338,488	1.46%
2 位	東京都	江東区	487,142	493,952	501,501	506,511	1.31%
3 位	東京都	品川区	368,761	372,077	378,123	382,761	1.25%
4 位	東京都	中野区	313,665	316,625	321,734	325,460	1.24%
5 位	東京都	板橋区	540,040	544,172	550,758	557,309	1.05%
6 位	福岡県	福岡市東区	295,566	297,757	300,662	304,976	1.05%
7 位	東京都	北区	334,723	338,084	341,252	345,149	1.03%
8 位	東京都	杉並区	542,956	547,165	553,288	558,950	0.97%
9 位	東京都	世田谷区	867,552	874,332	883,289	892,535	0.95%
10 位	神奈川県	川崎市	1,433,765	1,445,484	1,459,768	1,474,167	0.93%
11 位	福岡県	福岡市	1,474,326	1,486,314	1,500,955	1,514,924	0.91%
12 位	大阪府	吹田市	360,083	362,845	367,068	369,898	0.90%
13 位	千葉県	市川市	469,148	472,757	476,560	480,744	0.82%
14 位	埼玉県	越谷市	331,565	333,736	336,565	339,156	0.76%
15 位	東京都	江戸川区	676,116	680,262	686,387	691,514	0.75%
16 位	東京都	大田区	701,416	707,455	712,057	717,295	0.75%
17 位	埼玉県	さいたま市	1,253,582	1,260,879	1,270,476	1,281,414	0.73%
18 位	神奈川県	横浜市港北区	334,187	336,942	338,902	341,531	0.73%
19 位	千葉県	柏市	404,074	406,281	409,001	412,690	0.71%
20 位	埼玉県	川口市	583,989	589,205	592,684	595,495	0.65%
21 位	東京都	葛飾区	448,186	449,527	452,789	456,893	0.64%
22 位	千葉県	船橋市	619,551	622,988	626,809	630,937	0.61%
23 位	東京都	練馬区	711,212	714,656	719,109	723,711	0.58%
24 位	神奈川県	藤沢市	421,317	423,246	426,024	428,612	0.57%
25 位	東京都	足立区	670,385	674,111	678,623	681,281	0.54%
26 位	愛知県	岡崎市	379,184	380,537	382,784	384,659	0.48%
27 位	千葉県	松戸市	485,962	487,376	489,717	492,199	0.43%
28 位	愛知県	名古屋市	2,254,891	2,260,440	2,269,444	2,279,194	0.36%
29 位	大阪府	豊中市	400,086	401,007	403,030	403,991	0.32%
30 位	大阪府	大阪市	2,667,830	2,670,766	2,681,555	2,691,425	0.29%
31 位	北海道	札幌市	1,930,496	1,936,016	1,941,832	1,947,494	0.29%
32 位	埼玉県	川越市	348,595	349,378	350,223	351,654	0.29%
33 位	宮城県	仙台市	1,049,578	1,053,509	1,056,503	1,058,517	0.28%
34 位	神奈川県	横浜市青葉区	306,482	307,497	308,344	308,963	0.27%
35 位	兵庫県	西宮市	482,506	483,455	484,892	485,788	0.23%
36 位	栃木県	宇都宮市	518,878	520,462	521,820	522,262	0.22%
37 位	愛知県	春日井市	309,854	310,495	311,327	311,708	0.20%
38 位	広島県	広島市	1,186,928	1,188,398	1,191,030	1,193,857	0.19%
39 位	神奈川県	横浜市	3,714,200	3,722,250	3,729,357	3,735,843	0.19%
40 位	岡山県	岡山市	704,572	706,027	707,615	708,652	0.19%
41 位	千葉県	千葉市	960,051	962,376	964,424	965,607	0.19%
42 位	東京都	町田市	426,222	426,648	426,937	428,572	0.18%
43 位	石川県	金沢市	452,144	453,081	454,356	454,497	0.17%
44 位	沖縄県	那覇市	322,486	323,184	324,169	324,157	0.17%
45 位	神奈川県	相模原市	713,351	715,145	716,643	716,981	0.17%
46 位	愛知県	豊田市	422,106	421,701	422,571	424,095	0.16%
47 位	福岡県	久留米市	305,656	306,173	306,700	306,800	0.12%
48 位	埼玉県	所沢市	342,925	343,083	343,390	343,993	0.10%
49 位	福島県	郡山市	326,075	326,808	327,307	326,851	0.08%
50 位	大分県	大分市	478,794	478,792	479,340	479,726	0.06%
51 位	岡山県	倉敷市	483,348	483,722	483,970	484,174	0.06%

※年平均成長率は CAGR にて算出

2　狙うべきエリアと実現可能性　〜縁のあるところ〜

狙うべきエリアはずばり〝縁のあるところ〟です。こういうと、自分の知っているエリアなのかと思われますが、それは半分アタリで半分ハズレです。

ここでいう〝縁〟は2種類あります。1つは自分の知っているなじみのあるという意味での〝縁〟ですが、もう1つは〝辺縁〟の縁です。

先ほどの主要な市区町村別で人口が増加しているエリアのうち、自分に縁があるところを選定します。そしてその縁のある人口増加エリアを中心に同心円を描いて、その外側の辺縁を狙っていくということです。

縁があるエリアが大阪であれば**大阪辺縁系**、福岡であれば天神を中心とした**天神辺縁系**、札幌に縁があれば**ススキノ辺縁系**などです。

そうやって最も縁のある人口増加エリアの辺縁の賃貸ニーズを調べていくことで効率よく投資対象エリアを選定できるのです。

個別のエリアのニーズは実際にそれぞれの投資家が調べていく必要があるので、ここでは最も人口が安定している一都三県（東京、神奈川、千葉、埼玉）について解説します。

緑のあるエリアの辺縁系を探すイメージ（九州在住の投資家の場合）

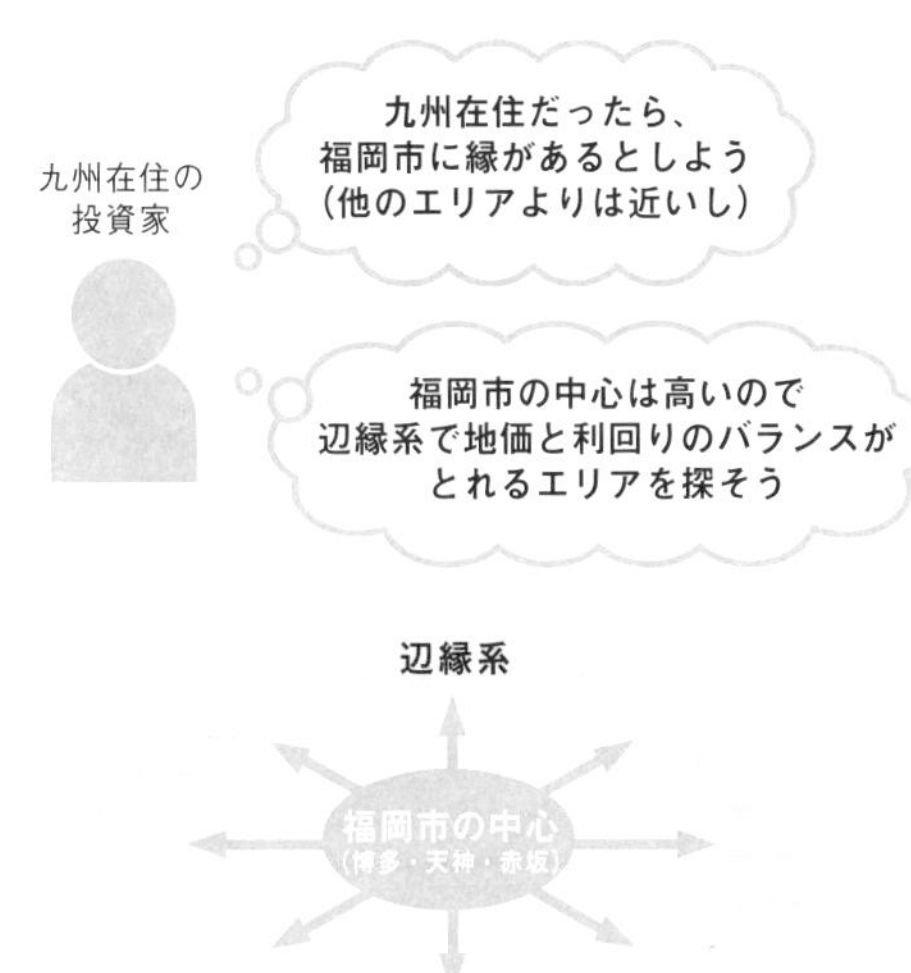

一都三県で狙うべきエリアは**「東京辺縁系（Greater Tokyo Lim）」**です。略してＧＴＬといいます。このＧＴＬは東京の中心からドーナツ状に広がったエリアのことです。

このＧＴＬの特徴は、**利回りと地価のバランスが絶妙にとれており、銀行評価も出やすく購入後に十分なＣ／Ｆが出る物件が存在する**ということ尽きます。これから不動産投資を始め資産を築き上げていこうとする投資家にとって利回りと地価のバランスをとることはとても大切です。

港区や中央区、渋谷区などの東京の人気エリアは地価が高いため資産価値は高い反面、利回りが低い物件しか出ず、購入後にＣ／Ｆがマイナスになるものばかりです。

東京辺縁系(GTL)

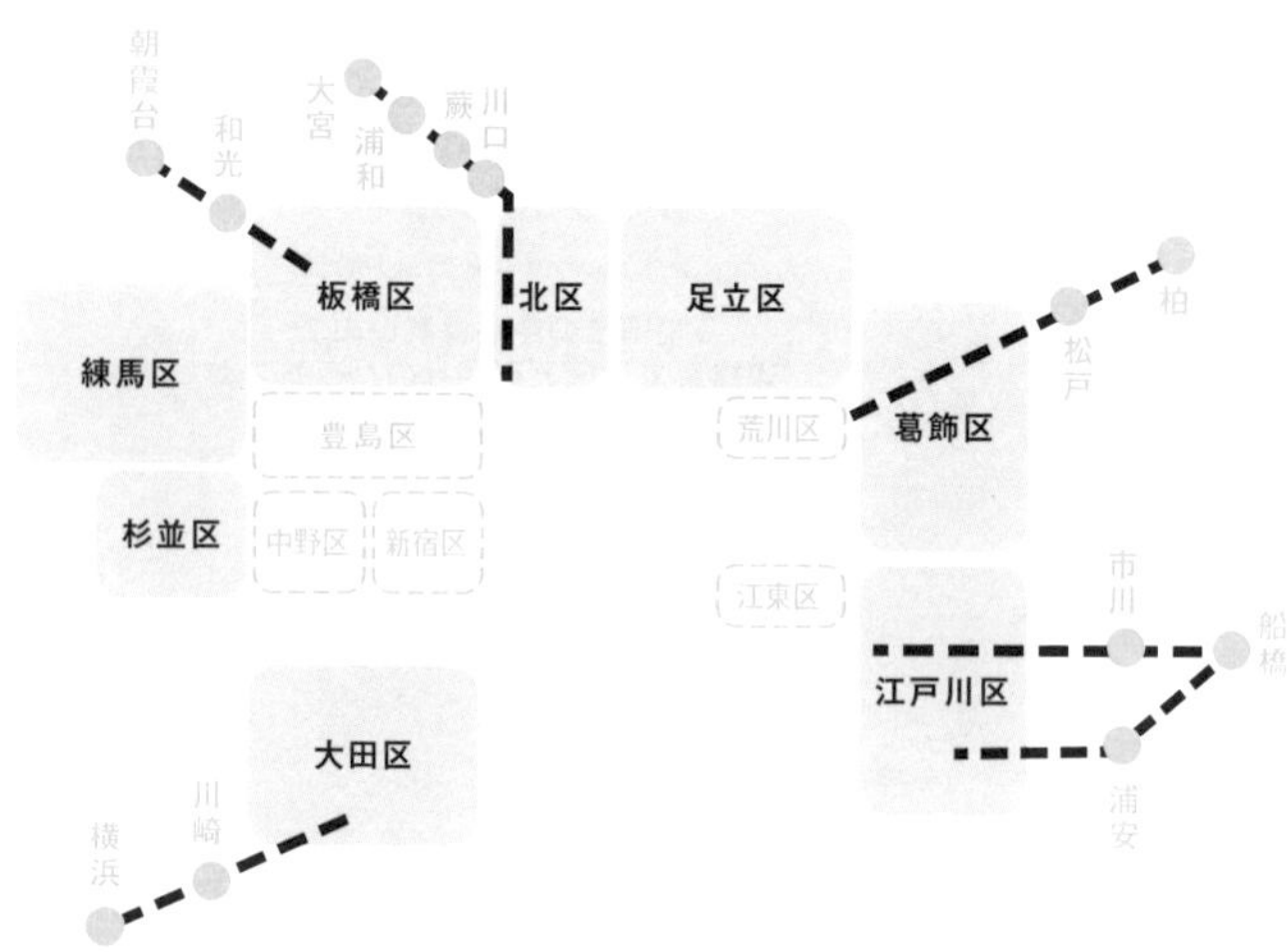

千葉の外房や埼玉の北側、神奈川の西側は、東京から離れすぎており、利回りは高いのですが、地価が低く銀行評価が出ないうえに、賃貸ニーズが減少する恐れがあります。

これら利回りと地価のバランスを鑑みると、必然的にＧＴＬのようなドーナツ状の投資対象エリアが絞り込まれてくるというわけです。

なお、ＧＴＬでは大田区、杉並区、練馬区、板橋区、北区、足立区、葛飾区、江戸川区が狙い目エリアとなりますが、その若干内側である中野区、豊島区、新宿区、荒川区、江東区などで高利回り物件が出ることもごくまれにありますので点線で書き込んでいます。

逆に、中央区、港区、渋谷区などは高利回り物件が出ることはまずないので表示されていません。また、千葉、埼玉、神奈川はそれぞれ主要な路線のみであり、それ以外のエリアは東京通勤圏としては弱いため表示していません。

というのもＧＴＬはあくまで東京という巨大なブラックホールの引力に引き寄せられる辺縁系という意味合いであり、通勤に適さない位置にある都市は対象外だからです。

東京都の八王子市や神奈川県相模原市、埼玉県さいたま市、千葉県千葉市などは、東京の周辺にあるそれなりの規模のある衛星都市ですが、それらに住む人は東京に通勤するというよりも、それぞれの都市内で通勤と生活が完結していることが多いです。

これらの衛星都市は東京に影響されて人口が増加するエリアではないため、各都市の賃貸ニーズを把握して投資する必要があります。

例えば自分は千葉市に住んでいるから、千葉市内であればよくわかるという人は千葉市内を選んでもよいですし、八王子市に住んでいるのでよくわかるという人は八王子市内を選んでも構いません。それは福岡市に住んでいるから福岡市内を選択するというのと同一なのです。

どのエリアを選べばよいかわからない初心者であれば、まずはオーソドックスに東京辺縁系（ＧＴＬ）内でよい物件を探すのが成功への近道でしょう。

人口だけでよいエリアを見極めることはできません。

本当に大切なのは**人口ではなく需給バランス**なのです。需給バランスとは需要と供給のバランス、すなわち**そのエリアに住みたいという人数（需要）とそのエリアに存在する賃貸物件の戸数（供給）で、どちらが多いか**ということです。

需要が多いエリアでは賃貸物件が不足し家賃が上昇し、供給が多いエリアでは賃貸物件がだぶついて家賃が下がります。

投資家として購入するべきエリアは、当然需要が多いエリアです。しかも今の需給バランスだけでなく、将来的な20年、30年先の未来を通して需給バランスが崩れないエリアを選ぶ必要があります。

今の需給バランスですら見極めるのは大変なのに、未来を見越して需給バランスを見極めるなんてことができるのでしょうか。

そのヒントとなるのはそのエリアの**田畑の有無**です。田畑はそもそも農業以外に使用できないよう農地法によって規制されていますが、場所により諸手続きを踏むと宅地に転用もできるのです。子供たちが独立してサラリーマンになったため後継者のいない農家などが、農地を宅地に変更してアパートを建てるということが多くあります。しかも農地はそこそこ広大ですので、アパートを一気に4棟くらい建ててしまうこともあるのです。

するとそのエリアの需給バランスは変化します。つまり農地が宅地になることで、アパートの供給数が増えることになり供給過多に陥りやすくなるということです。

業界で有名な例としてよく挙げられるのが「羽生ショック」です。埼玉県羽生市が人口増加のためにマイホームを建てて若い世代に移住してもらおうという意図から、農地を宅地に転用できるよう規制を緩和したところ、マイホームは建てられず、野放図に賃貸アパートばかりが乱立してしまい、地域の需給ギャップが大幅に崩れてしまったという例です。その結果、羽生市の賃貸アパートは稼働率が8割から5割にまで下がってしまったというのです。

施工不良問題を起こしたレオパレス21や業界第1位の大東建託などのアパート建築およびサブリース請負業者は、そういった農地を持っている地主をターゲットに営業をしていますので、この流れがなくなることはありません。

加えて、2022年には期限付きで農地として利用していた土地を宅地に戻さなくてはならなくなる生産緑地問題が控えており、ますます農地からの宅地転用が増えることが予想されます。

つまり、現時点の需給バランスがとれているからといっても安心してはいけないということです。

大切なのは需給バランス

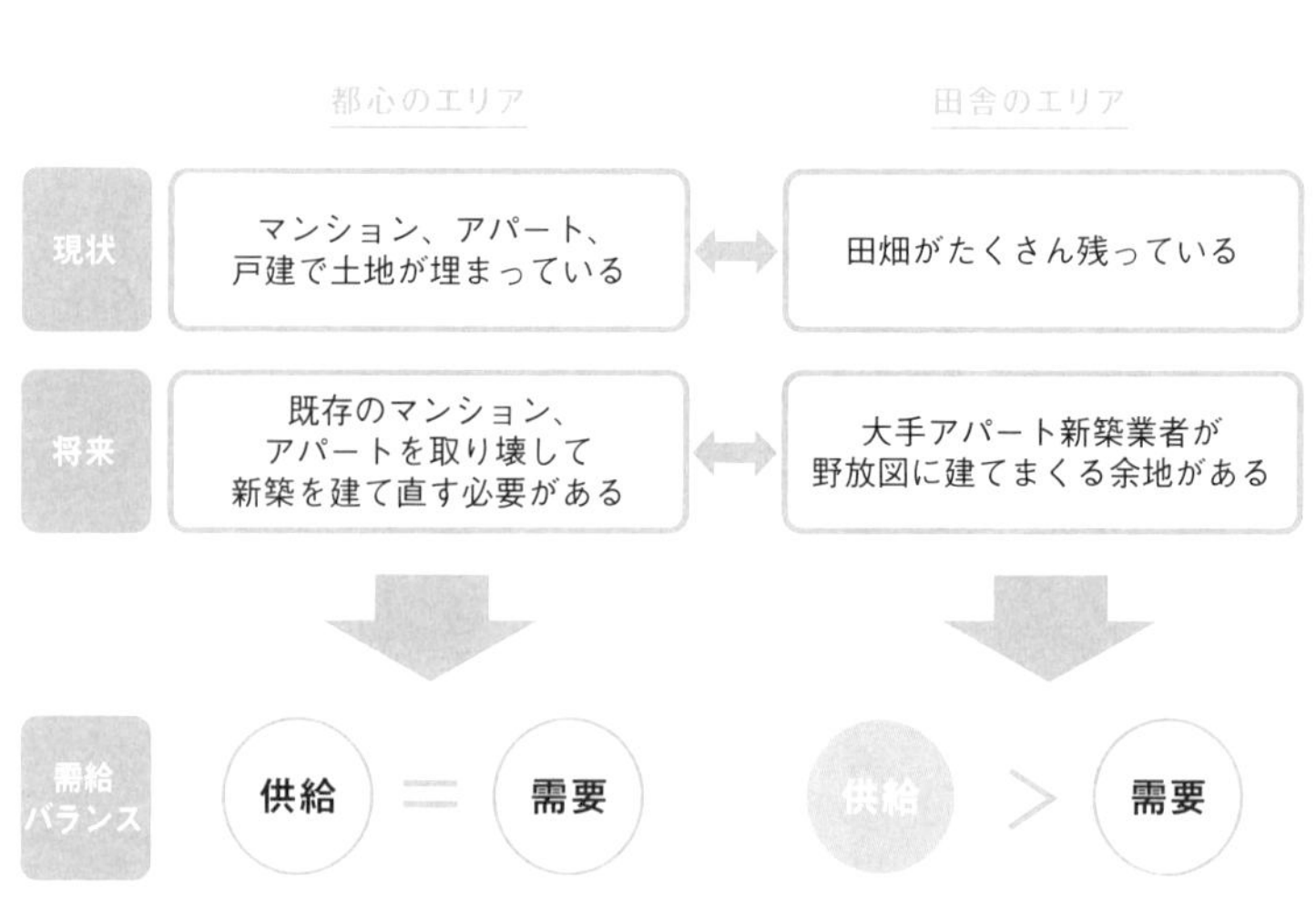

　そこで投資物件を購入する場合は、**その物件の周辺に宅地転用が可能な農地がどれくらいあるか**を把握しておく必要があります。周辺をくまなく歩き、そのエリアが一戸建やアパート、マンションに覆われていれば問題ありません。将来的に同規模のアパートが建替えられても供給される賃貸の戸数に大きな変更はないため、需給バランスが大きく崩れることはないからです。逆に購入を検討している物件の周辺に多数の田畑が存在している場合は、将来そのエリアの需給が大きく崩れる可能性があるため注意が必要です。

5 金額別の戦略　メリット・デメリット

不動産投資は金額で大別して、３つの規模に分けることができます。

それは、**①小規模な戸建・アパート**、**②中規模木造アパート**、**③大規模アパ・マン**です。もちろん、これ以外のビルや工場、倉庫などもありますが、一般的なサラリーマンや不動産投資初心者が購入できるオーソドックスな物件のみで考えるとこの３つに集約されます。

小規模な戸建・アパートとは、東京23区内の１０００万円以下の戸建、東京近郊の２０００万円前後のアパートなどのことです。購入金額が小さいため、予算が２００万円くらいあれば購入でき、手を出しやすい価格帯です。

東京23区内で１０００万円以下の戸建は、月額家賃がおおよそ8～9万円くらいになるので利回りが10％前後となり、投資しても採算がとれます。また、２０００万円前後のアパートは一部屋月額５万円の４部屋で月額20万円の家賃であれば、年間２４０万円の家賃収入となって利回り的にも採算がとれます。

また、価格が低いためほとんどの場合は土地値のことが多く、資産価値としてのバランスがよいのが特徴です。

メリットの多い小規模戸建・アパートですが、デメリットもあります。それは労力の割にキャッシュフローが小さいこと、ほとんど再建築不可の価値のない物件ばかりということです。また、規模が小さいことで仲介手数料が少なく不動産業者が消極的なため、小さい物件を欲しがる投資家は業者から相手にされないということがあります。

次に中規模木造アパートは、23区内・東京近郊では3000～6000万円前後のアパートになります。これらのアパートはおおよそ木造が多く、建物の構造がシンプルなので修繕費などランニングコストが鉄筋コンクリートよりもかかりにくい特徴があります。金額が大きすぎず、自己資金が500～600万円あれば購入可能なので、課長級のサラリーマンであれば手が届く価格帯です。

自己資金を抑えて、キャッシュフローもそこそこ出すにはちょうどよい規模ですが、その反面最も競争が激しい金額規模であるため、優良な物件は一瞬で消えてしまうというデメリットも存在します。

最後に大規模アパ・マンは、23区内・東京近郊で7000万円を超える大規模なアパートやマンションのことです。この規模になると建物の構造も重量鉄骨や鉄筋コンクリートなどが増え始

金額別の戦略におけるメリットとデメリット

規模	具体例	メリット	デメリット
小規模な戸建アパート	23区内の1000万円以下の戸建 東京近郊の2000万円前後のアパート	▶融資がつかなくても始められる（現金買いでリスク小さい） ▶積算と利回りのバランスがよい	▶労力の割にCFが小さい ▶ほとんど再建築不可ばかり ▶業者が消極的
中規模木造アパート	23区・東京近郊の3000～6000万円前後のアパート	▶自己資金が少なめで済む ▶それなりのCFが出る	▶競争が激しい
大規模アパ・マン	23区・東京近郊の7000万円超のアパート、マンション	▶競争がやや緩やか ▶利回りがやや回復	▶自己資金が多く必要

めます。背の高いマンションではエレベーターが設置されているため維持管理コストが増えます。また、自己資金も１０００万円くらい必要になってきますので、おいそれと購入することは難しくなってきます。

ただし、逆に言えば、自己資金を持っている人が少ないため購入できる人の絶対数が減り、競争がやや緩和されるというメリットもあります。

多くの不動産投資家が、いつの日か大規模アパ・マンを購入できる状態になることを夢見ていますが、まずは現状の自分自身の予算と照らし合わせ、この３つの金額別戦略のどれからスタートするかを決めてください。

もちろん、地方都市ではこの金額規模は異なってきますのでご注意ください。

6 新築と中古、どちらがよいか？

不動産投資初心者は中古から始める方がよいでしょう。

なぜなら、中古は比較的難易度が低く、初心者でも儲かる物件を手に入れることができるからです。

一般的に同じエリアに建つ同規模の物件を比較すると、新築は価格が高く、中古は価格が安くなります。

まだ一棟も投資不動産を持っていない初心者は、使える資金も限られてくるため、できるだけ価格の安い物件を買う必要があり、必然的に新築よりも中古になってくるのです。

また中古の方が価格が安いということは、利回りが高くなるということを意味します。投資資金が少ない初心者は、まず安定的にキャッシュフローを稼ぎ出す物件を購入しなくてはなりませんので、その点からも中古の方が有利といえます。

さらに、賃貸中の中古であれば、買ったその日から家賃が入ってくるというのも初心者にとってありがたいことです。新築の場合は、土地をローンで購入し、その上に建築をしている間や、建築後に入居者を募集している間もずっと土地と建物のローンを支払い続けなくてはなりませんので、６か月くらいのローンが支払えるだけの資金を事前に準備する必要があります。これほどの資金を初心者が貯めるのは大変です。

その点中古の場合は、すでに入居されている方の家賃ですぐに翌月からのローンを支払えるので、資金が少なくても手を出しやすいのです。

また、中古であればすでに建物は完成しているというのも初心者に向いている理由となります。当然ですが新築物件はまだ存在しておらず、現物を見ながらであれば容易に理解できることも、存在しない物件を想像しながら理解することは大変難しいからです。

初心者でもよい不動産屋さんを見つけ、その担当者から現物を見ながら説明してもらえば不動産についての知識を深めることも可能です。

新築を建てる場合、不動産に関する知識、周辺ニーズなどを把握して土地を探す必要がありますので、初心者には荷が重いと思います。

新築と中古の特徴

【中古が初心者におすすめの理由】

・価格が安い	➡	初期投資が少なく済む
・利回りが高い	➡	C/F を貯めて再投資できる
・買ってすぐ家賃が入る	➡	運転資金が少なくて済む

・いい不動産業者だけを探せばよい

【新築が初心者におすすめでない理由】

・価格が高い	➡	資金が必要
・利回りが低い	➡	C/F が出ない
・すぐに家賃が入らない	➡	建築中、募集中の運転資金が必要
・自分の足で土地を探す	➡	そのエリアの賃貸ニーズなどを自分で調査しなくてはならない

・信頼できる工務店を探さなくてはならない

➡ 建築や設備の相場を知らない

7 初年度の目標設定

本章であなたは、自分の現状（As-Is）、未来のあるべき姿（To-Be）、狙うべきエリア、そして金額別の戦略を理解してきました。

これらに基づいて、まずは**初年度の目標**を設定します。

設定する金額規模は、**自分自身が不動産投資に使える預金額の10倍**を目安にしてください。

例えば、不動産投資に使える預金が100万円なら1000万円まで、300万円なら3000万円、500万円なら5000万円までとします。

初年度の目標が3000万円の場合、1000万円の戸建を3件購入するのか、3000万円のアパートを1件にするのか、1000万円の戸建と2000万円のアパートを1件ずつ購入するのか具体的にイメージしてください。

次に購入するエリアも検討します。例えば23区内で1000万円の戸建を購入すると、残りの予算は2000万円となり、都内ではアパート購入が難しくなります。そのため、2000万円のアパートについては東京寄りの千葉で探すなどの工夫が必要になります。

千葉や埼玉、神奈川のベッドタウンを狙うのであれば、家族向け、駐車場のある物件、シングル向けであれば駅から徒歩10分前後など具体的にイメージしておきます。

それから、この目標設定で重要なのは**あまり絞り込みすぎない**ということです。

例えば、杉並区の駅から10分以内であるとか、千葉県市川市の駅から15分以内など、エリアを絞り込みすぎたり、駐車場付きファミリー向け築浅アパートなど、条件を限定しすぎてはいけません。というのもあまりに細かな条件を設定すると、そもそも物件が出てこないからです。個人的に好みのエリアや好みの間取りの物件などがあったとしても、それにこだわらずに広めに設定してください。

また逆に、例えば千葉県全域、福岡県全域などエリアを広くとりすぎるのもNGとなります。エリアが広いとそのエリア内で賃貸需要がまったく異なることになり、適切な目標が設定できなくなるからです。

最後に目標とする利回りを設定します。これは市場に出ている物件の利回りにもよるのですが、

初年度目標設定の例

初年度(20XX年4月〜20XX年3月)の目標は…

金額規模	1,000万円 〜 3,000万円
エリア	東京23区内、東京寄りの千葉、東京寄りの埼玉
購入する物件	23区内の戸建/埼玉の木造ファミリータイプアパート(駐車場あり)/千葉の4〜6部屋のシングル向け駅から徒歩10分前後のアパート
利回り	23区内は8%以上 千葉は10%以上 埼玉は10%以上

23区内でいえば最低でも8%以上(できれば10%以上)などが1つの目安となります。23区内以外で千葉や埼玉、神奈川などは10%以上で見ていても問題ないでしょう。

常に空室が存在する地方都市の場合は、表面利回りが20%あっても稼働率が50%であれば、稼働利回りは20%×50%=10%となりますので、実際の稼働率を加味した稼働表面利回りで考えてください。

第１章のまとめ

◎「なぜ不動産投資をしたいのか」を明確にすることが成功への第一歩

◎「得たい利回り」と「不動産投資」という手段は合っているか

◎「あるべき姿」と「現状」のギャップを確認し、「成長スケジュール」を策定する

◎今だけでなく将来の需給バランスを考える

◎狙うべきは〝縁〟のあるエリア

◎初心者は中古から始める方がよい

◎初年度の目標（金額規模、購入エリア、利回り）を設定する

第 2 章

不動産屋探しから始める パートナー選びの世界

1 よいパートナー選びが成功の決め手

不動産投資での成功は、そのパートナーたる不動産屋さんで決まります。

不動産屋とは正確には宅地建物取引業を営む業者（宅建業者）のことで、全国で約12万件も存在します。全国のコンビニの数が約6万件ほどですから、コンビニよりも多くの不動産屋さんが存在するということです。机とＦＡＸとパソコンとインターネットさえあれば誰でも簡単に起業できるため、これほど多く存在しているのでしょう。

不動産投資家が成功するためには、コンビニより多い不動産屋さんの中から、自分のパートナーとしてしっかりとした不動産業者を探し出さなくてはなりません。

というのも、不動産投資を始めたばかりの不動産投資家にとって、パートナーの不動産屋さんは不動産の知識を教えてくれる〝先生〟となるからです。

パートナーたる不動産屋さんは実際の物件を見ながら、土地の形や道路、建物の状態などについて、様々なことを教えてくれます。もちろん不動産投資の書籍を読んだり、セミナーに通った

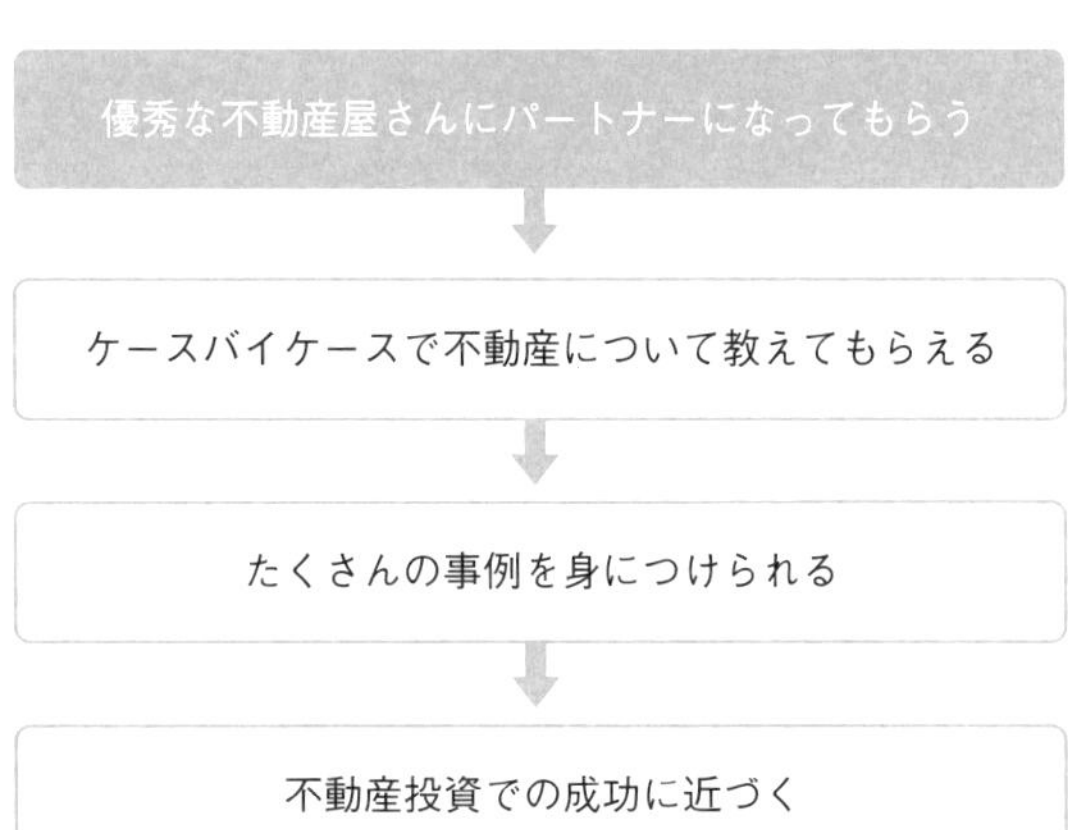

り、投資家自身が学ぶ努力は続けていかなくてはなりませんが、いくら本で読んでも、現地で見る実際の情報からの学びに勝るものはありません。

不動産は1つとして同じものはないため、**ケースバイケースで教えてもらえる先生を得ることが成功への近道**なのです。不動産投資は、数学のように公式を覚えてしまえばどのような問題にも答えが得られるというものではありません。様々なケースを学び、たくさんの事例を身につけることで、初めて見る物件についても理解できる応用力が必要なたぐいのものなのです。

その様々なケース、たくさんの事例を見てきた優秀な不動産屋さんにパートナーになってもらい、彼らの知識、経験を教えてもらえるかどうかで、初心者でも失敗せずに最初の物件を購入できるか否かが決まるといっても過言ではないのです。

2 よい不動産屋のよい担当者を探す方法

自分にとってよい不動産屋さんは自分自身の足で探すしかありません。

その方法は大きく次の4つに分けることができます。すなわち、①アクセスのしやすさで探す、②書籍で探す、③ネットで探す、④口コミで探す の4つです。

1 アクセスのしやすさで探す方法

アクセスのしやすさで探すとは、家の近く、職場の近く、通勤経路にある通いやすい不動産屋さんを回るということです。

不動産投資は1回不動産屋に行けば終わるものではなく、何度も何度も足しげく通い、よさそうな物件が出たら買付を入れ、玉砕し、ごくたまに購入できるものです。つまり、スポーツジムと同様に通いやすい場所でなければ行くのが面倒になり、続けることができないのです。

ただ、あまりにもアクセスのみを重視しすぎるとよい業者に出会えないばかりか、悪質な業者やいいかげんな業者に出会ってしまうこともあるので見極めが大切になります。

2　書籍で探す

私が不動産投資を始めたころと異なり、今、書店には不動産投資の本が多数売られています。その本の中には優良な業者さんが書いたものもあります。そういった業者の本を読んで、信頼できそうだと感じたらその業者の門をたたくのもよいでしょう（私自身、サラリーマン1年目の時に読んだ本に出ている業者に話を聞きに行ったことがあります）。

不動産投資に関する本を20～30冊読んでいれば、なんとなく信頼できそうな業者と怪しい業者の見分けがつくようになってきますので、大きな間違いはないかもしれません。

ただし、書籍が出ているからといって手放しで信用してはいけません。悪名高い「かぼちゃの馬車」の業者は、有名なダイヤモンド社で自費出版しており、書籍を販売していました。悪質な不動産業者の中には莫大な費用をかけて有名な出版社から書籍を出すことで、セミナーや集客を行っているところもあります。ですので1冊だけ読んで信用するのではなく、最低でも20～30冊は読んで相対比較を行ってください。

3 ネットで探す

不動産投資について情報発信をしている熱心な業者は、ホームページ（HP）やブログ、メールマガジン（メルマガ）などを発行していることがあります。かくいう私もサラリーマン時代からメルマガで不動産投資の情報を発信し続けています。

こういう業者は、大家さんの視点で儲かるか儲からないかをシビアに見ているので、普通の業者よりも投資物件について詳しいことが多いです。投資物件や融資のマーケット情報を発信しているということは不動産投資マーケットの最前線にいるということを表すので、最新の市場動向に基づいて最も有効な投資方法を教えてもらえることもあるでしょう。

HPやブログ、メルマガなどはたいていの場合、無料で読むことができるので、その業者のスタンスや倫理観などを把握し、気に入ったら訪ねてみるのがよいでしょう。

4 口コミで探すのは注意が必要

不動産投資はかなりクローズドな世界です。よい物件の情報やよい業者の情報は一部の大家さん同士の口コミでしか流通しません。そのため、もし近くに成功している大家さんの友人や同僚がいた場合、その人の使っている不動産屋さんを紹介してもらうのはよい方法です。

しかし、この口コミや紹介にはかなり注意が必要になります。というのも、知り合いが大家さんとしてしっかりと成功しているかどうかが客観的に把握できないからです。

よくある失敗パターンとしては、仲のいい知り合いが買った利回り5～6％台の儲からないような区分マンション業者を紹介してもらうパターンです。

仲のいい知り合いがおすすめしてくれるものだからよいものだろうというバイアスがかかり、その投資物件の良し悪しそのものを吟味せずに購入してしまうことがあるのです。

その知り合い自身も別の知人からの紹介で購入しており、自分がまさか不動産投資で大失敗しているなんて夢にも思っておらず、悪意なく紹介してくるためタチが悪いのです。

また、口コミ情報などが交換できるからという理由で、「大家の会」などに入る場合にも注意が必要です。

大家の会の中には高額な入会金をとるところもあります。かつて大家の会に120万円の入会金と会費を支払った人がいました。その方の話を伺うと、それほど高額な入会金と会費のわりに得られる情報は、本を30冊も読めばわかるものばかりでした。

よい不動産業者を探す４つの方法

	探し方	留意点
① アクセスで探す	家、職場の近く、通勤経路の途中にある、気軽に通える場所を中心に歩いて探す	アクセスのみを重視して、不動産屋の質が低くならないよう見極める
② 書籍で探す	書籍で有名な業者などに行ってみる。セミナーなどに顔を出してみる	悪名高い業者でも自費出版していることがある。最低でも30冊は本を読んで比較するべき
③ ネットで探す	メルマガやホームページなどで探す	ある程度長期間にわたり文章を読み業者の倫理観などをチェックする
④ 口コミで探す	大家の会、大家の友達などに紹介してもらう等、口コミで探す	人格としては信頼できる友人でも不動産の知識が不足している人もいるので、口コミは玉石混交

よい不動産屋さんと出会うための４つの方法をご紹介しましたが、どの方法にせよ**最終的にはその業者さんに会って直接会話し、信頼できるかどうかを確かめるしかありません。**そういう意味では、**よい不動産屋さんは足で探すしかない**のです。

3 よい担当者を見極める方法

よい担当者とは言われたことを言われた通りにしっかりと実行してくれる担当者です。

「よい」を要素分解すると「責任感」と「仕事力」に分かれます。

「責任感」とは仕事を自分のこととして最後まで行う能力のことで、「仕事力」とは不動産に関する経験や、書類作成能力やコミュニケーション能力などを意味します。**責任感があり、依頼されたことをきちんと実行してくれる仕事力を持つ担当者が、最もよい担当者です。**

ただ、責任感も仕事力もある担当者はなかなか存在しません。その場合に優先すべき能力は「責任感」の方です。

営業ノルマに追われ自分の生活のために売買を行う、顧客ファーストではない担当者ではなく、この投資物件を自分が買うのと同じくらい真剣に責任を持って対応してくれる人がよい担当者なのです。

その担当者が不動産投資にあまり詳しくない場合、利回りなどの投資についての話は期待できないでしょう。しかし、不動産そのものについては詳しいはずですから、物件の状態や修繕、客付の具合など、学ぶことはいろいろとあります。それらの知識について担当者から学びつつ、投資については自身で学び進めていきます。

そして、投資家であるあなた自身が船長となって指示を出し、まじめで責任感のある担当者が実際の船を進める体制をとればよいのです。

よい担当者は**「給与を質問する」**と**「認識をすり合わせる」**の2ステップで見極めていきます。

1　給与の質問をする（固定給か確認する）

不動産業者の売買担当者には2種類の方がいます。1つは「歩合給」で働く人、もう1つは「固定給」で働く人です。あなたがこれから真剣に不動産投資について学んでいくのであれば、「固定給」で働く担当者をおすすめします。

不動産屋さんで担当者と打ち解けてきたら、試しに「○○さんの会社の給与は歩合ですか？ 固定ですか？」「売れたらボーナス出るんですか？」と聞いてみてください。

この質問に対して、はっきりと「うちは固定給だから、売れても給料は変わりません」などと答えてくれる担当者であればよいでしょう。

逆に「売れないと困るんですよ」みたいに泣き落としにかかって来たら、その担当者からは距離をおいた方がよいかもしれません。毎日の生活のために営業ノルマをクリアしなくてはならない担当者は、売ることが第一目的になってしまいがちですから、たいして儲からない物件でもおすすめしてくる可能性があります。

売れても売れなくても給与が変わらない固定給の担当者であれば、無理して売る必要がないため、ゆったりとあなたのペースに付き合ってくれるでしょう。まずはそういった固定給の担当者を開拓しましょう。

2 何度も話す（認識が合うか確認する）

次に、その担当者に何度も会って会話ができるかを試せばよいでしょう。

これからあなたが探さなくてはならないよい物件は、とても希少です。一度や二度、不動産業者に行ったところで発見することはできないめったに出ない物件です。そういった超貴重な物件を探してもらうには、あなたの思いと担当者の思いを1つにする必要があります。

よい担当者は、収益物件を購入したい旨を伝えると、親身になって様々な物件を紹介してくれます。最初のうちは彼らの売りやすい区分マンションだったり、投資用ではない一戸建だったり

よい担当者を見極める方法

を紹介されるかもしれません。

しかし、何度も通って話をするうちに、あなたが求めるものが区分マンションや一戸建ではなく高利回りの一棟アパートなどであることを理解してくるでしょう。

あなたの求めるものを担当者が理解し共通認識を持つことができれば、担当者からあなたの求めるものに近い提案が出始めるようになります。

逆に、いつまでたっても区分マンションしか紹介してこなかったり、連絡をしても返事がこなくなったりしたらその担当者は、あなたにとって「よい」担当者ではないということになりますので、次の担当者を探しましょう。

4 担当者は毎回同じ人がよいのか？

不動産投資の初心者は、**毎回、同じ担当者と一緒に投資物件を探しましょう**。

「楽待（ラクマチ）」や「健美家（ケンビヤ）」などのポータルサイトには数多くの業者が物件を掲載していて、その物件を掲載している業者に連絡ができるようになっています。ただ、決まった担当者とではなく、物件を掲載している業者と一度きりで行う取引は上級者の手法です。

不動産業者は一般的に、その物件を買うことのできる資力のある投資家を優先します。そのため、ポータルサイトから問い合わせてきた初対面の投資家よりも、自分自身がよく知っている投資家を優先します。ポータルサイトから問い合わせてきた投資家が本当にその物件を買えるだけのお金を持っているかわからないためです。

ゆえに、自分自身がいかに投資家として優れており、購入できるだけの財産を保有しているかを適切に素早く伝える能力が不可欠です。すでにある程度の資産を形成し、不動産も現金もたくさん保有しているような上級者でなければ、そのようなアピールは難しいということです。

毎回同じ業者、違う業者を利用するメリット・デメリット

担当業者	メリット	デメリット	対象
毎回同じ業者	▶自身のニーズ、財務状況を把握してくれている ▶購入可能な物件を優先的に紹介してくれる ▶契約内容など信頼ができる	▶元付け業者にアクセスできない ▶ポータルサイトで発見した時に出遅れてしまう	初心者向け
毎回違う業者	▶ポータルサイトで発見した時にすぐに動くことができる ▶元付け業者に直接アクセスできることもある	▶相手の業者の良し悪しがわからない ▶毎回、自分自身についてのプレゼンが必要になる	上級者向け

これまで述べたように、不動産投資成功のカギはよい不動産屋のよい担当者をパートナーにすることです。あなた自身が知らない不動産の知識を教えてくれ、あなたのニーズをしっかりとくみ取って、あなたを優先してくれるパートナーを選ぶことです。**たとえ実績も現金もあまりない不動産投資初心者だったとしても、何度も会って心を通わせた担当者であれば、今のあなたに購入できる最もよい物件を優先的に紹介してくれるから**です。

ですので、初心者はいつも決まったパートナーの担当者と不動産を探し取引をするのが望ましいのです。

ポータルサイトで気になる物件を見つけた時も、自分の担当者に問い合わせることをおすすめします。その物件が不動産業者の物件管理システムであるレインズに掲載されていれば調べてくれるはずです。

第2章のまとめ

◎パートナーの不動産屋さんは不動産の知識を教えてくれる〝先生〟

◎よい不動産屋さんは足で探す

1. アクセスのしやすさで探す
2. 書籍で探す
3. ネットで探す
4. 口コミで探す

◎責任感のある担当者を見つける

◎初心者はいつも決まったパートナー担当者と不動産探しをする

第3章

マイソクから始める物件の良し悪し判断

1 まずは最低1000枚のマイソクを見よう

1 ポータルサイトか、不動産屋か？ それぞれのメリット・デメリット

よい担当者に巡り合うことができたら、ついに物件探しのスタートです。

物件を探すには、インターネットのポータルサイトを用いるか、実際に不動産業者を訪問し、業者が使用する物件管理システムの「レインズ」を用いるかのどちらかになります。どちらも一長一短のため、その両方をうまく組み合わせながらよい物件を探していきましょう。

それぞれの特徴をまとめると次のようになります。

業者を訪問してレインズから直接物件を検索する場合の特徴は、物件の情報が正確ということです。再建築不可などの重要な情報はしっかりと記載されていることが多く、終了した物件なども速やかに削除されます。また1000万円未満の物件なども掲載されているため、小ぶりな物

件を探す人はレインズを見た方がよいでしょう。一般投資家はレインズに直接アクセスすることができないため、ライバルが少ないのもメリットといえます。

レインズの最大のデメリットは、不便であるということに尽きます。そもそも不動産業者でなければ検索できないため、一般の投資家はわざわざ不動産業者に出向く必要があります。また投資物件専用のシステムではないため、利回りなどで検索することもできず、写真の掲載なども少ないです。つまりレインズを一言で表すと**「不便だが、ライバルが少なく、情報が正確」**となります。

逆に、投資不動産のポータルサイトは、誰でもどこでも見ることが可能で、利回りなどで検索できるうえ、自動的に物件情報のメールがもらえるなどとても便利です。

その反面、一斉メールによりライバルが一気に増えてしまったりする点や、顧客からの問い合わせ欲しさに「再建築不可」など極めて重要な情報を隠して掲載する業者がいる点など大きなデメリットも抱えています。つまりポータルサイトは**「便利な反面、ライバルも多く、情報が不正確」**といえるのです。

初心者は**信頼できる担当者がいる不動産業者を訪問して物件探しを行うことをメインとし、ポータルサイトは補助的に使用していく**のがよいでしょう。

ポータルサイトと不動産業者（レインズ）のメリット・デメリット

主な探し方	メリット	デメリット
業者訪問（レインズ）	▶情報が正確（再建築不可などの情報を隠さずに載せている） ▶終了した物件は速やかに削除される ▶小ぶりな物件でも掲載されている ▶ひっそりと掲載されているものがある ▶ライバルが少ない	▶不動産業者でないと使えない ▶利回り%などでの検索ができない ▶1枚ずつ紙（pdf）で見るため時間がかかる ▶写真などの掲載が少ない
	➡ 不便だが、ライバルが少なく、情報が正確	
ポータルサイト	▶誰でもどこでもいつでも使える ▶利回り%で検索できる ▶自動的に物件メールをもらえる ▶写真が多い	▶情報が不正確（再建築不可などの情報が隠されている） ▶掲載されるとライバルが増える ▶終了した物件の広告も交じっている
	➡ 便利な反面、ライバルも多く、情報が不正確	

２　一都三県の現状

レインズで一日に登録・更新される一都三県ＧＴＬのアパート・マンションの件数は、約１２０〜１５０件です。年間３００日ほど稼働するとして、おおよその年間登録数は約４万件にも上ります。

不動産投資家はこの約４万件の中から、最低限のスペックを超えるものを選び出します。最低限のスペックを超えるとは**「再建築ＯＫ」「所有権」「利回り８％以上（一都三県ＧＴＬの場合）」**を満たしているということです。詳しくは次節以降に述べますが、これらのスペックを超えたものだけが、投資家に富をもたらしてくれるため、これらの条件のうち１つでも満たせていない物件は問答無用で切り捨てましょう。

２０１８年に私が探し出した物件の記録によれば、一都三県ＧＴＬの約４万件のうち約１５００件、すなわちたったの３・８％しかこれらの最低限のスペックを超えていませんでした。つまり、マーケットに出ている物件のうち96・２％は買ってはいけない（儲からない）物件だったということです。

また、この３・８％の物件はあくまで書類上、最低限のスペックを超えているだけであり、現

一都三県の現状

一都三県のアパート・マンションの平均登録件数（2018 年）

エリア	1日（金曜）	1週間	1日平均	300日
東京 23 区	61	47	50	14,871
東京 23 区以外	14	98	14	4,200
埼玉	16	121	17	5,186
神奈川	38	236	34	10,114
千葉	18	137	20	5,871
合計	147	939	134	40,243

再建築 OK、所有権、8%以上のアパート・マンション（2018 年）の件数・利回り

再建築 OK
所有権
利回り 8%以上

エリア	登録件数	平均利回り	最大利回り
東京 23 区	226	8.79%	15.97%
東京 23 区以外	257	9.28%	15.30%
埼玉	336	9.46%	17.50%
神奈川	341	8.92%	18.70%
千葉	387	9.60%	19.40%

書類スペック OKの物件は 1,547 件（たったの 3.8%！）

地に行くと、まったく使い物にならない物件だったりします。屋根に穴があいていたり、建物が傾いていたりする物件も含まれているため、実際に使い物になる物件は3・8％を大きく下回り1％未満しか存在しません。

不動産投資家になって成功するためには、この**1％未満の物件を見つけて買い続けていくことが必要**になります。もし、あなたが不動産投資を始めたばかりでまだ物件情報（マイソク）を100枚未満しか見ていないのであれば、あなたが見た物件はすべてハズレである可能性が濃厚です。

3 よい物件を手に入れるための「１０００・30・３・１の法則」

投資物件のうち99％以上はハズレ物件であり、不動産投資家はたった１％未満の優良な物件を購入しなくては成功できません。

そのために必要なのは、よい物件を手に入れるための「１０００・30・３・１の法則」を実行することです。

これは**「１０００件の物件情報」を見て、「30件の現地調査」を行い、「３件の買付」を入れると、「１件」買える**ということを意味します。

これを細かく分解すると「１週間に20件×52週≒１０００件」の物件情報を見て、「52週のうち30週≒２週に１回」ほど現地に行き、「30回現地調査した後に３回」ほど買付を入れると、「１回だけ買える」ということを意味します。多くの場合は、１件目を買えるまで６か月程度かかります。

初心者はまず１０００枚の物件情報＝マイソクを見ることを目標にしましょう。マイソクとは不動産の物件情報が掲載された紙面のことです。そこには物件の写真、間取り、価格、土地や建物の面積、築年数、利回りなどが記載されています。

1000枚も見るのは生半可では実行できないので、自分で決めた投資対象エリアと金額レンジに合致するマイソクを全部確認しましょう。不動産業者の担当者にお願いすれば、エリアと金額レンジに合った物件をレインズで探してくれるでしょう。最初は3～4枚の物件資料を渡してくれるだけかもしれませんが、その中で比較検討するのではなく、**1週間以内や1か月以内に市場に出てきた全物件を見るようにしてください**。

業者や担当者によっては自社物件以外の売買物件は紹介しないというところもあるかもしれませんが、その場合は速やかに業者を変更します。

面倒くさがらず、すべての物件を隠すことなく見せてくれる業者に出会うまで業者も物件も根気強く探し続けてください。

近くに気の合う不動産業者がいない場合は、インターネットのポータルサイトで見ることもできますが、よい業者と担当者探しも兼ねて不動産業者でマイソクをもらうことをおすすめします。

毎週末、不動産業者を訪ねマイソクを大量に見ていると、2～3週に一回くらいは最低限の書類スペックを超える物件に出会うでしょう。そういった物件を見つけたら、現地調査に行きます。第5章で解説する現地調査のポイントを押さえて素早く現地で物件を確認し、問題がなければ買付を入れます。10件、20件と現地を見ていくうちに1回、2回は買付を入れてもよいと思える物件に出会えるはずです。

1000・30・3・1の法則

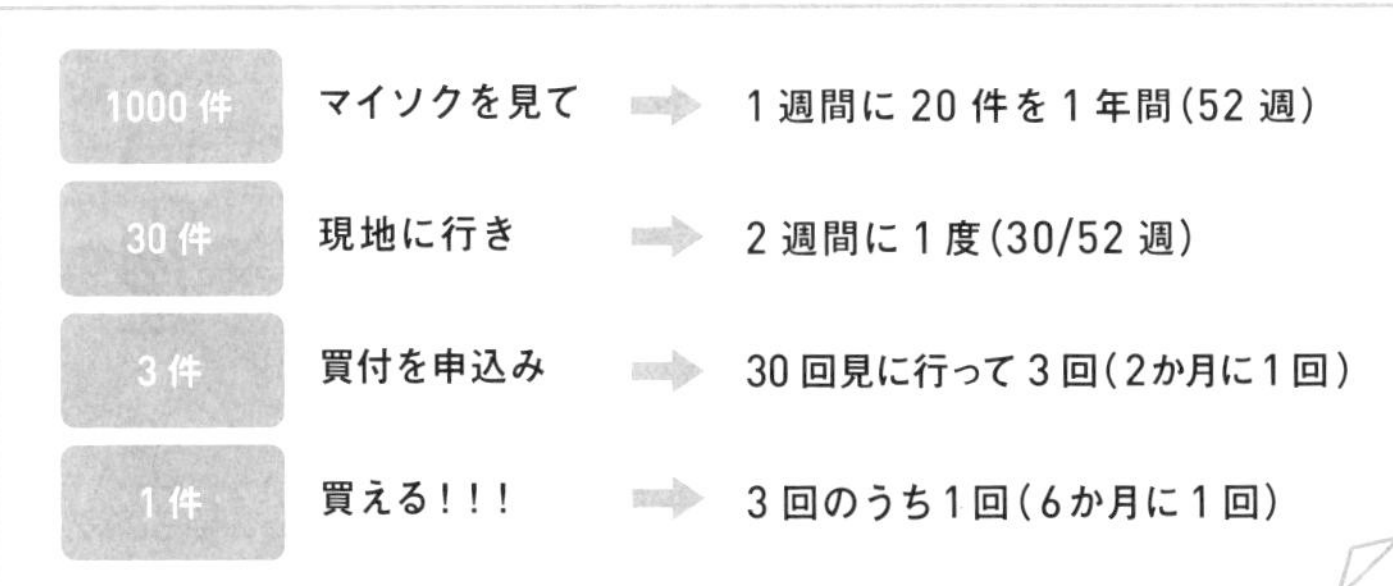

不動産投資で成功するには大量行動が必要。
1件目購入までに、早い人で3か月、普通で6か月はかかる。

何度か買付を入れるとわかりますが、よい物件であればあるほど買付は通らないことが多いです。多くの場合、すでに別の投資家の買付が入っていて買えなかったり、融資を使わず現金で購入する人が現れて買えなかったり、銀行の融資があまり出ずに買えなかったりします。

どの投資家も平均的に**3回ほど買付を入れて1回買えるかどうか**という成功率なので、あきらめず、また次の1000件を見て買付を入れ続けましょう。

2 よい物件を選び出す3つのステップ

なじみの不動産業者に通い、大量のマイソク（物件情報）をゲットできたら、次はその中から「よい物件」を見極めていく必要があります。前節で述べた通り、投資不動産の大半は儲からない（＝よくない）物件です。そのためゲットした大量のマイソクのほとんどはよくないはずです。

そうした大半のよくない物件を振るい落とす手順が、よい物件を選び出すスリーステップです。**ステップ1は「NG項目チェック」、2は「定量チェック」、3は「定性チェック」**です。

ステップ1の「NG項目チェック」とは、購入したら大損してしまう資産価値のない物件を見抜くチェックで最も重要です。ステップ2の「定量チェック」とは、物件の収益性や資産価値を確認することです。ステップ3の「定性チェック」とは、物件の立地や状態など、数字には表れない部分を確認することです。

このスリーステップを行うことで、大量に存在するハズレの物件を効率よくふるい落とし、現地調査に行くに値するよい物件を選び出すのです。

よい物件を選び出す3つのステップ

絶対に買ってはいけない
3大NG項目+アルファをチェックする

利回りと積算をチェックする

周辺環境や物件の状況をチェックする

ステップ1　絶対に買ってはいけないNG項目チェック

1　最初にチェックする三大NG項目

物件情報のマイソクをもらったら、最初にチェックするのは三大NG項目が存在しないかです。具体的には**「借地権」「市街化調整区域・非線引区域」「再建築不可」**という文言があるかどうかをチェックするということです。

まずはマイソクの「権利」と呼ばれる項目を見ます。この「権利」部分の記載が「所有権」であれば、問題ありません。問題なのはここが「借地権」や「地上権」などの記載だった場合です。「借地権」とは読んで字のごとく、土地を借りていることを表します。**「借地権」の物件は、建物は売主のものですが、土地は売主以外の地主のものという物件**です。この物件を購入すると、購入した人は月々の地代家賃を支払う必要があり、建替え時などにも地主に支払いをしなくてはならず不動産としての自由度が下がります。また最も問題なのは金融機関の審査時に「借地権」は低く評価されるということです。物件にもよりますが、通常の所有権の価格の3割程度しか評価されないため、融資がつきにくいのです。

次にチェックするのは「都市計画」の項目に「市街化調整区域・非線引区域」の記載がないかです。東京23区のような都心部は通常「市街化区域」との記載があります。「市街化区域」とは建物を建ててよいエリアであり、**「市街化調整区域」とは建物を建ててはいけないエリア**を意味します。

本来、「市街化調整区域」には建物を建築してはいけないのですが、すでに存在する建物については使用することができ、一部地域では規制緩和により再建築ができたりします。しかし、「市街化調整区域」の土地は、「市街化区域」に比べて資産価値が低く評価されてしまうため、土地の資産価値を重視する不動産投資では購入すべきではないエリアです。その土地を担保に銀行融資を依頼した時に融資金額が低くなるからです。

「非線引区域」は国が都市計画を行わないと決めたエリアのことです。国が都市計画を行わないということは、極論すると電気・ガス・水道・道路などのインフラを作らないと決めたエリアといえます。全国にはインフラがきちんと整備され建物が建っている「非線引区域」が多数存在していますが、「市街化調整区域」同様に土地としての資産価値は低く、不動産投資の初心者が購入すべきエリアではありません。

最後にチェックするのは「再建築不可」の文言の有無です。**「再建築不可」とは読んで字のごとく「再び建築することは不可能」という意味**です。つまり今の建物を取り壊してしまうと、何も建築することができない土地なのです。

アパートやマンションなどを経営し家賃をもらう不動産投資家からすると、この「再建築不可」というのは最も注意すべき事項です。マイソク紙面の備考欄に小さく「再建築不可」や「建築基準法上の接道義務を満たしておらず再建築できません」などの文言が書かれている場合は、その時点で検討対象外となります。

「再建築不可」の物件は、立地がよく利回りが高いことが多く、一般ポータルサイトなどでは客寄せパンダ物件として使われることも多いです。ぱっと見とても魅力的に映るために購入したいと思う人も多いようですが、初心者は絶対に手を出してはいけません。

というのも「再建築不可」の物件は銀行からの評価がゼロだからです。ほぼすべての銀行は「再建築不可」の物件に対する融資を行いません。どんなに立地がよくても見た目がきれいでも「再建築不可」の物件の価値はゼロなのです。資産価値がゼロのものを購入することは不動産投資で資産を形成していくプロセスに大きくマイナスの影響を与えます。**不動産投資初心者が何もわからずに「再建築不可」の物件を購入したなら、投資の成功が10年以上遅れることになる**でしょう。

最初にチェックする三大 NG 項目

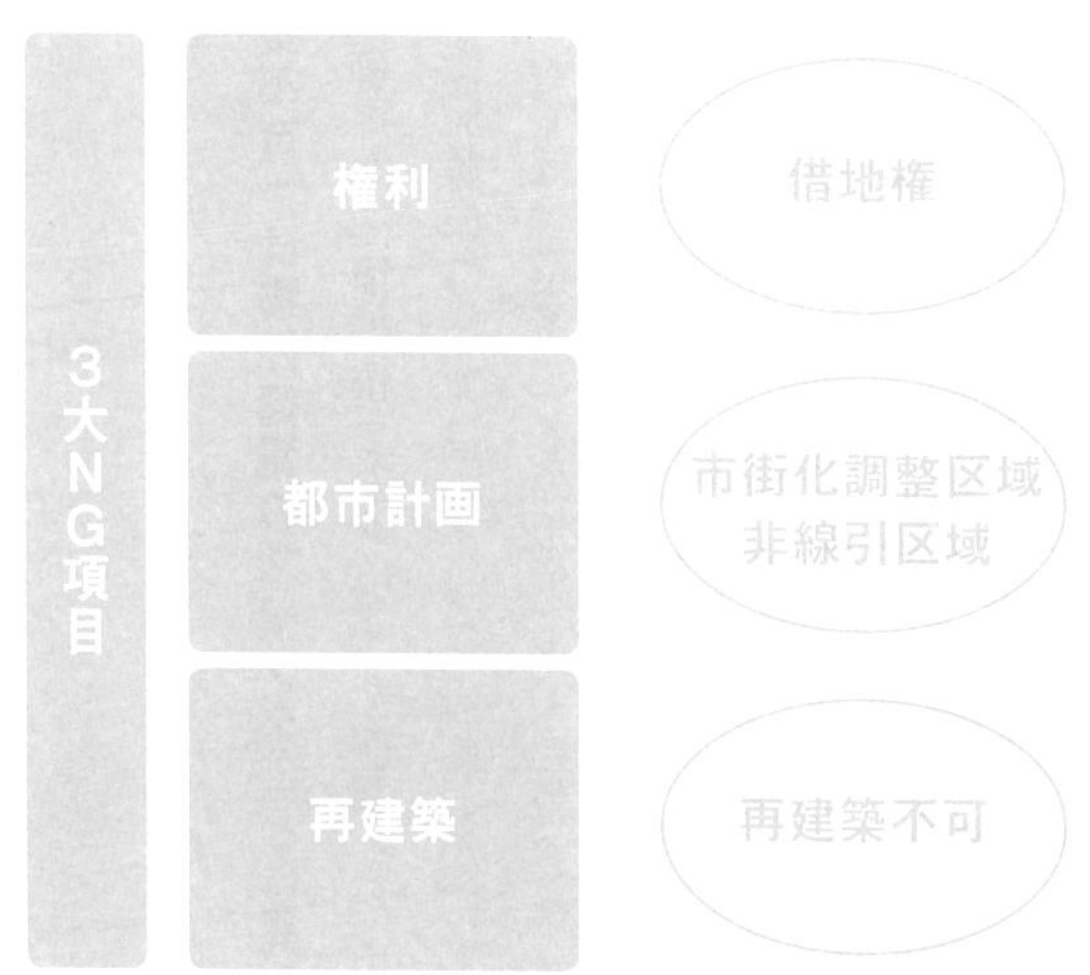

マイソクの見方（三大 NG 項目チェック）

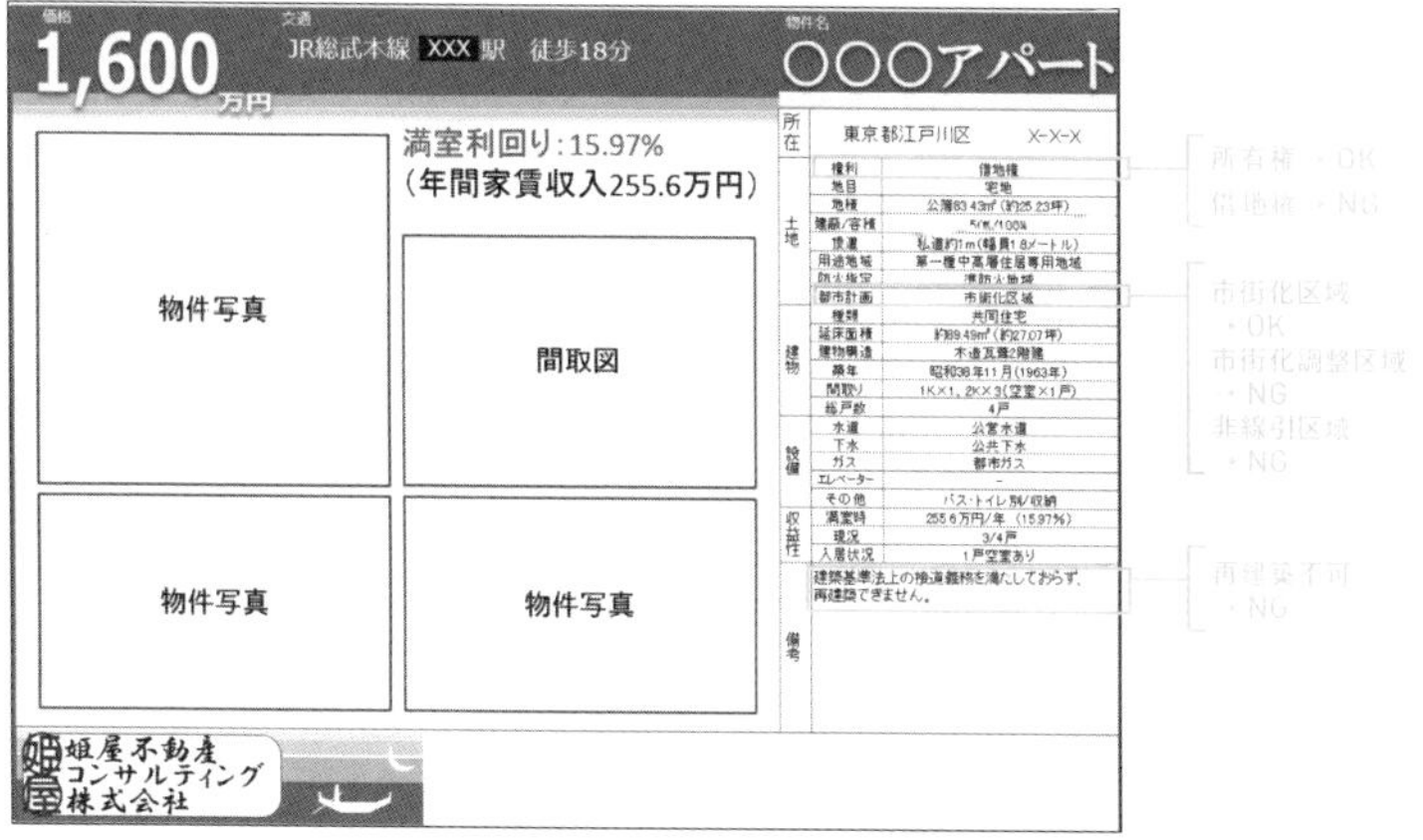

2　NG項目がわかりにくい場合(1)　〜記載がない〜

先ほどの三大NG項目のうち、最も注意が必要なのは「再建築不可」の記載です。なぜなら、**「再建築不可」は物件情報のマイソクごとに異なる記載方法がとられているから**です。

「所有権」か「借地権」かといった記載や「市街化区域」か「市街化調整区域・非線引区域」かといった記載についてはマイソクのどこかに必ず表示されています。しかし、「再建築不可」の表示については、業者ごとのルールで記載されていなかったりするのです。まずは次の「再建築不可」に関する記載がない例を見てください。

このマイソクには前節で見たような「再建築不可」に関する記載がありません。しかし、記載がないからといって、「再建築可能」だと考えるのは早計です。この物件の「接道」は幅員（道路の幅）が1・8メートルの私道に間口1メートルです。**建築基準法は基本的に幅員4メートル以上の公道または私道に間口2メートル以上接することを再建築の条件としています。**つまり、この物件は「再建築不可」の記載がなくとも「再建築不可」であることを疑わなくてはならないということなのです。

NG項目がわかりにくい場合(1) ～記載がない～

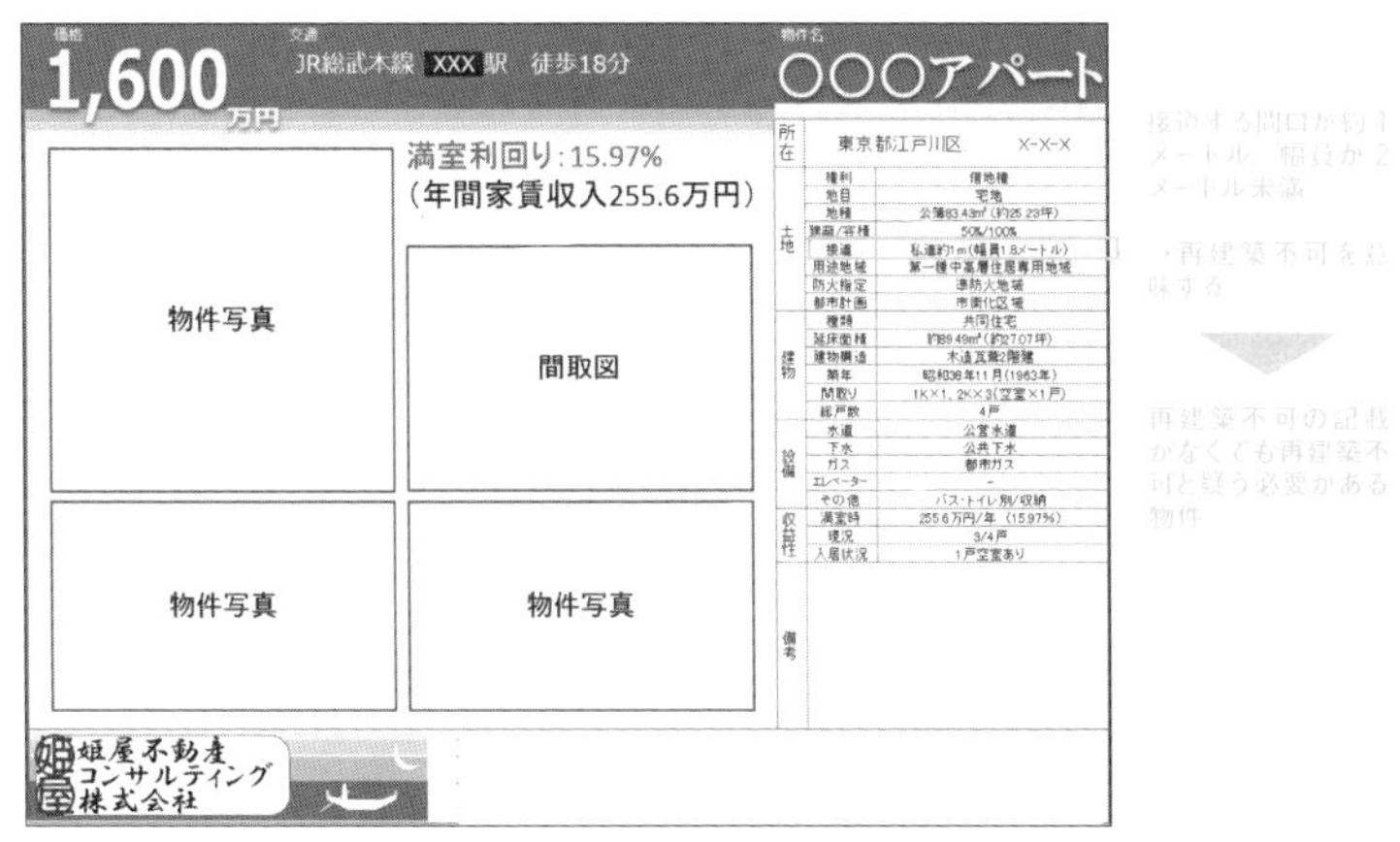

価格 1,600万円　交通 JR総武本線 XXX駅 徒歩18分　物件名 ○○○アパート

満室利回り:15.97%
(年間家賃収入255.6万円)

物件写真　間取図　物件写真　物件写真

所在	東京都江戸川区　X-X-X	
土地	権利	借地権
	地目	宅地
	地積	公簿83.43m²(約25.23坪)
	建蔽/容積	50%/100%
	接道	私道約1m(幅員1.8メートル)
	用途地域	第一種中高層住居専用地域
	防火指定	準防火地域
	都市計画	市街化区域
建物	種類	共同住宅
	延床面積	約89.49m²(約27.07坪)
	建物構造	木造瓦葺2階建
	築年	昭和38年11月(1963年)
	間取り	1K×1、2K×3(空室×1戸)
	総戸数	4戸
設備	水道	公営水道
	下水	公共下水
	ガス	都市ガス
	エレベーター	-
	その他	バス・トイレ別/収納
収益性	満室時	255.6万円/年 (15.97%)
	現況	3/4戸
	入居状況	1戸空室あり
備考		

姫屋不動産コンサルティング株式会社

再建築ができる例・できない例

※戸建住宅の場合は間口2メートル以上、
共同住宅の場合は間口3メートル以上
(自治体により4メートル以上の場合がある)

➡ **再建築は幅員と間口の両方の条件をクリアしている必要がある**

3　NG項目がわかりにくい場合(2)　〜43条但書(ただしがき)、建築審査会〜

次にわかりにくい表記が「43条但書」や「建築審査会」などです。具体的には、マイソクの備考欄などに、「43条但書道路のため、再建築時には建築審査会の許可を受ける必要があります」などと記載されています。この表記の意味は**「基本的には再建築不可だけど役所に許可をもらったら再建築できますよ」**ということです。つまり、原則再建築不可なわけです。

「再建築不可」の物件はそれだけで資産価値が限りなくゼロになるため、売る側としてはできるだけ記載したくない表記です。そのため、少しでも再建築の可能性が残されているならば、「再建築できる」ことをアピールしたいという願いを込めてこのような表記がなされるのです。

この「43条但書」は建築基準法の第43条のことなのですが、平成30年に改正され現在では「43条2項1号」と「43条2項2号」の規定となっています。そのうち「43条2項2号」が従前の「43条但書」と同じ内容です。ただし「43条2項2号」の表記は、まだまだ不動産業者に浸透していないため、マイソクなどには未だに「43条但書」と表記されていることが多いです。

この「43条但書」物件ですが、好立地で高利回りな物件が多く、ポータルサイトなどで客寄せに使われることが多々あります。しかし、どんなに魅力的に見えても「原則、再建築不可」な物

NG項目がわかりにくい場合(2) ～43条但書、建築審査会～

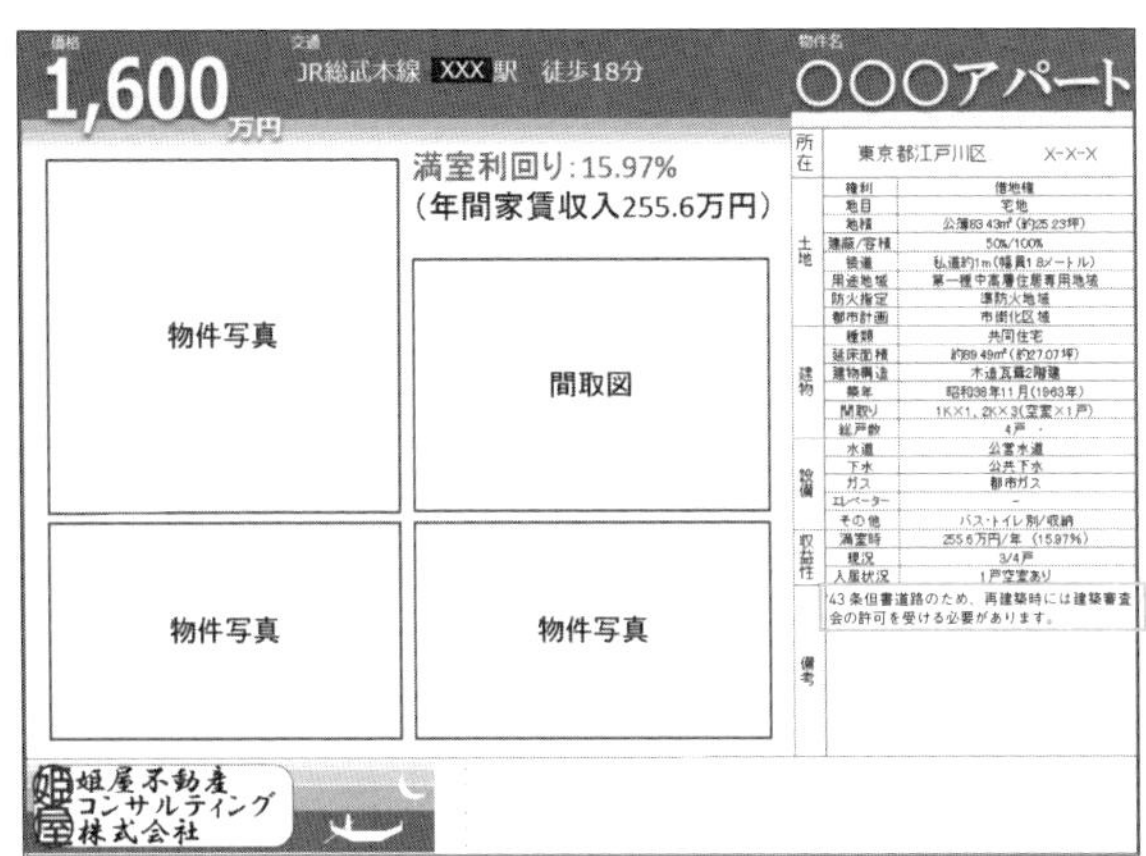

「43条但書」「建築審査会」という表記を見たら再建築不可を疑う必要がある
※43条2項2号も同じ意味

件ですから、初心者は手を出してはいけません。「原則、再建築不可」でも条件を整えると「再建築可能」な物件になるのであれば、まず初めに不動産業者がその条件を整え「再建築可能」な土地にした後に、高額で転売します。

なぜなら、「43条但書」により「建築審査会」の同意を得て許可されれば再建築できると記載して売るよりも、シンプルに「再建築可能」な土地として売る方がはるかに高く売れるからです。

儲かるとわかっていて不動産業者がそうしないのは、そのためのコストや手間を考えると実行できないほどハードルが高いからなのです。

プロである業者があきらめた物件ですから、初心者がどうにかできるものではありません。初心者は「43条但書」の物件は避けるべきです。

4 建蔽(へい)率超過・容積率超過

これまでの三大NG項目と異なり、チェックは必要ですが状況により許容してもよいのが「建蔽率超過」と「容積率超過」の表記です。建蔽率と容積率は共にその土地にどれだけの広さの建物を建築してよいかを表しており、建築基準法により決められています。

「建蔽率」とはその土地に建てられる1階部分の床面積、「容積率」とは1階、2階と建てたときの合計床面積と理解しておいてください。

基本的に閑静な住宅街は建蔽率・容積率が小さく、駅前の商店街や都心などは建蔽率・容積率が大きくなっています。

「建蔽率超過」「容積率超過」の表記は築古物件などで、わりとよく見かけます。アパートなどの賃貸住宅は床面積が大きいほど部屋数を増やせて収益性を上げることができるため、どうしても超過しがちになるのです。

「建蔽率超過」「容積率超過」の物件は、その成り立ちにより2つに分類できます。建築当時は超過していなかったがその後法律が変わり超過してしまった「既存不適格物件」と、建築・増築時から超過しているとわかっていながら建築基準法を無視して建築してしまった「違法物件」の2

つです。

昭和に建築された築古物件の場合は「既存不適格物件」となることがありますが、比較的新しい物件で超過しているものは「違法物件」の可能性が高いです。

そして、この「建蔽率超過」と「容積率超過」の最大の問題は、**銀行などの金融機関からの融資が非常に難しくなる**という点です。

銀行や信用金庫などの金融機関は、法律を順守している「適法性」を重んじるため、法律違反をしている物件に対し融資をしないようにしているのです。銀行によっては「既存不適格物件」は検討可能だが「違法物件」はＮＧというところもありますが、ほとんどの銀行は理由のいかんを問わず「建蔽率超過」「容積率超過」は融資不可となります。

しかし、そんな「超過」物件でも融資をしてくれる金融機関があります。それがノンバンクです。ノンバンクは銀行ではありませんが、不動産などに融資をしてくれる金融機関です。彼らは銀行ほど「超過」についてシビアに見ていませんので、融資をしてもらえるのです。

ただし、一般にノンバンクの方が銀行よりも金利が高いため、高金利でもペイすることができるのか、物件の収益性や資産性をよく調査・検討する必要があります。

好立地で資産性も収益性も高く、ノンバンクの高金利な融資でも運営することができるなら、「建蔽率超過」や「容積率超過」は許容することも可能なのです。

建蔽率・容積率について

建蔽率

建蔽率 50%の土地の場合

土地全体
100%

建築できる
1階床面積
50%

建蔽率が 50%の場合、土地面積を100%とし、その 50%の面積まで 1階の床面積をとれる（1階が一番広い建物の場合）

容積率

左の土地の容積率が 100%の場合

2階
50%

土地全体
100%

1階
50%

建蔽率が 50%、容積率が 100%なので 1階 50%＋2階 50%＝100%まで建築できる

NGではないがチェックする項目（建蔽率・容積率）

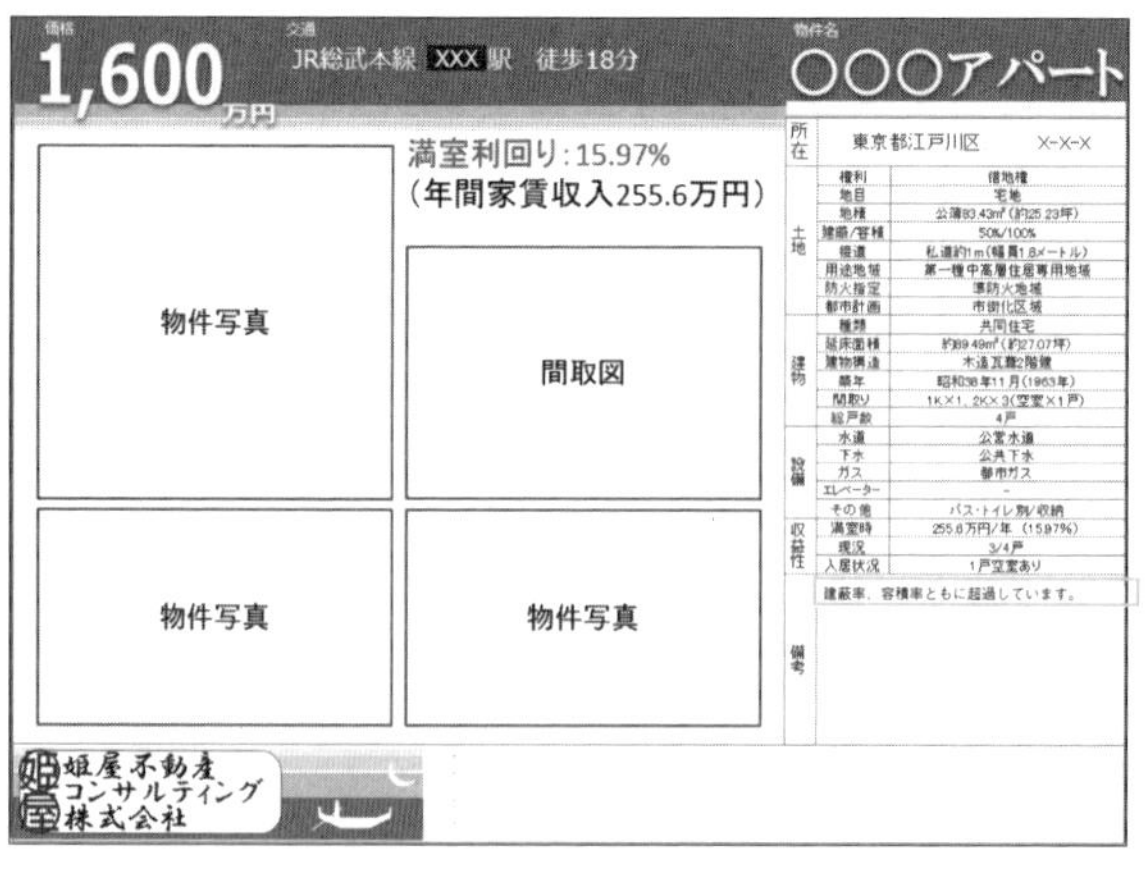

「建蔽率超過」
「容積率超過」
という表記を見たら銀行融資は厳しいと認識する

5 建蔽率・容積率を自分で計算する場合

先ほどの例はマイソクに「建蔽率超過」や「容積率超過」という文言が明示されていました。しかし、マイソクによってはこれらの文言がないこともあります。その場合は自分自身で「建蔽率」および「容積率」を計算しチェックしなくてはなりません。

チェック方法は簡単です。マイソクの中に記載されている「地積（土地面積）」と「延床面積（建物面積）」および「建蔽率／容積率」の欄を参照して電卓で計算します。

図にあるマイソクは建蔽率が50％、容積率が100％ですので、1階床面積が地積の50％以内に、1階と2階合わせた延床面積が地積の100％以内に収まっていなくてはなりません。

このマイソクには1階床面積と2階床面積の記載はなく、合計の延床面積しか記載されていないため、1階床面積を推計します。具体的には「延床面積89・49㎡÷2」を計算し、1階床面積の推計値を計算するということです。

この1階の床面積推計値が地積の50％に収まっていればOKですが、このマイソクでは超過してしまっていますので「建蔽率超過」となります。なお、ここでは1階と2階を同じ床面積とし、

1階の床面積推計値を利用していますが、もともと1階と2階の床面積がわかっている場合は、1階と2階のうち広い階の床面積を使って建蔽率チェックを行ってください。

次に容積率ですが、このマイソクは容積率100%とありますので、単純に地積と延床面積を比較するだけで判別することができます。地積（100%）≧延床面積であればOKですが、この例では「地積：83・43㎡」＜「延床面積：89・49㎡」となっており、「容積率超過」であることがわかります。

この例のように不動産の物件情報には「建蔽率超過」や「容積率超過」と表記されていないことも多々ありますので、自分自身でチェックするよう習慣づけてください。

6 セットバック・2項道路

マイソクに「セットバック（SB）」や「2項道路」などの記載を見かけることがあります。

この記載の意味は**「土地の一部を道路として提供してくれたら再建築してよい」**という、再建築にかかわる重要なものです。

その土地に建物を建築するためには、建築基準法に基づき、**幅員が4メートル以上の道路（公道・私道）に面していなくてはなりません。**しかし、都市部など昔ながらの路地が残っているエリアでは道幅が狭く、幅員4メートルを満たしていないところに家々が立ち並んでいる街が多数存在します。このような道幅の狭い家々は、建築基準法をそのまま適用するとすべて再建築ができなくなり困ってしまいます。この救済措置として機能するのが「セットバック」およびその道路を「2項道路」というのです。

「セットバック」とは、再建築をする時に道路の中心線から2メートル分後退することです。向かい合った家々が道路の中心から2メートルのところまで後退すれば、道路幅を4メートルにすることができます。これによりその家の持ち主は土地の一部を道路に提供し家を建て直すことができるのです。そのような道路を「建築基準法第42条2項道路」略して「2項道路」と呼びます。道幅の狭い住宅街の路地を歩いていて、新しい家の前は道幅が広くなっており、古い家の前は道幅が狭くなっているというような道はこの「2項道路」の可能性があります。

この「セットバック」で重要なのは、セットバック面積です。**再建築する時にはセットバック面積の分を今の土地面積から減じて建築しなくてはならないため、土地の資産価値もそのぶん減じて計算する必要があります。**また、建蔽率や容積率が小さいエリアだとセットバックにより建築したい広さを確保できないこともあるので注意が必要です。

セットバック(2 項道路)

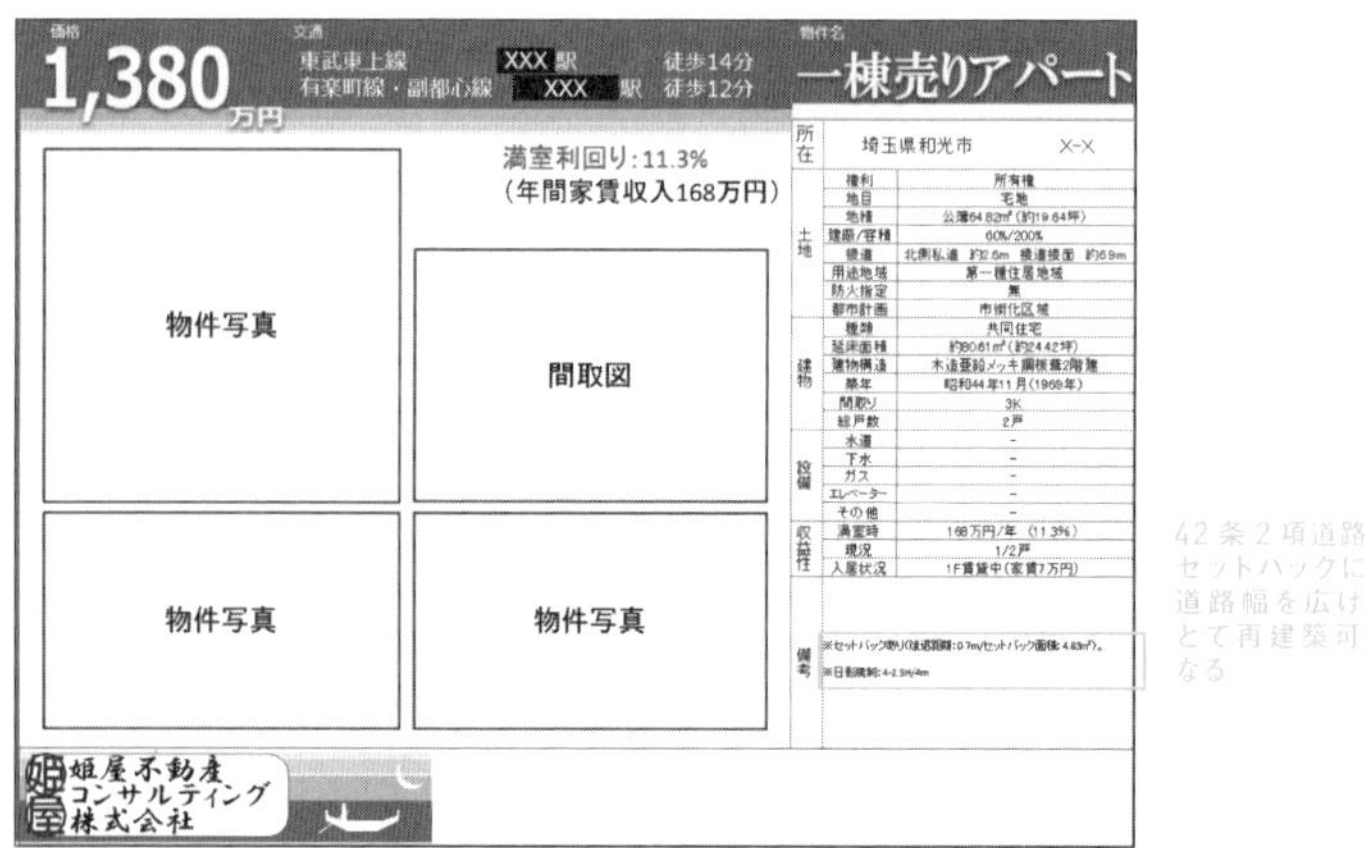

価格
1,380万円

交通
東武東上線 XXX駅 徒歩14分
有楽町線・副都心線 XXX駅 徒歩12分

物件名
一棟売りアパート

満室利回り:11.3%
(年間家賃収入168万円)

物件写真

間取図

物件写真

物件写真

所在	埼玉県和光市 X-X	
土地	権利	所有権
	地目	宅地
	地積	公簿64.82㎡(約19.64坪)
	建蔽/容積	60%/200%
	接道	北側私道 約2.6m 接道間口 約6.9m
	用途地域	第一種住居地域
	防火指定	無
	都市計画	市街化区域
建物	種類	共同住宅
	延床面積	約80.61㎡(約24.42坪)
	建物構造	木造亜鉛メッキ鋼板葺2階建
	築年	昭和44年11月(1969年)
	間取り	3K
	総戸数	2戸
設備	水道	-
	下水	-
	ガス	-
	エレベーター	-
	その他	-
収益性	満室時	168万円/年 (11.3%)
	現況	1/2戸
	入居状況	1F賃貸中(家賃7万円)
備考	※セットバック要り(後退距離:0.7m/セットバック面積:4.83㎡)。 ※日影規制:4-2.5H/4m	

姫屋不動産コンサルティング株式会社

42条2項道路
セットバックにより
道路幅を広げるこ
とで再建築可能と
なる

セットバックのイメージ

道路の両側でセットバックする場合

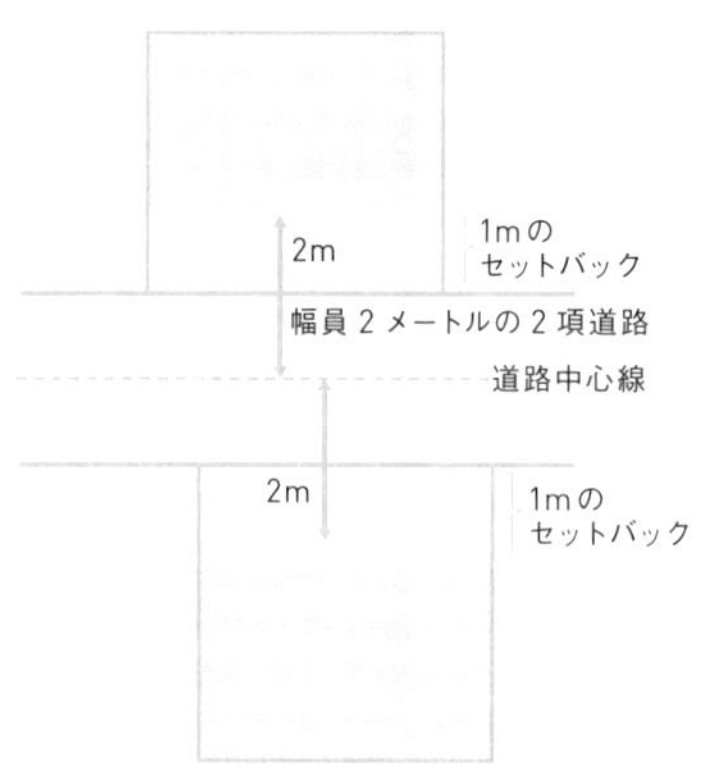

両側の家が各々1mセットバックすることで4mの幅員を実現
→再建築可能

道路の片側でセットバックする場合

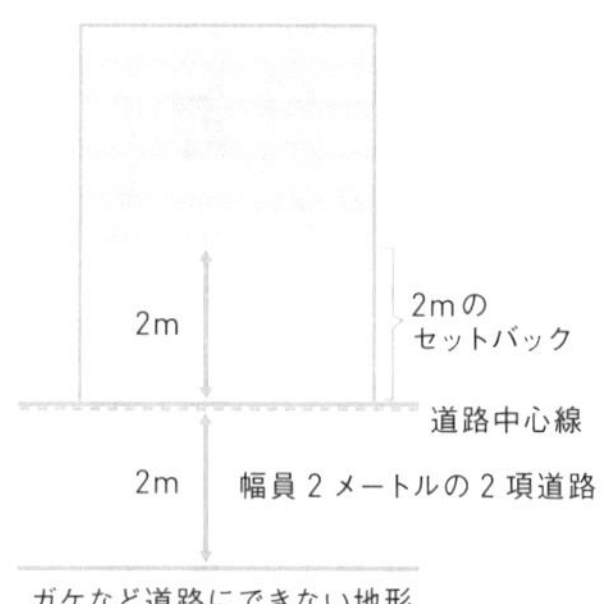

片側の家しかセットバックできないため2m後退し4mの幅員を実現
→再建築可能

7 告知事項

これまでの項目と一線を画すのが「告知事項」の表記です。字面だけを見ると「告知すること」ですが、多くの場合は**「過去にその物件で人が亡くなった」ことを意味します。**

その物件内で事件や事故、自殺などにより人が亡くなった場合、その物件には心理的瑕疵(かし)があるとみなされます。心理的瑕疵とはありていに言えば、科学的な根拠はないが「気味が悪い」と思われる欠陥ということです。

この心理的瑕疵は、気にしない人は気にしないが、気にする人は気にするため、不動産の売買や賃貸において、購入する人、借りる人に説明することが義務づけられています。

そのことをマイソクなどの物件情報に記載するにあたり、さりげなくオブラートに包んだ表現が「告知事項」という文言なのです。

ただ、この心理的瑕疵の判断は非常に個別性が高く、人が亡くなったからといって一律に心理的瑕疵があるわけではありません。同じ人が亡くなったといっても、殺人事件や自殺と、単なる老衰による自然死では人が「気味が悪い」と感じる程度は異なります。また老衰による自然死でも発見が遅れて腐乱した状態のものと、すぐに発見されきれいなホトケさんだった場合でも心理的瑕疵は変わってきます。

そのためマイソクを作成する不動産屋さんの個人的な判断で「心理的瑕疵あり・なし」を明確に決めることは難しく、仕方なくオブラートに包んで「告知事項」と表記されているのです。

また、この「告知事項」は「人が亡くなった」こと以外にも、物件で「火事があった」ことや、「長期間滞納をしている入居者がいる」ことなど、様々な意味合いで記載されていることがあります。

つまり「告知事項」と記載されているからといって、必ずしも忌避するというものではなく、問い合わせてみてどのような「告知」があるのか個別に判断する必要があるということです。

告知事項

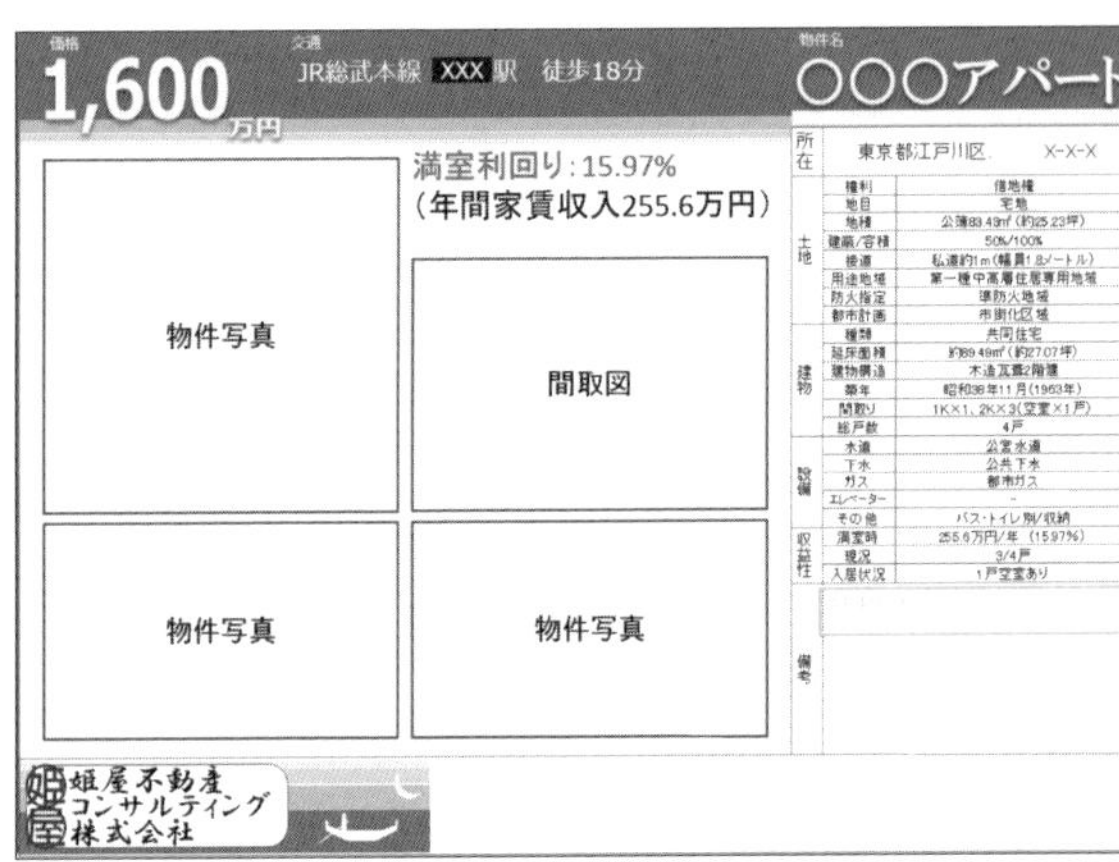

「告知事項あり」は人が亡くなっている場合が多い

・ただし、安く買えるチャンスにもなるので考え方次第

三大NG項目＋アルファ　まとめ

		NGの場合	OKの場合
3大NG項目	権利	旧法借地権、新法借地権などの借地権（地上権、賃借権） ※地上権：物権的・・・第三者に譲渡可能 ※賃借権：債権的・・・第三者譲渡には許可が必要	所有権
	都市計画	市街化調整区域 非線引区域 ※市街化調整区域・・・建物の建築ができない ※非線引区域・・・建築はできるが資産価値は低い	市街化区域
	再建築	再建築不可 43条但書、建築審査会の許可 間口が2m未満 or 幅員が4m未満	幅員4m以上の公道・私道に間口2m以上（42条2項道路もOK）
		建蔽率超過、オーバー 容積率超過、オーバー ノンバンク等を利用する必要がある	建蔽率・容積率以下（すべての金融機関を利用可能）

所有権、市街化区域、再建築可能であれば、見る価値があるので次に進む（セットバックおよび告知事項については、その他の条件次第）

8　NG項目チェックのまとめ

ここまでをまとめると、上の図のようになります。まず「権利」は有無をいわさず**「所有権」**であることを堅持してください。今後、不動産を拡大していきたい初心者にとって、銀行の担保評価が低い「借地権」を購入するメリットは小さいため、あえて選ぶ必要はありません。

次に「都市計画」は**「市街化区域」**の物件を選んでください。「市街化調整区域」などは固定資産税が安くお得に見えるのですが、そのぶん資産価値が低く銀行の担保評価が低くなるため、今後の不動産拡大の足かせとなります。

そして最も重要なのは「再建築」についてです。マイソク資料内に**「再建築不可」の文言があれば、どんなに立地がよく利回りがよくとも即座に検討対象から除外**してください。「再建築不可」の場合、銀行からの融資は不可能なため、全額自己資金での購入となりますし、売却する際も融資がつかないため買い手が出てこず、安く買いたたかれることになります。自己資金が乏しく、融資に頼らざるを得ない初心者にはかなりハードルの高い物件ですから、手を出すべきではありません。

また、三大NG項目にプラスして、建蔽率超過、容積率超過については、金融機関が銀行以外のノンバンクに限られてしまうということを念頭に置いてください。

ノンバンクは銀行に比べて金利が高いなど、融資の条件が厳しいのが特徴です。そのような厳しい融資条件を飲んでも買うべき資産価値の高い、収益性の高い物件なのか、しっかりと見極めるのがポイントとなります。そしてセットバックや告知事項なども踏まえたうえで、検討対象として残すべきか、検討対象から除外するかを決めてください。

ステップ2　定量チェック

三大NG項目の次のチェックは「定量チェック」です。定量チェックとは数値でチェックすることです。具体的には「利回り」と「土地値」のチェックをします。

1　利回りチェック

定量チェックで最初にチェックするのは「利回り」です。マイソクにはだいたい「利回り」の表記がありますので、まずはこれを参考にします。東京23区などの都心部であれば、基本的に**「利回り8%未満」は購入対象外**とします。詳しくは後述しますが、簡単にいえば「利回り8%未満」だと税引後の手取りがかなり少なかったり、マイナスになったりするためです。

一般的に「利回り」は「年間家賃÷物件価格×100（%）」で計算する「表面利回り」のことを指します。具体的には、家賃が600万円で物件価格が5000万円の場合、「600万円÷5000万円×100（%）」＝「表面利回り12%」というように計算されます。

「表面利回り」はシンプルでわかりやすいため、すべての投資家に用いられる重要指標です。た

利回りチェック

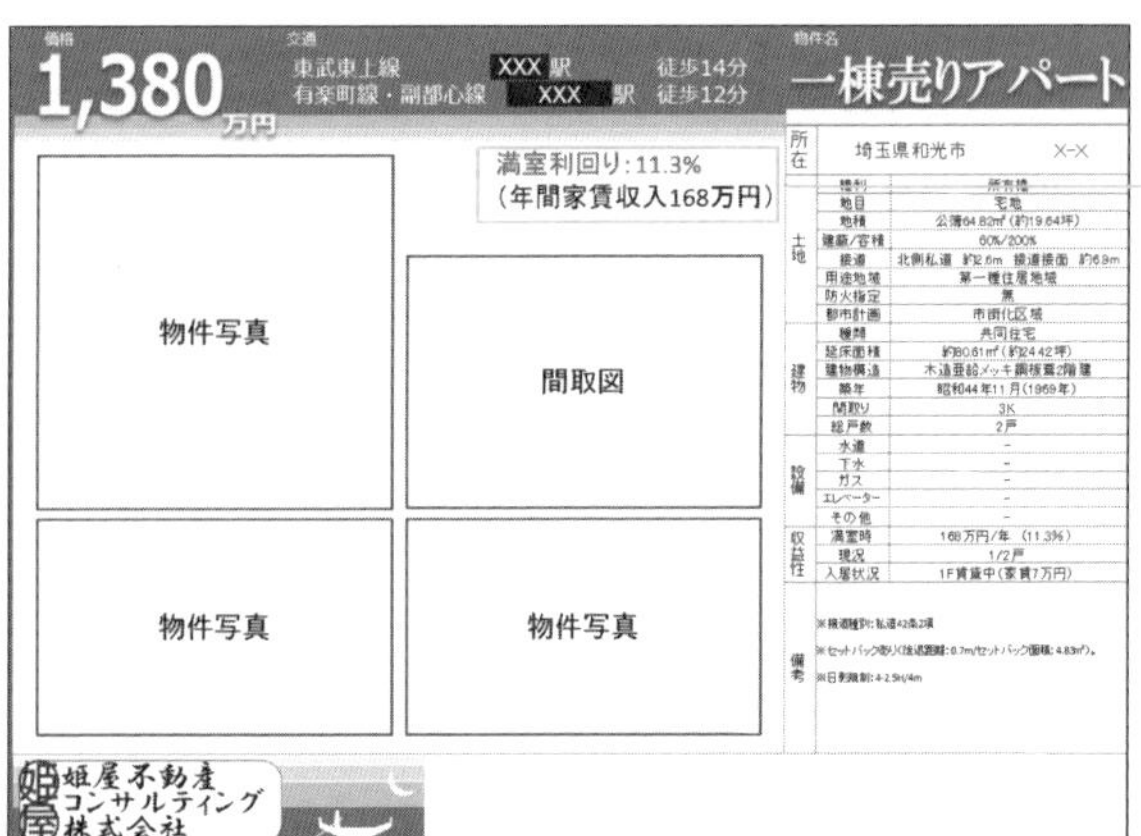

だし、この「表面利回り」には大きな欠点があります。それは物件の「稼働率」を考慮していないということです。「稼働率」とは、その物件の全部屋のうち何件が入居中で、何件が空室かを表します。

例えば、1棟で20部屋のアパートのうち、入居中が12部屋、空室が8部屋であれば、「12部屋÷20部屋×100（%）」＝「稼働率60％」となります。

「表面利回り」に「稼働率」をかけると「稼働表面利回り」が計算できます。先ほどの例だと、「表面利回り12％」×「稼働率60％」＝「稼働表面利回り7・2％」となり、表面利回りに比べて稼働表面利回りはかなり低くなってしまうことがわかります。

常に満室経営を続けられる都心部であれば、

表面利回りと稼働表面利回り

$$\text{表面利回り} = \frac{\text{年間家賃（満額）}}{\text{物件価格}} \times 100\ (\%)$$

本文中の例で計算すると…表面利回り 12%＝600万円÷5000万円×100（%）

$$\text{稼働率} = \frac{\text{入居中部屋数}}{\text{アパート全部屋数}} \times 100\ (\%)$$

本文中の例で計算すると…稼働率 60%＝12部屋÷20部屋×100（%）

$$\text{稼働表面利回り} = \text{表面利回り} \times \text{稼働率（周辺エリア）}$$

本文中の例で計算すると…稼働表面利回り 7.2%＝12%×60%

単純に「表面利回り」を用いて物件の利回りチェックができます。しかし、常に一定の空室が発生するエリアでは単純な「表面利回り」ではなく、**「稼働率」を加味した「稼働表面利回り」を計算する必要がある**のです。

また、**物件の「稼働率」は現在の入居数を参考にするのではなく、物件周辺エリアの平均稼働率をもとに計算してください。**というのも稼働率が低いエリアの物件は、売るにあたり無理やり満室にして稼働率を高めていることがあるからです。そのような場合、購入後、急激に「稼働率」が下がることがありますので、事前に「稼働表面利回り」を計算して空室が出ることを想定した価格で購入判断を行うことが重要なのです。

なお、周辺エリアの平均的な稼働率は自分

稼働率の調べ方

1．周辺のアパートを調査する

8部屋中
6部屋
稼働

8部屋中
4部屋
稼働

8部屋中
5部屋
稼働

不動産
投資家

周辺のアパートを見ると平均して8部屋中5部屋稼働とわかる。
つまり稼働率は62.5%（5÷8×100）

2．周辺の不動産屋さんに聞き込み調査する

物件周辺の不動産屋さんにこのエリアの稼働率を聞き込みする。不動産屋さんのお仕事の邪魔にならないように配慮しよう。

不動産
投資家

○○○駅前不動産

で調査します。そのエリアに存在する購入対象物件と同規模のアパートを見てチェックしたり、周辺の不動産屋さんに聞き込み調査をすることでも大まかに把握できます。

表面利回りおよび稼働表面利回りを見る時には、**家賃が高すぎないかも合わせてチェックしましょう。**先ほどの例では、年間600万円の家賃と設定されているので、月額家賃は50万円（600万円÷12か月）です。部屋数が20部屋なので、1部屋当たりの家賃は2万5000円となります。この月額家賃が周辺相場と比較して高すぎないかを確認します。**周辺の家賃相場は、スーモやアットホームなどのポータルサイトで家賃を調べれば簡単に確認できます。**マイソクなどに記載されている家賃は高めに設定されていることが多々あるので、このチェックは必ず行いましょう。

2 土地値チェック

表面利回り、稼働表面利回りで8％を超える物件を探し出したら、次は「土地値チェック」を行いましょう。先ほどの**「利回り」は収益性のチェック**ですが、この**「土地値」は資産性のチェック**です。

不動産では「相続税路線価」をもとに土地の「積算価格」と「実勢価格」を計算し、その土地の資産性をチェックします。

「相続税路線価」とは、国が相続税を計算する根拠として設定している土地の価格のことで、多くの銀行や不動産業者が土地の価値算定基準として用いています。**多くの銀行がこの「相続税路線価」をもとに資産性を算定し、融資額を決定する**ため、私たち不動産投資家もこの「相続税路線価」を把握しておかなくてはならないのです。

「相続税路線価」にその土地の面積をかけて出した価格を**「積算価格」**といいます。これは単純なかけ算なので「相続税路線価」と「土地の面積」がわかれば、簡単に計算することができます。

この「積算価格」を0・8で割り戻したもの（1・25倍したもの）が**「実勢価格」**です。「積算勢価格」を実際の取引価格に近くなるよう引き直した価格と捉えてください。都心部の「積算価格」

は実際の取引価格よりも低くなってしまうため、このような計算を行います。

東京23区などの都心部では、この「実勢価格」で売り出せば、融資がつきやすいためすぐに売れてしまいます。つまり、**「実勢価格」がわかれば、その物件を売る時の最低ラインの価格がわかるということです。**

最低ラインである「実勢価格」で購入することができれば、万一お金に困って物件を手放す時にも、購入した値段で売ることができるため不動産投資のリスクは限りなく小さくなります。ですから投資家としてこの土地値チェックは必須スキルなのです。

「実勢価格」に近い価格で売りに出ている物件は投資家たちに大人気で、市場から瞬く間に消えてしまいます。そういった「実勢価格」の物件を購入するために、順を追って土地値チェックの方法を練習しましょう。

2－①　相続税路線価を用いた土地値チェックの仕方

ここではまず、「積算価格」および「実勢価格」を計算する方法を解説します。

最初に全国地価マップを用いて「相続税路線価」を調べます。インターネットの検索サイトで**「全国地価マップ」**と検索すると出てきます。このサイトで調べたい住所を入力すると、その場

相続税路線価を調べる

路線価調査サイト

全国地価マップ

「全国地価マップ」では、お住まいの地域の4つの公的土地評価情報がご覧いただけます。

この「全国地価マップ」ではお住まいの地域の次の4つの公的土地評価情報がご覧いただけます。

❶ 固定資産税路線価等　❸ 地価公示価格
❷ 相続税路線価等　❹ 都道府県地価調査価格

http://www.chikamap.jp/chikamap/Portal

積算＝相続税路線価×土地面積
実勢＝積算÷0.8

路線価図（例）

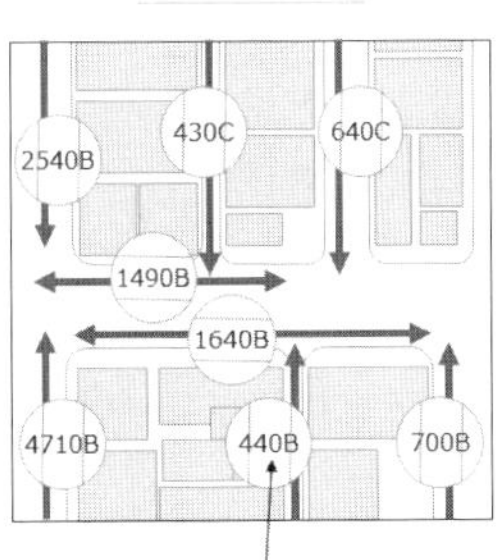

例えば、相続税路線価が440Bの場合、平米単価＝440,000円ということがわかります。借地割合は「B」のため、上記平米単価の80％で借地の評価を行うことになります。

所の「相続税路線価」が平米単価として表示されます。なお、相続税路線価は千円単位で表示されています。例えば「440」と表示されていた場合は、「平米440千円」すなわち「平米44万円」ということです。この平米単価に土地の面積をかけることで「積算価格」を算出することができます。

122ページの具体例を見てみましょう。

この物件は、土地の面積が132㎡で相続税路線価が@24・5万円です（@とは単位当たりを意味します）。よって積算価格は単純に土地の面積と相続税路線価をかけ算して、「3234万円」となります。

この積算価格を0・8で割り戻す（1・25倍する）と、実勢価格「4043万円」が導き

積算価格・実勢価格の計算

土地面積
132㎡

相続税路線価
@ 24.5 万円
(地価マップより)

積算価格の計算
132㎡ × @ 24.5 万円
= 3,234 万円

実勢価格の計算
3,234 万円 ÷ 0.8
= 4,043 万円

出されます。

この実勢価格がその土地の最低ラインの価格です。この例の場合は売買価格が「4300万円」なのに対して実勢価格が「4043万円」なので、ほぼ土地値といえるでしょう。

不動産投資で購入を検討する場合、事前に必ずこの土地値チェックを行い、たくさんの物件の土地値を比較してください。

2—② 土地値割合を計算する方法

不動産は立地や広さ、価格がすべて異なります。例えば先ほどの物件Ａ「売買価格４３００万円で実勢価格が４０４３万円」と「売買価格が２８００万円で、実勢価格が２２５３万円」の物件Ｂおよび「売買価格が９０００万円で、実勢価格が８０３５万円」の物件Ｃはどれが土地値として優れているか、ぱっと見では比較できません。そのため、価格の異なる複数の物件の土地値（実勢価格）を比較する際には、「土地値割合」を用います。

「土地値割合」とは、その物件はその土地の最低ラインの価格（つまり真の価値）の何倍程度で売られているのかを表します。具体的には「物件価格÷実勢価格」で計算します。

この**「土地値割合」は、その物件に対して、真の価値の何倍の値段がつけられているかを表すため小さければ小さいほどよい物件となります**。そして「１・０倍」であれば、その物件は土地値と同等で売りに出されているのであり、「１・０倍未満」であれば、土地値未満で販売されているお買い得物件ということがわかります。

土地値割合とは

その物件がその土地の真の価値の何倍で売られているかを示す

土地値割合の計算方法

$$\text{土地値割合} = \frac{\text{物件の売買価格}}{\text{物件の実勢価格}}$$

土地値割合の計算例

			土地値割合
物件 A	売買価格：4,300 万円 実勢価格：4,043 万円	4,300 万円÷ 4,043 万円	= 1.06 倍
物件 B	売買価格：2,800 万円 実勢価格：2,253 万円	2,800 万円÷ 2,253 万円	= 1.24 倍
物件 C	売買価格：9,000 万円 実勢価格：8,035 万円	9,000 万円÷ 8,035 万円	= 1.12 倍

倍率が小さい方がより土地値に近い優秀な物件となる

上記 3 つの比較では物件 A が最も土地値に近く、次に物件 C、最後に物件 B

2-③ 土地値割合の目安

先ほど土地値割合は小さければ小さい方がよいと述べました。しかし、現実には都心部で実勢価格が土地値を下回るようなお買い得物件はそうそう出回ることはありません。例えば、土地値割合0・5倍となる土地（実勢価格で1億円の土地）が5000万円で販売されたら、瞬く間に不動産業者や建売業者が現金で購入してしまうからです。そのため土地値以下の物件が一般の不動産投資家に回ってくることはほとんどないといえます。

しかし、あきらめなくても大丈夫です。土地値以下とまではいかなくとも、**ほとんど土地値くらいの物件であれば一般の投資家でも手に入れることは可能**です。

次の図は、土地値割合の目安です。土地値割合の範囲を1・0倍未満、1・0～1・2倍、1・2～1・5倍、1・5～2・0倍、2・0倍以上とし、それぞれ「超優」「優」「良」「可」「不可」としています。「超優」は読んで字のごとく優を超えるものであり、土地値以下のため買った瞬間に含み益が出るような物件です。当然、銀行の評価も高くフルローンが狙えます。「優」の物件も同様にほぼ土地値となりますので銀行評価が高くフルローンを狙うことができます。「良」の物件はそれなりに銀行評価が出るので、立地や利回りなどそのほかの条件がよければ十分に購入す

土地値割合の目安

土地値割合	評価の考え方
〜1.0倍	超優：土地値以下、購入した瞬間に含み益が出る。
1.0倍〜1.2倍	優：ほぼ土地値なので、将来買った値段で売却できる可能性大。
1.2倍〜1.5倍	良：土地値割合が高いのでB／S評価高く、融資が出やすい。
1.5倍〜2.0倍	可：融資がギリギリ出る。間違いではないがもう少し土地値がほしい。場所がよければ検討してもよい。
2.0倍〜	不可：よほどの好立地以外は検討対象から外してよい。

※土地値割合は「都心部」周辺の土地評価に限定されることに注意してください

ることができるでしょう。「可」の物件はあまり土地値が出ないため、銀行などからは自己資金や自宅などの共同担保を求められる可能性が高いです。そして「不可」の物件は、よほどの好立地な場所や好条件なもの以外は基本的に手を出すべきではないものとなります。土地値割合が2・0倍以上ということは、その土地の真の価値（実勢価格）の2倍以上の値段で売られていることを意味します。つまり、不動産投資で問題が起きた時に売却しようと思っても、買った時の金額の半値以下でしか売れないことを意味します。すなわちとてもリスクが高い物件といえるからです。

なお、**ポータルサイトや不動産業者が**

使用するレインズに掲載されている投資物件のほとんどは、土地値割合が2・0倍以上の「不可」のものばかりです。これまで土地値を計算したことのない初心者の方はぜひ、いくつもの物件で土地値割合を計算してみてください。びっくりするほど「不可」ばかりであることに気づくと思います。

それから注意点ですが、この**「超優」「優」「良」「可」「不可」の指標はあくまで都心部周辺の土地を評価するものに限られています。**都心部とは東名阪などの大都市や、各県の県庁所在地や地域経済の中心地周辺という意味です。

2-④ 建物の積算価格を加算しない理由

ところで、すでにご自身で積算価格などを計算し投資を行っている方は、「なぜ建物の積算価格を加算しないのか」との疑問を持たれるかもしれません。

その理由は、土地の価値はなくならないのに対して、「建物の価値はいずれなくなる」からです。

私が提唱する不動産投資の手法は基本的にリスクを回避することに主眼を置いています。**不動産投資においてリスクを回避する唯一の方法は「買った値段と同等で売ること」です。**1億円の借金を背負って不動産を買った時に最も恐ろしいのは、借金が支払えなくなり不動産を売却せざるを得なくなった時に、その不動産が5000万円でしか売れず、莫大な借金が残ってしまうことです。

その不動産が残っている借金（残債）以下の値段でしか売れない理由の1つは、物件価格の下落にあります。そしてその下落の主な原因は景気変動ではなく「建物価格の経年による大幅な下落」だからです。「かぼちゃの馬車」などはその典型例で、土地値が4000万円程度しかない物件を1億円程度で販売していたため、売りたくても売れない状態に陥っています。もし「かぼちゃの馬車」が最初から土地値の実勢価格と同等の4000～6000万円で売られていれば、投資家は売却して残債をなくしたり、多少の損失で済んだはずなのです。

つまり、**将来的にゼロになる建物価格を加味せず、純粋に土地として売却可能な金額を大きく逸脱しない買値で購入することが、不動産投資におけるリスク回避の方法**だと考えるからです。

ステップ3　定性チェック

最後のステップ3は、定性チェックです。ここでは数値（定量）では表すことのできない性質をチェックします。具体的にはマイソクから物件の見た目や立地、道路の状況や間取り、築年数などを把握します。例えば築年数が古すぎる物件の場合、銀行融資がつきにくいなどのデメリットもありますので、利回りや土地値などを勘案しながら検討対象に残すべきか考えます。

次にグーグルストリートビューを用いて物件の外観を確認します。ストリートビューで外観を見る場合は、その写真がいつ撮影されたものかをチェックしておきましょう。写真が最近撮られたものであれば参考になりますが、何年も前に撮られたものだった場合はあてにならないこともあります。私は現地調査の前には必ずグーグルストリートビューで物件写真を見ておくのですが、写真が古すぎて現地に行ったらまったく違う状態になっていて、物件を見つけられないことすらあったので、テクノロジーの過信は禁物です。

グーグルストリートビューで確認し、物件の外観や周辺に特に大きな問題が発見できなければＯＫです。この物件を検討対象として残し、他の物件とともに次節の相対比較に進みます。

マイソクから読みとること

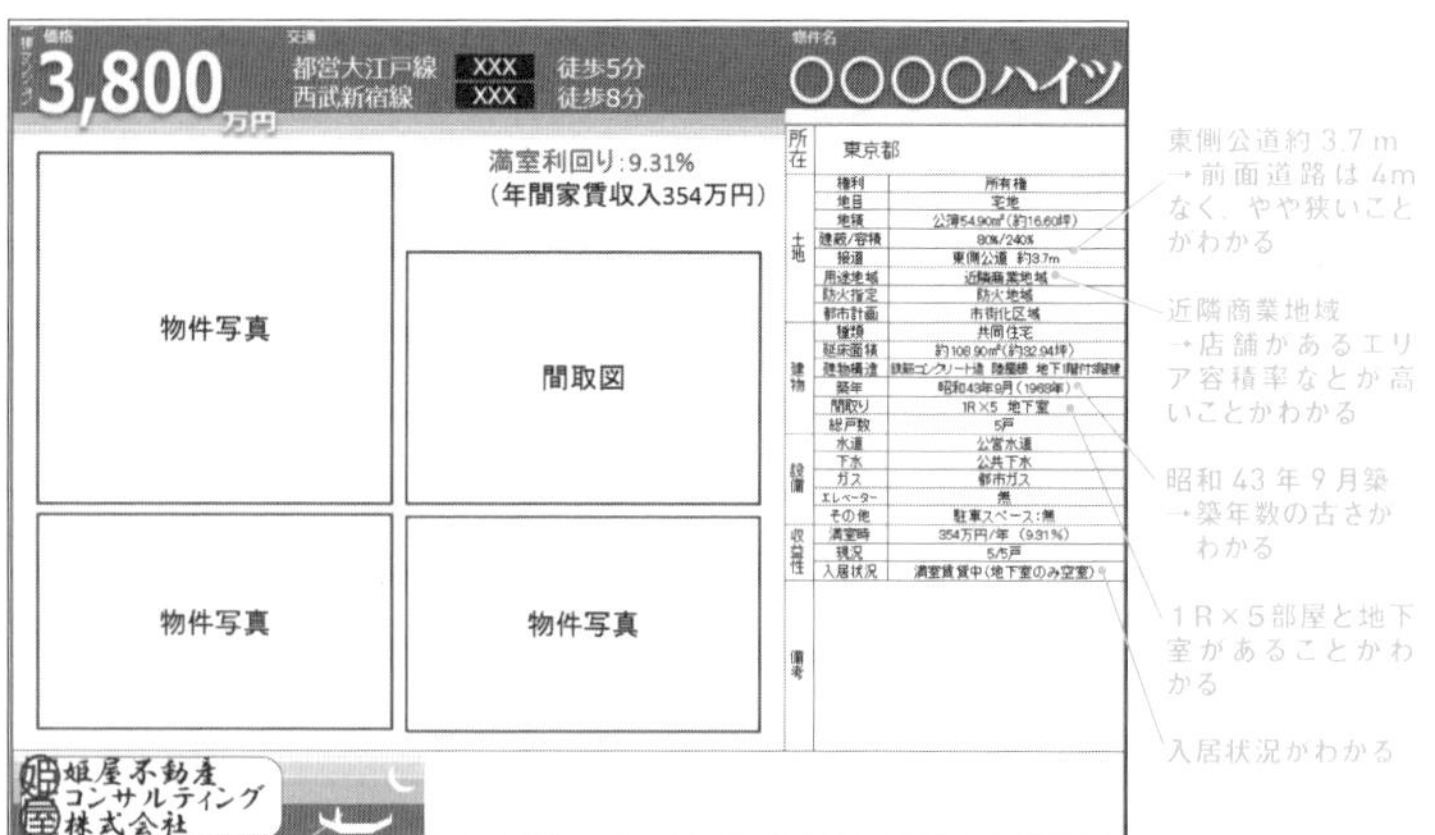

グーグルストリートビューで確認する

3 情報がそろったら相対比較表を埋めよう

次に行うのは相対比較です。よい物件を選び出すスリーステップを終えると、手元には検討対象のマイソクが数枚残ります。この検討対象の数枚を見比べながら、相対比較表（132ページ）の項目を埋めていき、どれがよいかの順位をつけていきます。

相対比較表の書き方は、まず「物件名」のところに物件の名前を書きます。次に「場所・駅の利便性」を書きます。場所・駅の利便性は、駅名やその周辺エリアが栄えているか、便利か、住みやすいかなどの感想とともに駅からの徒歩分数を書きます。「建物・設備」はマイソクから築年、構造の情報を記載するとともに、グーグルストリートビューの写真などを参考に、見た目についての感想を書きます。見た目の感想は、「きれい」「サビが多い」「ふつう」など短めの言葉で構いません。そして「土地値割合」「表面利回り」「入居率」を記載します。手元に検討対象の物件資料が5枚あれば、この表の5行目まで順に埋めていきます。

相対比較表

物件名	場所・駅の利便性		建物・設備		土地値割合		表面利回り		入居率		順位
新宿区アパート 3300万円	ターミナル駅便利 商店街栄えている 徒歩10分		築年 1978年 構造　木造 見た目　普通		1.12倍		8.2%		5／5		
	分		築年 構造 見た目		倍		%		／		
	分		築年 構造 見た目		倍		%		／		
	分		築年 構造 見た目		倍		%		／		
	分		築年 構造 見た目		倍		%		／		
	分		築年 構造 見た目		倍		%		／		
	分		築年 構造 見た目		倍		%		／		
	分		築年 構造 見た目		倍		%		／		
	分		築年 構造 見た目		倍		%		／		

駅の利便性や街の雰囲気、駅からの徒歩分数などを記載する

築年、構造、見た目の感想（写真などから）を記載する

土地値割合を記載する

表面利回りを記載する

入居率を記載する

物件名	場所・駅の利便性		建物・設備		土地値割合		表面利回り		入居率		順位
新宿区アパート 3300万円	ターミナル駅便利 商店街栄えている 徒歩10分		築年 1978年 構造　木造 見た目　普通		1.12倍		8.2%		5／5		
足立区アパート 4700万円	商店街にぎやか 駅からすぐ便利 徒歩4分		築年 1989年 構造　木造 見た目まあまあ		1.47倍		9.7%		8／10		
板橋区戸建 890万円	住宅街しずか 駅からは遠い 徒歩17分		築年 1986年 構造　木造 見た目 ぼろい		0.91倍		10.8%		0／1		
板橋区アパート 7800万円	駅前は何もない 上り坂がきつい 徒歩8分		築年 1991年 構造　鉄骨造 見た目 さび多い		1.32倍		8.8%		11／12		
練馬区アパート 5600万円	ターミナル駅 3線利用可便利 徒歩13分		築年 1996年 構造　木造 見た目 きれい		1.67倍		8.7%		8／8		

このように比較する物件をすべて表に記載したら、次は「場所・駅の利便性」「建物・設備」「土地値割合」「表面利回り」「入居率」それぞれの項目ごとに相対比較をしていきます。

相対比較表の各項目を**縦に見比べながら**、右側のボックスに「◎、○、△、×」で記入していきます。

例えば「場所・駅の利便性」については、場所が最もよいのは「新宿区アパート」、次いで「練馬区アパート」だが、駅から最も近いのは「足立区アパート」なので、新宿区アパートを「◎」、「練馬区アパート」と「足立区アパート」を「○」とし、「板橋区アパート」は駅前に何もなく坂がきついため「△」、板橋区戸建は駅から遠すぎるので「×」と相対評価します。

同様に「建物・設備」「土地値割合」「表面利回り」「入居率」の項目もそれぞれ「◎、○、△、×」を記入してください。

すべての項目に「◎、○、△、×」を記入し終えたら、全体

物件名	場所・駅の利便性		建物・設備		土地値割合		表面利回り		入居率		順位
新宿区アパート 3300万円	ターミナル駅便利 商店街栄えている 徒歩10分	◎	築年 1978年 構造 木造 見た目 普通	△	1.12倍	◎	8.2%	×	5／5	◎	
足立区アパート 4700万円	商店街にぎやか 駅からすぐ便利 徒歩4分	○	築年 1989年 構造 木造 見た目まあまあ	○	1.47倍	△	9.7%	○	8／10	○	
板橋区戸建 890万円	住宅街しずか 駅からは遠い 徒歩17分	×	築年 1986年 構造 木造 見た目 ぼろい	×	0.91倍	◎	10.8%	◎	0／1	×	
板橋区アパート 7800万円	駅前は何もない 上り坂がきつい 徒歩8分	△	築年 1991年 構造 鉄骨造 見た目 さび多い	×	1.32倍	○	8.8%	△	11／12	○	
練馬区アパート 5600万円	ターミナル駅 3線利用可便利 徒歩13分	○	築年 1996年 構造 木造 見た目 きれい	◎	1.67倍	×	8.7%	△	8／8	◎	

→ **表の各項目ごとに縦に見比べ相対評価をしながら◎、○、△、×をつけていく**

を眺め、この5つの物件のうちどれが最もよいか、表の右端に順位をつけていきます。この時に注意してほしいのは、**単純に「◎」や「○」が多いという理由だけで選ばない**ということです。この順位づけは各投資家のステージや戦略によって変わるためです。具体的には**利回りを重視する投資家であれば利回りが「◎」のものをより上位に置きますし、場所を重視する投資家は場所が「◎」の物件の順位を上げなくてはならない**ということです。この順位づけを通じて、自分自身がどの項目の「◎」を重視するのかをきちんと把握してください。

下の図のように順位づけした場合、1位、2位、3位の物件は、その順位に基づいて現地調査を行います。なお上位の物件については現地調査必須ですが、この時点で最下位などの物件については時間がなければ物件調査の対象から除外しても構いません。よい物件は他の投資家も狙っているため、できるだけ早く現地調査に行きましょう。

物件名	場所・駅の利便性		建物・設備		土地値割合		表面利回り		入居率		順位
新宿区アパート 3300万円	ターミナル駅便利 商店街栄えている 徒歩10分	◎	築年 1978年 構造 木造 見た目 普通	△	1.12倍	◎	8.2%	×	5／5	◎	1
足立区アパート 4700万円	商店街にぎやか 駅からすぐ便利 徒歩4分	○	築年 1989年 構造 木造 見た目まあまあ	○	1.47倍	△	9.7%	○	8／10	○	2
板橋区戸建 890万円	住宅街しずか 駅からは遠い 徒歩17分	×	築年 1986年 構造 木造 見た目 ぼろい	×	0.91倍	◎	10.8%	◎	0／1	×	4
板橋区アパート 7800万円	駅前は何もない 上り坂がきつい 徒歩8分	△	築年 1991年 構造 鉄骨造 見た目 さび多い	×	1.32倍	○	8.8%	△	11／12	○	5
練馬区アパート 5600万円	ターミナル駅 3線利用可便利 徒歩13分	○	築年 1996年 構造 木造 見た目 きれい	◎	1.67倍	×	8.7%	△	8／8	◎	3

➡ 順位が上の物件を優先的に現地調査に行くことで効率的な調査が可能となる

4 不動産屋に聞いてよいこと、悪いこと

不動産の物件情報（マイソク）を見て、書かれていないことや疑問などは不動産屋さんに質問しましょう。ただし、この質問事項については注意が必要です。というのも不動産屋さんに聞いてよいことと悪いこと（聞かない方がよいこと）があるからです。

聞いてよいことの代表例は、**セットバック面積、再建築不可などの物件の状況**や、**レントロール（各部屋の家賃表）**、**修繕履歴**についてです。

例えば、前面道路が狭い場合にセットバック面積を質問することは、土地値を計算するために必要であり、投資するかどうかの判断材料となるため重要です。また、レントロールで各部屋の家賃を確認することで、適正な家賃設定になっているかを把握することができます。さらに、修繕履歴も質問してよいでしょう。物件の修繕履歴は銀行での審査に影響を与えますので把握できる範囲で、できるだけ取得するのが望ましいです。**ただし、修繕履歴についての質問は買付申込後にする方がよいでしょう**。なぜなら、買付申込するかどうかもわからないどこの誰だかわから

ない人に対して物件の歴史である修繕履歴という、売主側の重要情報を開示する義務はないからです。購入する意思と自分の住所氏名を明記した買付申込を行った後に尋ねるのが最低限の礼儀なのです。

次に、**聞かない方がよいことの代表例としては、売主の個人情報、物件を売る理由、住民の個人情報などがあります**。

売主の個人情報とは、売主さんがどんな人なのか、年齢、性別、職業などのことです。どんな人なのか気になるのは理解できますが、物件の売買そのものには無関係の個人情報であり質問は不適切です。物件を売る理由についても同様です。相続で売るのか、借金に困って売るのか、単に買い替えのために売るのか、売る理由は様々ですが、結局のところ買主には関係のない個人的な事情です。また、物件に住んでいる人の職業や年齢、性別などは、住民の個人情報ですので見ず知らずの人に開示すべき内容とはいえません。

聞いてよいことと聞かない方がよいことの違いを決めるポイントは、**その情報が本当に活かせるのか、次のアクションにつながるのかということ**です。聞いてよいことについてはいずれも投資家としての判断やアクションにつながりますが、聞かない方がよいことの質問については、たとえ答えを聞けたとしても、その情報を活かして次のアクションを行うことができません。

例えば売主が一人暮らしのおばあさんだとわかったところで、次にどんなアクションがとれるのでしょうか。一人暮らしでさみしいおばあさんの家に足しげく通って、情に訴え泣き落としで相場よりも格安に売ってもらうというテレビドラマのようなアクションを行うのなら理解できますが、普通の買主にそんなことは不可能です。つまり、売主がどのような人かという情報を得る必要はないのです。また、物件を売る理由を知り、借金で売り急いでいるのであれば、足元を見て買いたたくということは理論上は可能ですが、そのような売主に不利な情報を果たしてどれだけ正直に教えてもらえるのか疑問が残ります。住民の個人情報については、確かに事前に把握しておきたい部分ではありますが、契約する直前までは教えてもらえないことの方が多いです。

初心者は、これら活かすことのできないことについて質問してしまいがちです。なぜなら質問するのは不安の裏返しだからです。不動産は金額が大きいため、間違いがないか不安になります。そのためパッと思い浮かんだ疑問などをついつい口にしてしまうのです。

その結果、あの情報もクレ、その情報もクレと（不動産業者から見ると）それを聞いてどうするのだろう？　というようなどうでもよい質問をたくさん投げかけることになります。そして、そのような質問をし続けていると、そのうち不動産業者に相手にされなくなっていきます。

聞いてよいこと悪いこと　～その情報の活かし方～

	質問事項	情報の活かし方（アクション）	実現可能性
聞いてよいこと	セットバック面積、再建築不可など	土地値を計算したり、再建築不可なら投資しないなどの判断を行う	情報を活かして実現できる
	レントロール	各部屋の家賃に極端な偏りがないか、周辺相場とずれていないか確認する	
	修繕履歴（買付を入れた後）	融資にプラスの材料として銀行に提出する	
聞いたら悪いこと（聞かない方がよいこと）	売主の個人情報	売主がどんな人か知ってどうする？人間力で泣き落とす？→できる？	情報を活かせない or 情報をもらえない
	物件を売る理由	借金で売り急いでいたら買いたたく？→売主に不利な情報を教える？	
	住民の個人情報	住んでいる人が嘘でないか、すぐに出ないかを把握する→個人情報をもらえる？	

その質問は本当に投資判断に必要なのか？単に自分の不安や好奇心を満たすためではないか？その情報の活かし方がわからずに聞いていないか自問する。

不動産業者からすると、購入の意思決定に関係のない質問ばかりしてくる人は口うるさく面倒なお客さんに思えるからです。

今後、不動産投資家としてデビューし、たくさんの不動産業者とコミュニケーションをとっていくためにも、その情報をどう活かすのかを考えて質問していくことを心がけましょう。

5 利回り8％未満は検討しなくてよい理由

前節のよい物件を選び出すスリーステップのステップ２「利回りチェック」では、利回り８％以上を検討対象として残すように述べました。ここでは、なぜ利回り８％未満は検討しなくてよいかの理由について説明します。なお、この利回り８％未満というのは、**満室稼働の都心部であれば表面利回り**であり、**常時空室が存在するエリアでは稼働表面利回り**８％を意味します。

利回り８％未満を検討対象から外す最大の理由は、「キャッシュフロー（Ｃ／Ｆ）が少なすぎるから」です。ここでいうＣ／Ｆとは、税引後の手取りを意味します。すなわち、家賃収入から管理費や保険料、銀行への元金返済、金利返済、固定資産税、所得税、住民税などすべての費用を差し引いて、本当に手元に残る金額のことです。

所得税や住民税は投資家本人の年収や家族構成によって異なるため、ここではモデルケースとして「年収１０００万円の会社員」について見てみたいと思います。

左の表は、年収1000万円の会社員が、新築5000万円のアパートをフルローン、金利3%、期間30年で購入した時の30年間のC/Fを物件の利回り別にまとめたものです。

物件の利回りが「9・0%」ある場合は、初年度の手取りC/Fは94万円で、2年目は93万円、3年目は92万円と表示されています。物件の利回りが「8・5%」だった場合は、初年度81万円、2年目80万円、3年目79万円です。物件の利回りが「8・0%」だった場合は、初年度67万円となります。

初年度の手取りを横に比較していくと「9・0%→94万円」「8・5%→81万円」「8・0%→67万円」「7・0%→40万円」「6・0%→18万円」「5・5%→2万円」「5・0%→▲14万円」「4・5%→▲29万円」というように、5・5%～5・0%のあたりで税引後のC/Fは0になってしまい、以降はマイナスとなることがわかります。

人により所得税率が異なるため多少の違いは出ますが、一般的なサラリーマンが利回り5%の物件を購入した場合、おおよそ似たようなマイナスのC/Fになることが容易に予測できると思います。また5・5%の物件を購入すると、初年度こそC/Fはプラス2万円ですが4年目にはマイナスに転落してしまいます。

第4章で詳述しますが、元利均等払いローンを利用して購入すると、年を追うごとに支払いに占める利息が減少し税金支払が増えるため、結果として年々手取りC/Fが小さくなるのです。

８％未満は検討しなくてよい理由

前提条件
・年収 1000 万円会社員
・新築 5000 万円アパート
・フルローン
・金利 3％
・期間 30 年

	「稼働表面利回り(%)＝表面利回り×稼働率」別の年間手取額							
	9.0%	8.5%	8.0%	7.0%	6.0%	5.5%	5.0%	4.5%
初年度(手取)	94 万円	81 万円	67 万円	40 万円	18 万円	2 万円	-14 万円	-29 万円
2 年目(手取)	93 万円	80 万円	66 万円	39 万円	17 万円	2 万円	-14 万円	-30 万円
3 年目(手取)	92 万円	79 万円	65 万円	38 万円	17 万円	1 万円	-14 万円	-31 万円
4 年目(手取)	91 万円	77 万円	64 万円	37 万円	16 万円	-0 万円	-16 万円	-32 万円
5 年目(手取)	90 万円	76 万円	63 万円	36 万円	15 万円	-1 万円	-17 万円	-33 万円
6 年目(手取)	89 万円	75 万円	61 万円	34 万円	14 万円	-2 万円	-18 万円	-34 万円
7 年目(手取)	87 万円	74 万円	60 万円	33 万円	13 万円	-3 万円	-19 万円	-35 万円
8 年目(手取)	86 万円	72 万円	59 万円	32 万円	12 万円	-4 万円	-20 万円	-36 万円
9 年目(手取)	85 万円	71 万円	58 万円	31 万円	11 万円	-5 万円	-21 万円	-37 万円
10 年目(手取)	83 万円	70 万円	56 万円	29 万円	10 万円	-6 万円	-22 万円	-38 万円
11 年目(手取)	82 万円	68 万円	55 万円	28 万円	9 万円	-7 万円	-23 万円	-39 万円
12 年目(手取)	80 万円	67 万円	53 万円	26 万円	8 万円	-8 万円	-24 万円	-40 万円
13 年目(手取)	79 万円	65 万円	52 万円	25 万円	7 万円	-9 万円	-25 万円	-41 万円
14 年目(手取)	77 万円	64 万円	50 万円	23 万円	5 万円	-11 万円	-26 万円	-42 万円
15 年目(手取)	76 万円	62 万円	49 万円	22 万円	4 万円	-12 万円	-28 万円	-44 万円
16 年目(手取)	74 万円	61 万円	47 万円	20 万円	3 万円	-13 万円	-29 万円	-45 万円
17 年目(手取)	73 万円	59 万円	45 万円	18 万円	-9 万円	-14 万円	-30 万円	-46 万円
18 年目(手取)	71 万円	57 万円	44 万円	17 万円	-10 万円	-16 万円	-32 万円	-47 万円
19 年目(手取)	69 万円	56 万円	42 万円	15 万円	-12 万円	-17 万円	-33 万円	-49 万円
20 年目(手取)	67 万円	54 万円	40 万円	13 万円	-14 万円	-18 万円	-34 万円	-50 万円
21 年目(手取)	65 万円	52 万円	38 万円	11 万円	-16 万円	-20 万円	-36 万円	-52 万円
22 年目(手取)	63 万円	50 万円	36 万円	9 万円	-18 万円	-31 万円	-37 万円	-53 万円
23 年目(手取)	33 万円	20 万円	6 万円	-21 万円	-48 万円	-61 万円	-75 万円	-88 万円
24 年目(手取)	31 万円	18 万円	4 万円	-23 万円	-50 万円	-63 万円	-77 万円	-91 万円
25 年目(手取)	29 万円	16 万円	2 万円	-25 万円	-52 万円	-66 万円	-79 万円	-93 万円
26 年目(手取)	27 万円	13 万円	-0 万円	-27 万円	-54 万円	-68 万円	-81 万円	-95 万円
27 年目(手取)	25 万円	11 万円	-2 万円	-29 万円	-57 万円	-70 万円	-84 万円	-97 万円
28 年目(手取)	22 万円	9 万円	-5 万円	-32 万円	-59 万円	-72 万円	-86 万円	-99 万円
29 年目(手取)	20 万円	6 万円	-7 万円	-34 万円	-61 万円	-75 万円	-88 万円	-102 万円
30 年目(手取)	17 万円	4 万円	-10 万円	-37 万円	-64 万円	-77 万円	-91 万円	-104 万円

➡ 8%を下回ると C/F が小さく数年で税金によりマイナスになってしまう

この表の前提は５０００万円のアパートを購入することです。つまり５０００万円もの借金を背負うということです。**利回り８％未満を検討対象から外すのは、その借金を背負うリスクに対して十分なリターンを得られないと考えているから**にほかなりません。

実際には利回り８％でも不十分です。利回りが８％しかないと26年目にはマイナスのＣ／Ｆに転落するからです。しかし、広く物件を見るという意味では利回り８％以上を検討対象としています。さらに、そこから交渉で利回りを上げたり、稼働率を上げたりすることの可能性も加味して８％で区切っているのです。

もちろん、東京23区の港区や中央区で超好立地な場所にもかかわらず、土地値で売られていれば、多少利回りが低くてもお買い得といえますが、基本的にはおすすめはできません。

なお、この表はすべて土地付きの投資物件を前提に計算しています。土地値の出ない区分所有はそもそもおすすめしませんので検討対象から除外してください。

第３章のまとめ

◎最低限のスペック「再建築ＯＫ」「所有権」「利回り８％以上」を満たす物件だけを選ぶ

◎「１０００・30・３・１の法則」とは、「１０００件の物件情報」を見て、「30件の現地調査」を行い、「３件の買付」を入れると、「１件」買えるということ

◎三大ＮＧ項目は「借地権」「市街化調整区域・非線引区域」「再建築不可」をチェック

◎利回りチェックは面倒でも必ず相場家賃を調べること

◎表面利回り、稼働表面利回りが８％以上か（収益性）をチェックする

◎土地値チェックは面倒でも必ず自分で計算して行うこと

◎リスク回避には、土地として売却可能な金額を大きく逸脱しない買値で購入することが大切

◎すべての物件は相対評価　多数の物件を相対的に比較するクセをつけよう

第 4 章

シミュレーションから始まる成功の未来

1 不動産投資における「よい物件」の定義とは？

不動産投資における「よい」物件の定義は、**「割安」な物件**であるということです。それは「価格」で決まります。「割安」とはただ安いという意味ではなく、相対的に安いことを意味します。すなわち、**その商品そのもののポテンシャルや相場と比較して安いという意味**です。

ビジネスの基本は「安く仕入れて高く売る」ことです。そしてその成否は「仕入れ」にかかっています。他の業者が8000円で仕入れて1万円で売っている商品を、7000円で「割安」に仕入れることができれば、それだけ利ザヤが多く稼げますし、もし価格が下落しても、ほかの業者よりも1000円分余計に値下げすることができます。つまり割安で仕入れることができれば、相対的に他の業者よりも競争力があることになるのです。

不動産投資もまったく同じです。割安に物件を買うことで、家賃下落や金利上昇のリスクに対応する余力を持つことができます。他のアパートよりも1000円安く家賃を設定できれば、満室経営を維持できる可能性も高まります。**その競争力は、「割安」な「価格」で買うことができる**

「よい」物件が一義的に決まる具体例

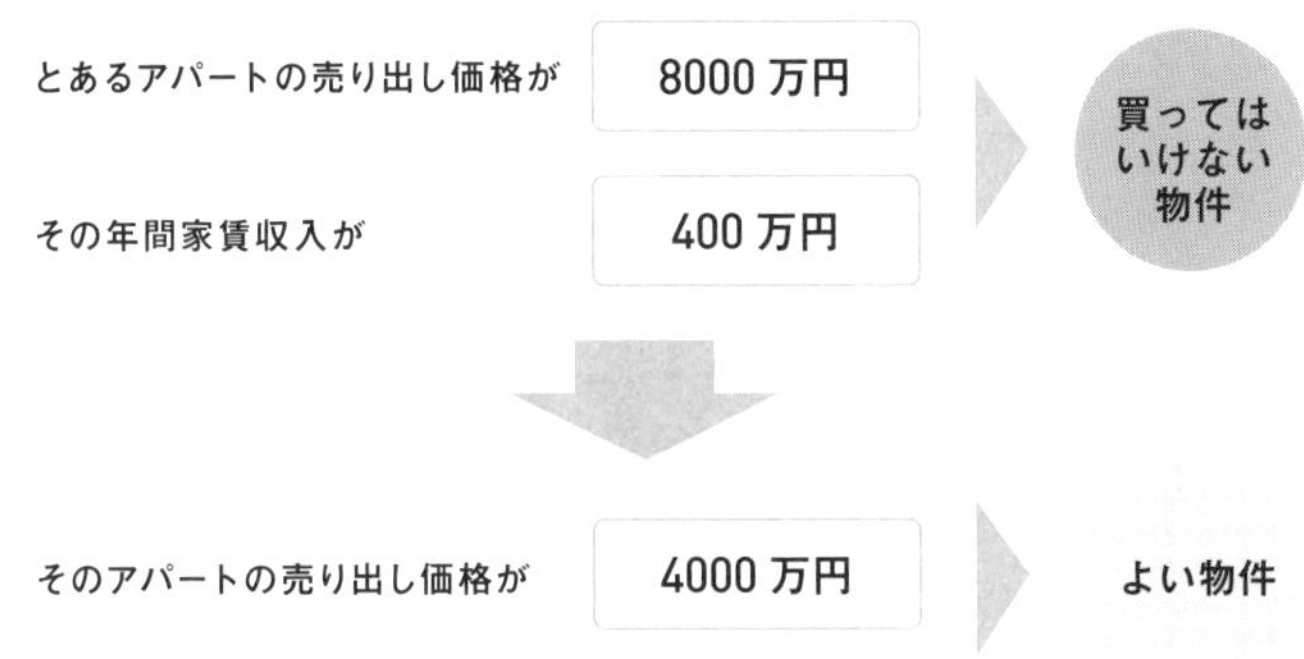

物件そのものは何も変わっていないのに、よい物件になる
よい物件かどうかは値段しだい（当たり前のことだが忘れがち）

かどうかで決まるのです。

多くの初心者は「よい」物件を考える時に、立地や建物の状態、設備の内容や駅からの距離、駐車場の台数など様々なファクターを検討してしまい、物件を精査する視点がブレがちです。しかし、この「割安」な物件という定義を心に刻んでおけば視点がブレることはありません。

「よい」物件が一義的に決まる具体的な例を見てみましょう。

今、東京23区内にある普通の設備の中古アパートが「８０００万円」で売りに出されていたとします。そのアパートは年間の家賃が「４００万円」です。この場合、表面利回りはたったの５％です。不動産投資における表面利回り５％とは、買った瞬間にキャッシュフローがマイナスになるダメ物件（儲からない物件）です。
ところが、そのアパートの売り出し価格が改定され「4000万円」になるとどうでしょう。年間の家賃は変化せず「400万円」のままです。それにもかかわらず表面利回りがなんと10％になったのです。

東京23区内で表面利回り10％の普通の設備の中古アパートといえば、すぐにでも買付が入るような希少な物件です。この物件は設備を変えたわけでも大規模リフォームをしたわけでもなく、駅からの距離が近くなったわけでもなく、まったく同じ建物のままなのに、一気に希少な「よい」物件に様変わりしてしまったのです。当然、たくさんの投資家から買付が入り、すぐに売れてしまうことでしょう。

これが「よい」物件とは「割安」な物件だと一義的に決まることの例です。そのほかのファクターが一切変わらずとも「価格」だけで、よい物件か買ってはいけない物件かが一瞬で決まるのです。

逆にいえば、たとえどんな物件でも「価格」が「割安」でない場合は、買ってはいけない物件なのです。港区の駅近の区分所有など、たとえどんなに立地が希少だったとしても、表面利回りが5％しかなければ買ってはいけない物件です。**大切なのは場所や建物ではなく「価格」である**ことは、当たり前のことなのですが忘れがちなので注意しましょう。

郵便はがき

恐れ入りますが
切手を貼って
お出しください

112-0005

東京都文京区水道 2-11-5

明日香出版社

プレゼント係行

感想を送っていただいた方の中から
毎月抽選で10名様に図書カード(1000円分)をプレゼント!

ふりがな お名前	
ご住所	郵便番号(　　　　　　)　電話(　　　　　　) 都道 府県
メールアドレス	

＊ ご記入いただいた個人情報は厳重に管理し、弊社からのご案内や商品の発送以外の目的で使うことはありません
＊ 弊社 WEB サイトからもご意見、ご感想の書き込みが可能です。

明日香出版社ホームページ　https://www.asuka-g.co.jp

ご愛読ありがとうございます。
今後の参考にさせていただきますので、ぜひご意見をお聞かせください。

本書の
タイトル

年齢：　歳 | 性別：男・女 | ご職業： | 月頃購入

● 何でこの本のことを知りましたか？
① 書店　② コンビニ　③ WEB　④ 新聞広告　⑤ その他
(具体的には →　)

● どこでこの本を購入しましたか？
① 書店　② ネット　③ コンビニ　④ その他
(具体的なお店 →　)

● 感想をお聞かせください

① 価格	高い・ふつう・安い
② 著者	悪い・ふつう・良い
③ レイアウト	悪い・ふつう・良い
④ タイトル	悪い・ふつう・良い
⑤ カバー	悪い・ふつう・良い
⑥ 総評	悪い・ふつう・良い

● 購入の決め手は何ですか？

● 実際に読んでみていかがでしたか？（良いところ、不満な点）

● その他（解決したい悩み、出版してほしいテーマ、ご意見など）

● ご意見、ご感想を弊社ホームページなどで紹介しても良いですか？
① 名前を出してほしい　② イニシャルなら良い　③ 出さないでほしい

ご協力ありがとうございました。

2 不動産投資家に求められる「3つの目」

不動産投資は〝投資〟とは名ばかりで、実際は〝事業〟です。事業を行うということは、すなわち経営者になることを意味します。

そして**経営者になるということは、その〝事業〟を俯瞰して、定量・定性の両方の視点で見るスキルを身につけなければならない**ということです。

特に、定量的に事業を見るスキルセットは、会社で経理や経営企画、戦略などの部署に携わっていない限りなかなか身につくものではありません。

経営者はそれらの経営数値を把握し、全社の方向性を決めることが仕事ですが、一人で事業運営を行う不動産投資家はそれに加え、一プレーヤーとしてそれらの経営数値を作成できなくてはなりません。普段、数字に苦手意識を持っている方もいるかもしれませんが、これればかりは克服するしかありません。なぜなら数字の読めない経営者の会社に成功はないからです。

不動産投資で求められる定量的な視点は「銀行の目」「税務署の目」「お財布の目」の3つです。この3つを理解すれば、今後あなたが誤ってダメ物件（儲からない物件）をつかまされることはなくなります。

「銀行の目」とは財務諸表でいうところの「貸借対照表（B/S）」です。購入しようとする物件の資産価値を計算し、銀行がどう評価し、いくらまで融資をしてくれるかを把握するための視点です。たとえ見た目がきれいでも「銀行の目」で見て大した価値が数字で出なければ融資を受けることはできません。

なお、「かぼちゃの馬車」事件では、この「銀行の目」がまったく機能せず、本来の「銀行の目」では4000～5000万円程度の価値しか出ない物件に対し1億円の融資を行っていたことが被害を拡大させる要因となりました。当の銀行が「銀行の目」を持っていないことがある以上、投資家は自分自身で正しい「銀行の目」を身につけ、自己防衛しなくてはなりません。

「税務署の目」とは財務諸表でいうところの「損益計算書（P/L）」のことです。購入する物件の収益性を把握し、その物件からいくらの利益が出るのか、そして最終的にいくらの税金を納めることになるのかを知るための視点です。この「税務署の目」を持つことで効率よく節税することができます。規模が大きくなればなるほど収益を上げつつ、いかに節税していくかが不動産投資のキモとなってきますので、外すことのできない大切な視点といえます。

ただし、気をつけてほしいのは、この「節税」とは不動産投資における「副産物」であり、メインの目的ではないということです。表面利回りが5％くらいの低利回りな区分マンションなどはこの「節税」だけをウリにしていますが、こういった低利回り物件は「副産物」しかウリがないから、仕方なく「節税」を前面に押し出しているだけです。

不動産投資では、儲かる物件を購入しても損する物件を購入しても節税はできますから、メインの目的である「儲かる」ということを放棄して、損して「節税」するのはやめましょう。

「お財布の目」とは財務諸表でいうところの「キャッシュフロー計算書（C／F）」です。その物件から入る家賃と、出ていく経費、税金などを差し引き、最終的に手元のお財布の中にいくら残るのかを計算したものになります。

多くの不動産投資家はこのC／Fを求めて不動産投資を始めているわけですが、厳密にいくらお財布の中に残るかを計算するためには、P／Lで税金を計算する必要がありますし、P／Lを出すにはB／Sで減価償却費などを明確にする必要があるので、これらの「3つの目」はどれか1つだけでは完結せず3つともが不可分の関係になっています。

不動産投資家に求められる「3つの目」

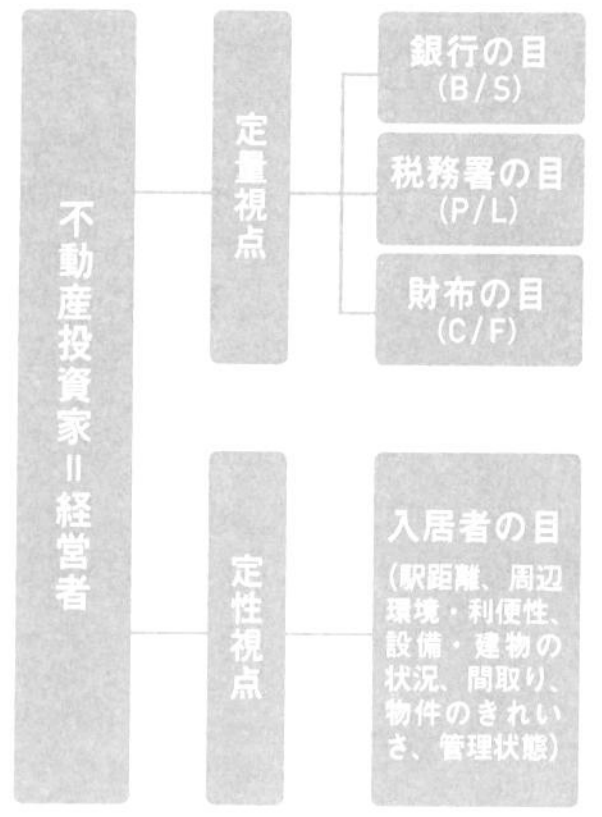

資産価値が高く、銀行が融資してくれるか？

税金計算の元になる収支をいかに抑えられるか？

手元に残る現金はどれくらい多いか？

物件はきれいか？ 設備は使いやすいか？
駅から近いか？ ファミリータイプか単身か？
地域のニーズに合っているか？
管理は行き届いているか？
駐車場があるか？
（言い換えれば入居率の元となる視点のこと）

➡ **数字を見るための「3つの目」＝財務3表はそれぞれ関係している**

これらの3つは財務3表といわれます。不動産投資家に求められる「3つの目」とは、すなわち財務3表を理解するということを意味するのです。

少し難しく感じる方もいるかと思いますが、避けては通れないので次節で詳しく見ていきましょう。

3 「3つの目」で見極めるシミュレーション

不動産投資を行うには、購入しようとする物件を「3つの目」で細かく分析する必要があります。具体的には購入前に、この「3つの目」の視点からシミュレーションを作成するということです。

シミュレーションを作成することで、その物件の資産価値、税金、そして手元に残る現金を30年先の未来まで見通すことが可能となるのです。

ただ、会計や簿記などの経験がない人にとって、シミュレーション作成は相当困難なものになります。そこで、簡単にシミュレーションが作成できるシステムを開発しました。このシミュレーションシステムではいくつかの項目を入力するだけで簡易的に財務3表を作成できるようになっています。各種費用など初心者では入力が難しい部分なども、長年の経験とたくさんの先輩投資家からのフィードバックに基づき自動で計算されるため、未経験者でもしっかりとしたシミュレーションが作成できるようになっています。

「３つの目」で見るシミュレーション

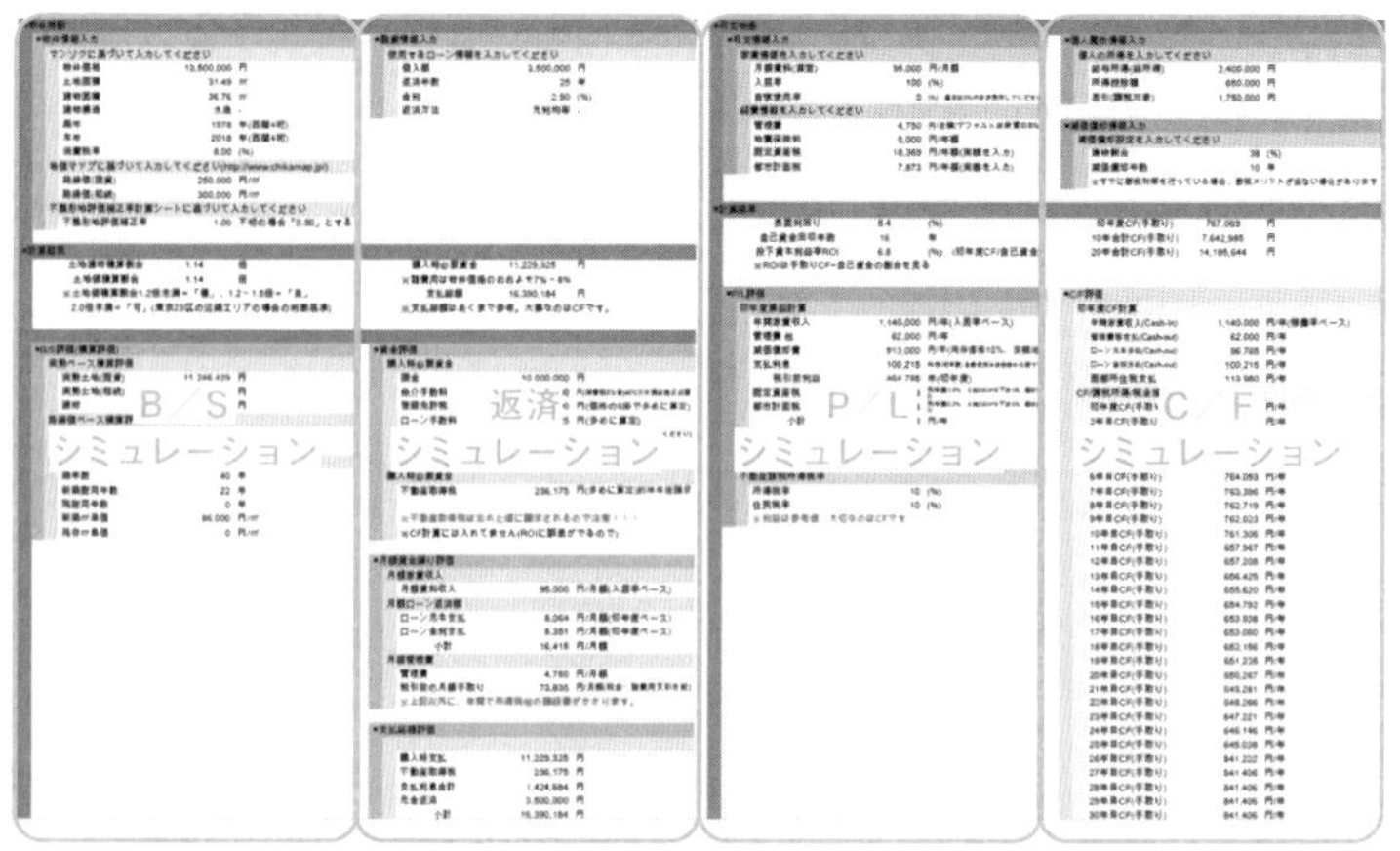

➡ **難しいことは考えず、まずは手元にある物件を入力してみましょう**

簡易シミュレーションとはいえ、財務3表のB／S、P／L、C／Fの3つを同時に意識して判断することは少々難しいので、最初はC／Fだけに着目すればよいと思います。

最初は会計や簿記などあまり難しいことを考えずに、手元にある検討対象の物件資料をいくつか入力してみるのがよいでしょう。

（「不動産簡易シミュレーション」については後ほど詳しくご説明しますので、このまま読み進めてください）

4 シミュレーション元データの入手方法

不動産投資のシミュレーションを作成するには、4つの元データが必要です。具体的には①マイソク（物件資料）、②路線価、③銀行融資条件、④自分の所得情報です。

1つめの**マイソク（物件資料）**とは、不動産屋で取得することができる物件情報が記載されている紙の資料です。ここには物件の価格、名前や住所、土地の広さや建物の構造、面積、部屋数や家賃収入など様々な情報が記載されています。これらの情報の中からシミュレーションに関係のある情報を入力するためにも、十分な内容のマイソクをもらう必要があります。

最近では健美家（ケンビヤ）や楽待（ラクマチ）などの不動産ポータルサイトの情報でも見ることができますが、細かな住所や必要な情報が掲載されていないことも多いので、気になった物件は業者からマイソクを取得する方がよいでしょう。

2つめの**路線価**とは、国が相続税や固定資産税を徴収するために日本全国、津々浦々に張り巡らされた土地の価格のことです。みなさんが不動産を購入し保有すると、その路線価に基づいて税金が決まります。これは毎年改定されますので、最新の金額を用いてシミュレーションに入力します。具体的には全国地価マップなどのサイトを利用します。路線価を表示するサイトはこのほかにもありますが、この全国地価マップは住所から検索ができ便利なのでおすすめしています。この路線価は土地値を計算するために用います。計算の具体的な方法は前章で説明しましたが、物件のB／Sの価値を見るうえでも重要ですので必ず理解するようにしてください。

3つめの**銀行融資条件**とは、融資金額、金利、融資期間を意味します。これは人や銀行、物件によって変わるものですので一概には決まりません。「銀行の目」で見てよい物件を持ち込めば、より有利な条件になるでしょうし、年収が5000万円あるというような優良な個人属性をお持ちの方ですと、さらに有利な条件になるでしょう。

物件をたくさん銀行に持ち込んでいれば、徐々に自分自身の属性および持ち込んでいる物件に即した融資条件がわかるようになってきます。

これまで一度も物件を銀行に持ち込んだことのない人は、とりあえず巷で有名な地銀やノンバンクの金利や期間を参考にシミュレーションを作成すればよいでしょう。具体的な金利や期間については次節にて説明します。

4つめの**自分の所得情報**とは、お勤めされている会社の源泉徴収票や確定申告の数字のことです。

源泉徴収票に記載されている年収や、確定申告に記載されている課税所得などを参照しながらシミュレーションに入力します。

収入を入力する理由は、税金を計算する必要があるためです。ご存じの通り日本の所得税は累進課税ですので、所得が大きくなればなるほど大きな税率が適用されます。つまり、同じ物件でも買う人によって（その人の所得によって）かかってくる税金の金額が大幅に変わるということなのです。この税金の額を正しく把握するために自分自身の所得情報を入力する必要があるというわけです。

ちなみに、この税金の影響は極めて大きく、所得により同じ物件でもＣ／Ｆがプラスになる場合とマイナスになる場合が出てきます。その人の現在の収入によって買うべき物件が変わってくるのも不動産投資の不思議なところですが、それを不思議なままにしていてはプロの投資家にはなれません。

自分自身（の所得）にとって、この物件はちゃんとキャッシュがプラスになるのか、マイナスになるのかを見極めるためにも、しっかりとシミュレーションを作成していくクセをつけてください。

シミュレーションの元データ

1.マイソク

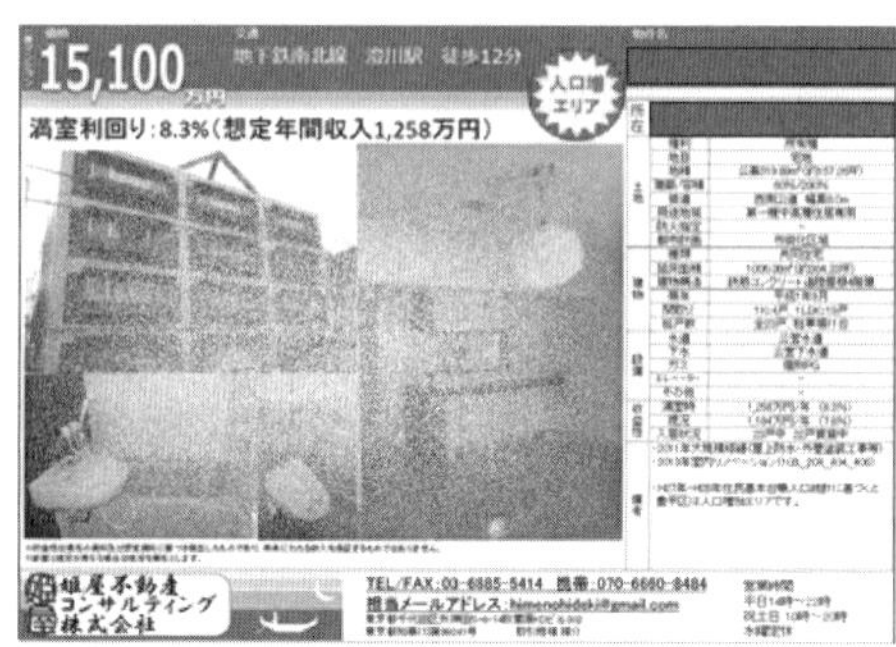

2.路線価

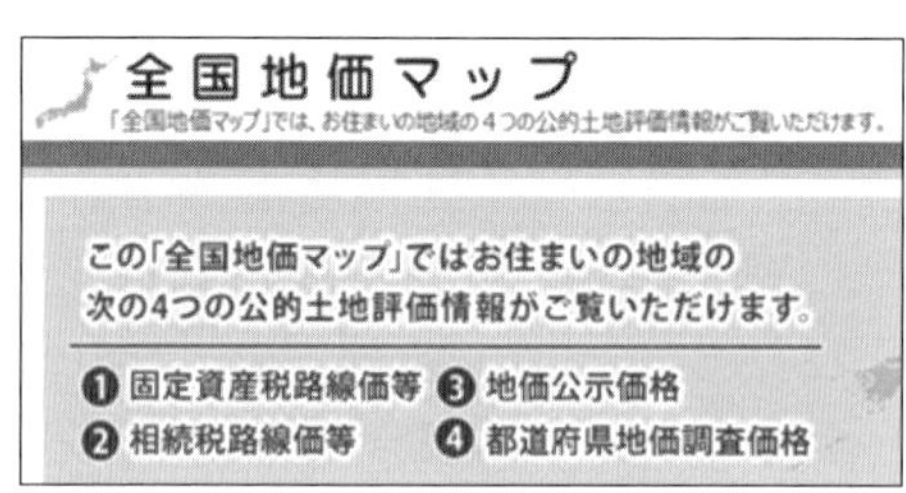

http://www.chikamap.jp/chikamap/Portal

3.銀行融資条件

●●銀行ローン　融資条件

・金額　XX　万円
・金利　XX　%
・期間　XX　年

4.自分の所得情報

会社の源泉徴収票

確定申告

5 実際にシミュレーションを作成してみよう

それでは実際に簡易シミュレーションを作成してみましょう。本節を読む前に、まずは巻末（316〜317ページ）の特典ページを参考に、シミュレーションを作成できるように準備してください。

今回は次の物件A「○○○○アパート」を入力してみます。TOPメニューの〝不動産物件簡易シミュレーション作成〟のボタンを押し、作成画面に移動してください【①】。

作成画面の上から順に必要事項を入力していきます。まずは物件情報をマイソクに基づいて入力します。まずは物件名、次に物件価格を入力します。物件価格は円単位ですので入力の際は0の数に気をつけてください。図の例では4300万円の物件なので「43000000」と入力します。その後、土地面積、建物面積、建物種別、建物構造、築年を入力します【②】。

次に地価マップのURLをクリックし、この物件の固定資産税路線価と相続税路線価を調べて入力します。また、物件所在地などの情報も入力します【③】。

シミュレーションの元データ

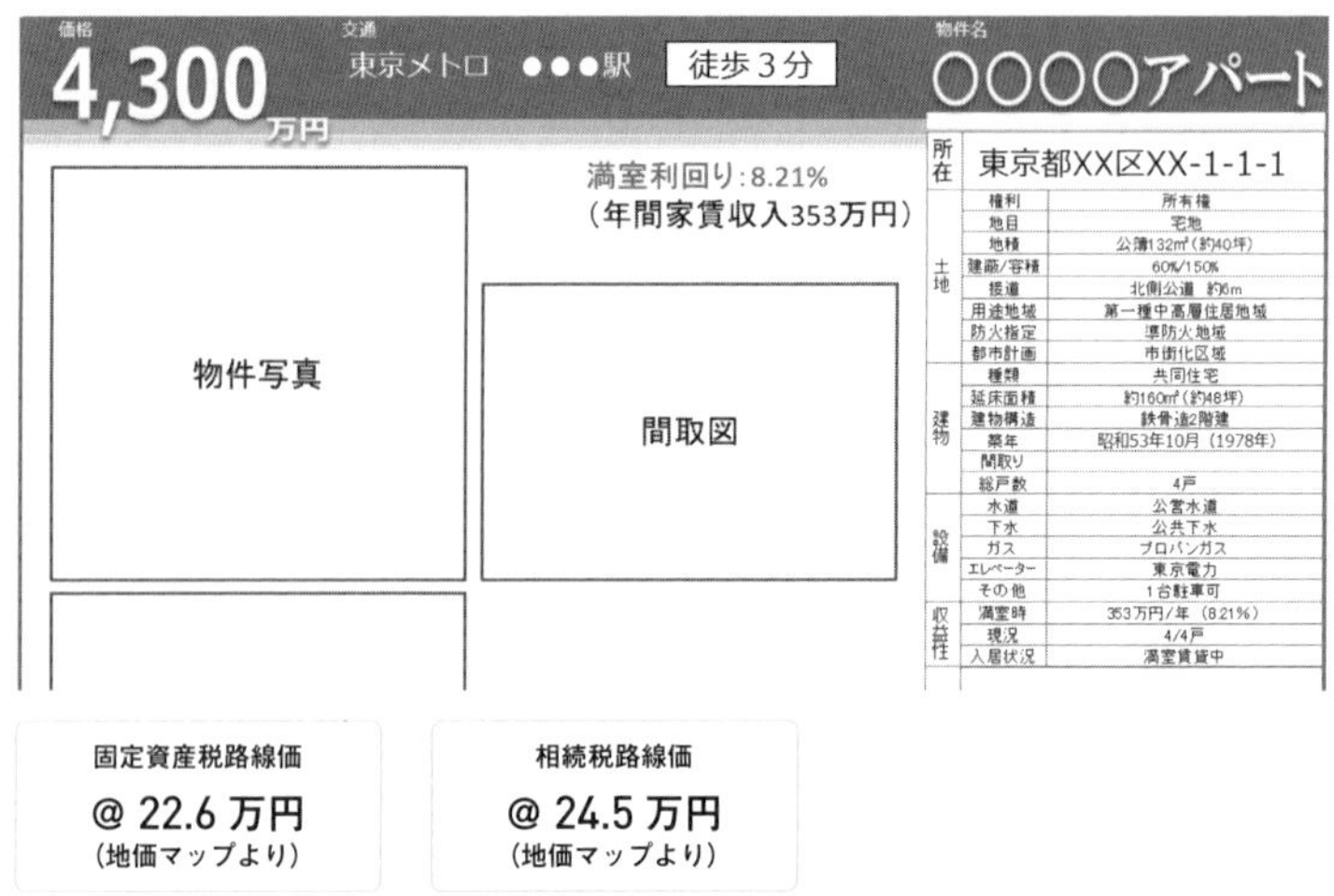

価格 **4,300**万円

交通 東京メトロ　●●●駅　徒歩３分

物件名 ○○○○アパート

満室利回り:8.21%
（年間家賃収入353万円）

物件写真

間取図

所在	東京都XX区XX-1-1-1	
土地	権利	所有権
	地目	宅地
	地積	公簿132m²（約40坪）
	建蔽/容積	60%/150%
	接道	北側公道　約6m
	用途地域	第一種中高層住居地域
	防火指定	準防火地域
	都市計画	市街化区域
建物	種類	共同住宅
	延床面積	約160m²（約48坪）
	建物構造	鉄骨造2階建
	築年	昭和53年10月（1978年）
	間取り	
	総戸数	4戸
設備	水道	公営水道
	下水	公共下水
	ガス	プロパンガス
	エレベーター	東京電力
	その他	1台駐車可
収益性	満室時	353万円/年（8.21%）
	現況	4/4戸
	入居状況	満室賃貸中

固定資産税路線価
@ 22.6 万円
（地価マップより）

相続税路線価
@ 24.5 万円
（地価マップより）

① 簡易シミュレーション

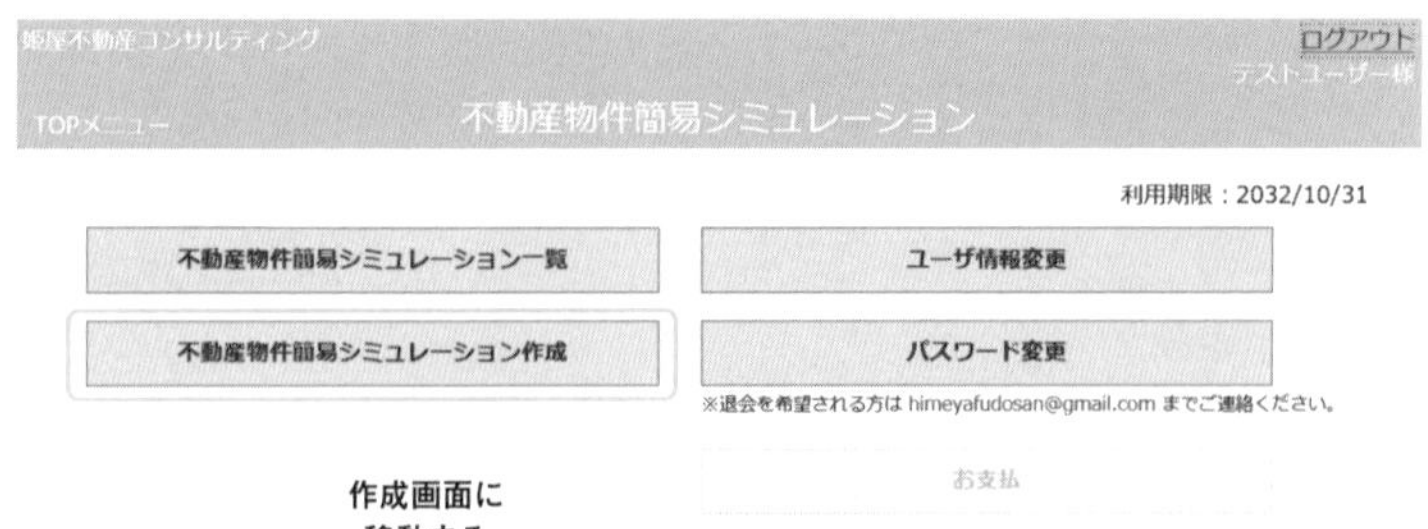

②　物件情報

物件・融資情報　収支情報

※物件・融資情報入力後、収支情報タブを選択して入力してください

物件情報

マイソクに基づいて入力してください。

物件名	OOOOアパート	
物件価格	43000000	円
土地面積	132	㎡
建物面積	160	㎡
建物種別	アパート	
建物構造	鉄骨	
築年	1978	年（西暦4桁）
消費税	8	%

０の数注意！

③　土地値、物件所在地

ここをクリックして
路線価を調べる

地価マップに基づいて入力してください。（http://www.chikamap.jp/）

路線価（固資）	226000	円 地価マップより単価を入力
路線価（相続）	245000	円 地価マップより単価を入力
不整形地評価補正率	1.00	不明の場合「1.0」とする

物件所在地情報を入力してください

都道府県	東京都	
市区町村	XX区XX-1-1-1	
最寄り駅	OO駅	
移動手段	◉徒歩　○バス　3	分
戸数	4	

路線価は固定資産税・都市計画税の自動計算に利用しますので必ず入力してください。
路線価が不明の場合おおよその想定金額で入力してください。

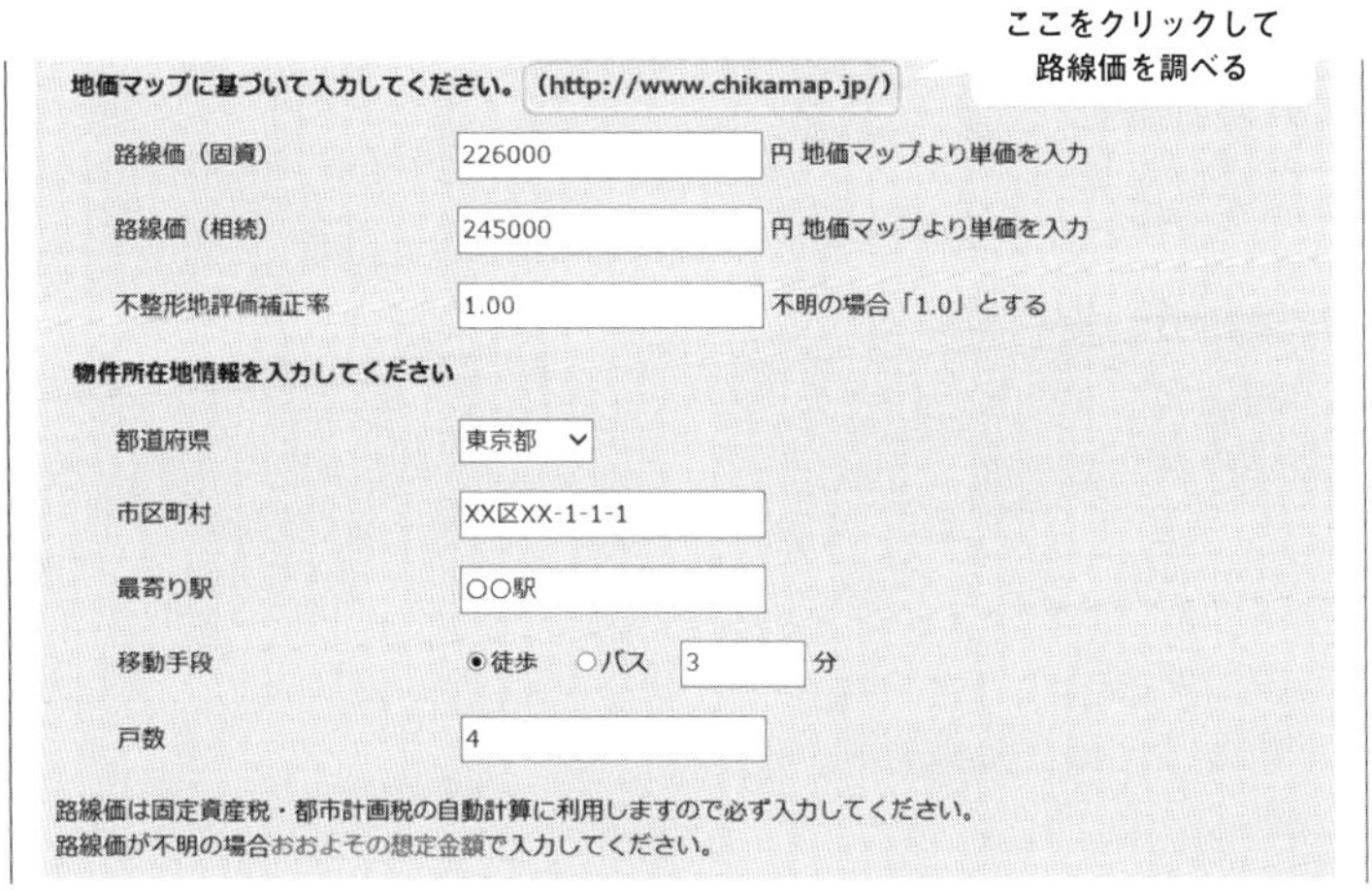

同様に融資条件についても入力します。今回はノンバンクを利用することを想定します。借入金額を4000万円（40000000）と入力し、期間を30年、金利を4・1％と仮定して入力します。なお、購入必要資金調整用の項目は実際の購入時にかかる費用と自動計算されるシミュレーションとの差を調整するための項目ですので今回は空白のままとします。ここまで入力し終えたら、〝収支情報〟のタブに移動します【④】。

収支情報ではまず最初に月額賃料（満室）を入力します。今回は年間家賃が353万円なので月額家賃は353万円÷12＝29万4167円となりますので、「294167」と入力します。なお金額中にコンマは入れないようにご注意ください。

次に入居率は今回満室ですので100％となります。自家使用率については、賃貸併用住宅などで自宅として利用する場合に使用するので今回は「0」のままでOKです。

管理費はデフォルトで月額家賃の5％となるように設定しています。「14708」という数字が表示されていれば問題ありません。もし、それ以外の数字が表示されている場合は、管理費を修正してください。その他経費（地震保険料等）については、とりあえず清掃費用等で「10000」と入力しておきます。固定資産税と都市計画税については不明な場合がほとんどですので空白のままとします【⑤】。

最後に所得情報を入力します。今回は個人にチェックを入れ、給与は1000万円とします。

所得控除額は世帯により異なるかと思いますので今回は２２０万円とし、社会保険料控除等は省略します（具体的な給与所得控除額については国税庁ホームページを参照）。

また、減価償却費の設定として建物割合を「30％」、減価償却年数を「10年」とします。この設定については様々な考え方があるため一概には決められませんが、初心者はまず「建物割合30％」「減価償却年数10年」を基本として比較してください。

すべての項目を入力し終えたら、右下の〝評価する〟のボタンを押して簡易シミュレーションを表示させましょう【⑥】。

④ 融資情報

融資情報

使用するローン情報を入力してください。

金融機関種別	ノンバンク	
金融機関名称	○○ノンバンク	
借入額	40000000	円
返済年数	30	年
金利	4.1	%
購入必要資金調整用	※ローン手数料や火災保険などの自動計算の数値誤差を調整する項目です。	
返済方法	元利均等　**※返済方法は元利均等のみとなります。**	

全額現金による購入の場合は、借入額、返済年数、金利に0を入力してください
購入必要資金調整用はプラス・マイナスで調整する金額を入力してください。

物件・融資情報　収支情報

**全部入力し終えたら、
"収支情報"タブを押して移動する**

⑤ 収支情報

物件・融資情報　収支情報

収支情報

家賃情報を入力してください。

月額賃料（満室）	294167	円/月額
入居率	100	%
自家使用率	0	%（基本は0%の自家使用）

経費情報を入力してください。

管理費	14708	円/月額（デフォルトは家賃の5%）
その他経費（地震保険料等）	10000	円/年額
固定資産税		円/年額（実績を入力、空白の場合は自動計算）
都市計画税		円/年額（実績を入力、空白の場合は自動計算）

固定資産税・都市計画税が不明の場合は空欄のままにしてください。
その場合、路線価より自動計算されます。

⑥ 所得情報

所得情報

所得を入力してください。

個人法人 ◉個人 ○法人

給与所得（総所得） 10000000 円 ※会社給与の場合、いわゆる年収

所得控除額 2200000 円 ※源泉徴収票の控除額

差引（課税対象） 7800000 円 ※確定申告時の課税所得

減価償却設定を入力してください。

建物割合 30.000 %

減価償却年数 10 年

※すでに節税対策を行っている場合、節税メリットが出ない場合があります。

課税対象を確定申告時の課税所得と一致させてください。
建物割合と減価償却年数はご自身の戦略に即して設定してください。
法人の場合、法人税・法人住民税・事業税を合計した実効税率が所得税に合計されて計算され、住民税は0と表示されます。

物件・融資情報 収支情報

※物件・融資情報を入力した後に収支情報タブをクリックして収支情報をご記入ください。

戻る 評価する

**全部入力し終えたら、
"評価する"ボタンを押す**

給与所得控除（平成30年分）

給与等の収入金額 （給与所得の源泉徴収票の支払金額）		給与所得控除額
1,800,000円以下		収入金額×40% 650,000円に満たない場合には650,000円
1,800,000円超	3,600,000円以下	収入金額×30%＋180,000円
3,600,000円超	6,600,000円以下	収入金額×20%＋540,000円
6,600,000円超	10,000,000円以下	収入金額×10%＋1,200,000円
10,000,000円超		2,200,000円（上限）

国税庁ホームページより

6 長期のシミュレーションが必要な理由

それでは具体的に、前節で作成したシミュレーションを見てみましょう。

シミュレーションはB／S評価、P／L評価、C／F評価とそれぞれのタブで分かれており、様々な情報が表示されます。すべてを細かく見ていくことは難しいので、初心者はまずシミュレーションの上部の**サマリとC／F評価のタブのみをチェック**してください。

まずはサマリを見てみましょう。サマリで見るべきところは「土地値積算割合」「購入必要資金」「表面利回り」「自己資金回収年数」「初年度CF（手取り）」「10年合計CF（手取り）」「20年合計CF（手取り）」の7か所です。

「土地値積算割合」は第3章で頑張って計算した土地値割合のことです（123ページ参照）。1・0〜1・2倍を「優」、1・2〜1・5倍は「良」、1・5〜2・0倍であれば「可」とします。2・0倍以上の場合は「不可」として投資対象から除外します。

「購入必要資金」は読んで字のごとく、購入時に必要となる現金のことです。購入時の資金繰りが大丈夫かをチェックする項目です。今回は４３００万円のうち４０００万円を借入れるため、購入必要資金は本体価格の一部（３００万円）＋諸費用等（約３２０万円）の合計約６２０万円（６２１万４０００円）となります。

「表面利回り」は稼働率を加味したものとなるため、正確には稼働表面利回りを意味します。

「自己資金回収年数」は、最初に支払った約６２０万円（購入時必要資金）を家賃で回収するのに何年かかるのかということを表します。利回り4が％など著しく低い物件の場合、回収不能「０年」と表示されます。新築区分など利回りが4〜5％しかない物件をシミュレーションすると軒並み回収不能になりますので投資判断の1つの目安としてください。

最後にＣ／Ｆを見ます。今回の物件の場合、「初年度ＣＦ（手取り）」は81万６８１４円となりますので、諸経費や税金などを差し引いて約81万円ほどの手取りとなることがわかります。

これを10年間合計したのが「10年合計ＣＦ（手取り）」、20年間合計したのが「20年合計ＣＦ（手取り）」となります。

ここでチェックすべきは**20年合計Ｃ／Ｆの方が、10年合計Ｃ／Ｆよりも小さい**ということです。普通に考えれば、20年合計＞10年合計となるはずなのですが、なぜか10年合計＞20年合計となっているのです。この意味するところは、すなわち10〜20年の間にＣ／Ｆがマイナスになっているということです。

シミュレーション結果

サマリで見るべきところ

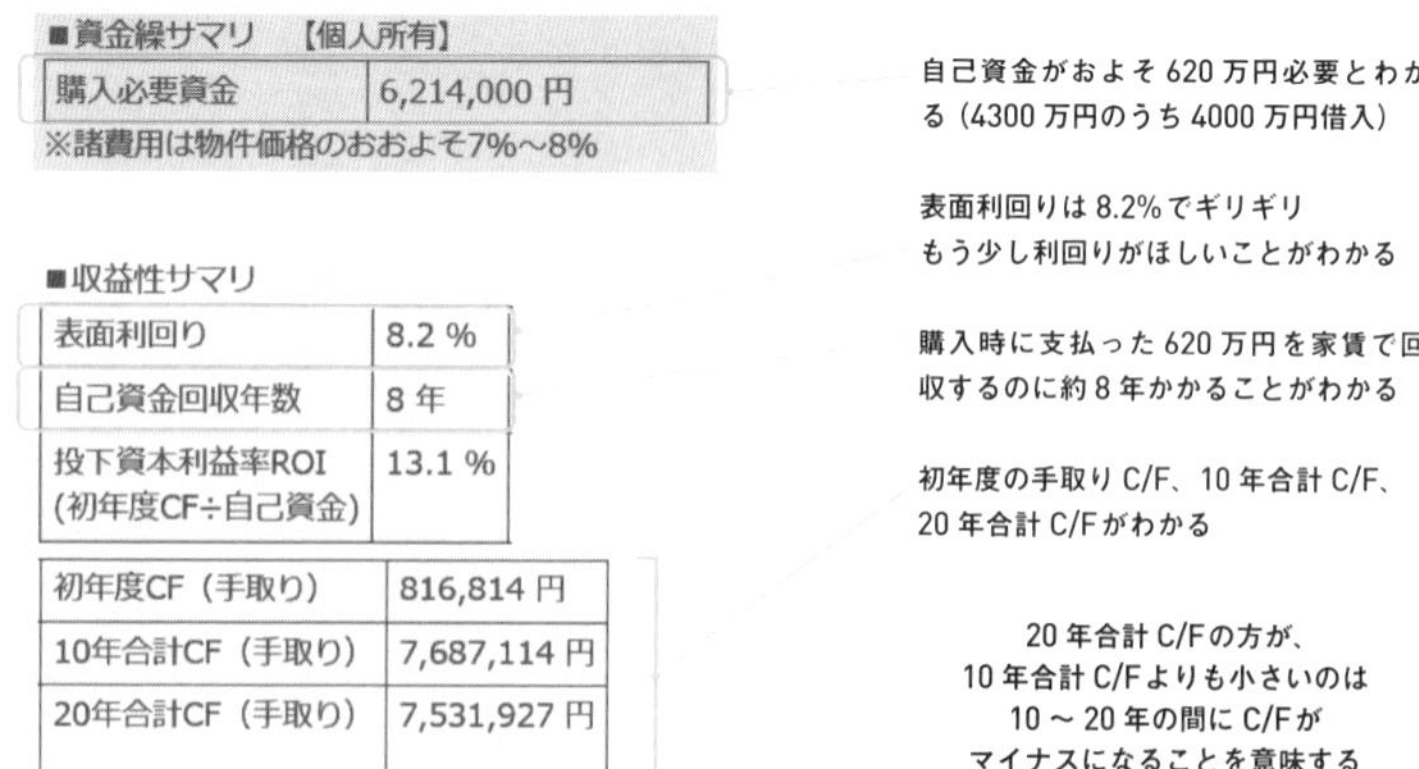

■積算評価サマリ

土地建物積算割合	1.06 倍
土地値積算割合	1.06 倍

土地値割合が 1.06 なので「優」
かなり割安な土地値物件であることがわかる

■資金繰サマリ 【個人所有】

購入必要資金	6,214,000 円

※諸費用は物件価格のおおよそ7%~8%

自己資金がおよそ 620 万円必要とわかる（4300 万円のうち 4000 万円借入）

■収益性サマリ

表面利回り	8.2 %
自己資金回収年数	8 年
投下資本利益率ROI (初年度CF÷自己資金)	13.1 %

表面利回りは 8.2% でギリギリ
もう少し利回りがほしいことがわかる

購入時に支払った 620 万円を家賃で回収するのに約 8 年かかることがわかる

初年度CF（手取り）	816,814 円
10年合計CF（手取り）	7,687,114 円
20年合計CF（手取り）	7,531,927 円

初年度の手取り C/F、10 年合計 C/F、20 年合計 C/F がわかる

20 年合計 C/F の方が、
10 年合計 C/F よりも小さいのは
10 ～ 20 年の間に C/F が
マイナスになることを意味する

➡ サマリで大まかに把握したら、次は詳細な C/F 評価を見る

サマリで大まかなシミュレーション内容を把握できたら、次はC／F評価のタブで詳細に確認していきます。今回の例では初年度CF（手取り）が81万6814円で、2年目が80万7269円、3年目が79万7326円というように、徐々に手取りが減少しています。そして、減価償却期間が終了する11年目には7万8862円と大幅に減少し、15年目にはついにマイナスに陥ります。そのままマイナス幅は拡大し続け30年目には▲44万8318円となります。31年目以降は銀行返済が終了するためC／F（手取り）はプラス184万9119円に回復します。

この15年目からのマイナスのC／Fこそが、先ほど見たサマリで**20年合計C／Fの方が10年合計C／Fよりも小さい**要因なのです。

不動産投資は多くの場合、金融機関のローンを用いて行うため、必ず物件のCF（手取り）は徐々に目減りします。さらに減価償却の期間が終了するタイミングで大きく減少します。

その結果、不動産投資では初年度はC／Fがプラスだった物件でも30年先の未来を見ているとマイナスに陥ることがままあるのです。

そのため、不動産投資で失敗しないためには、表面利回りや初年度のC／Fだけでなく、長期シミュレーションが必要不可欠なのです。

C/F評価

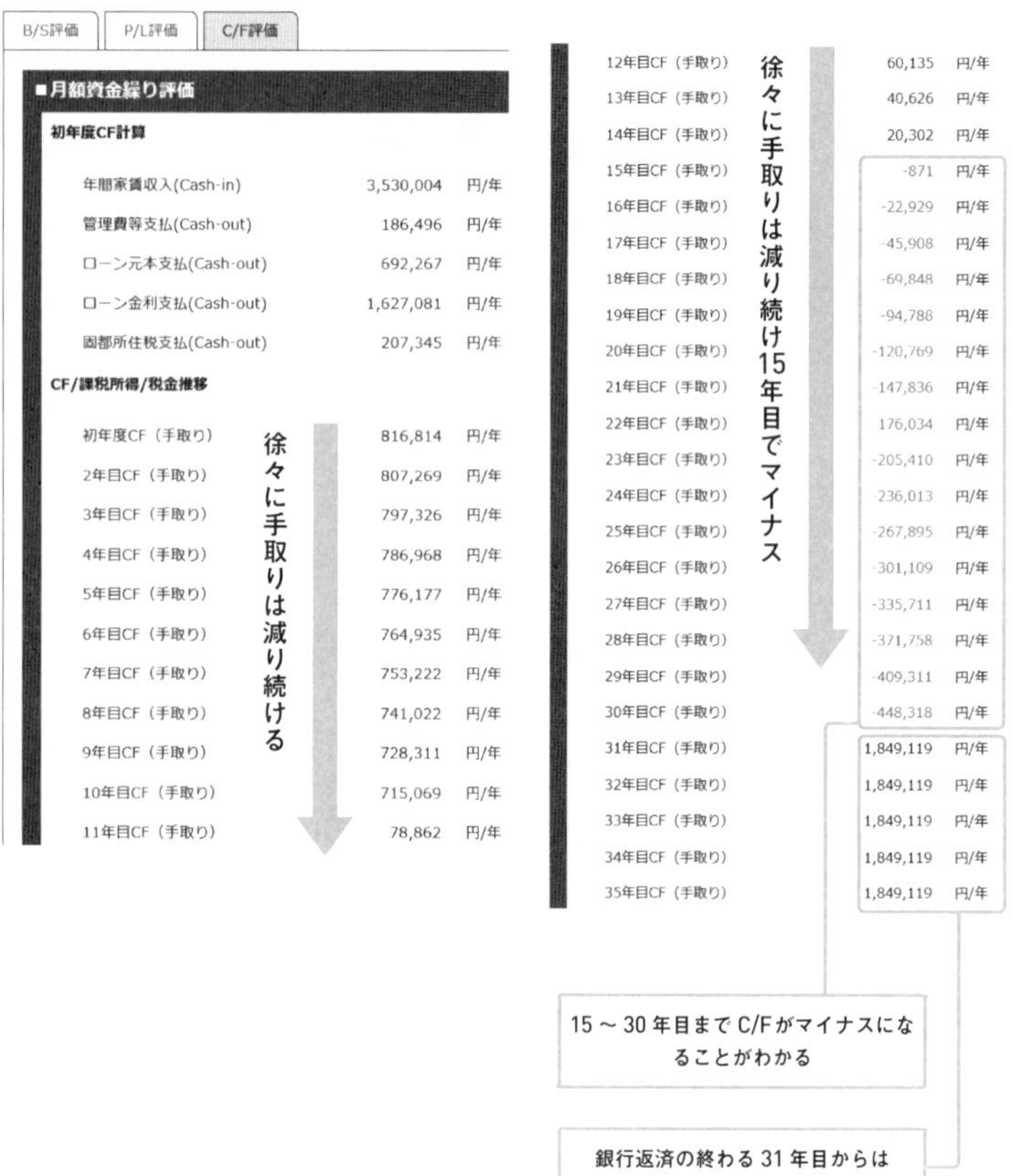

初年度CF計算

年間家賃収入(Cash-in)	3,530,004	円/年
管理費等支払(Cash-out)	186,496	円/年
ローン元本支払(Cash-out)	692,267	円/年
ローン金利支払(Cash-out)	1,627,081	円/年
固都所住税支払(Cash-out)	207,345	円/年

CF/課税所得/税金推移

初年度CF（手取り）	816,814	円/年
2年目CF（手取り）	807,269	円/年
3年目CF（手取り）	797,326	円/年
4年目CF（手取り）	786,968	円/年
5年目CF（手取り）	776,177	円/年
6年目CF（手取り）	764,935	円/年
7年目CF（手取り）	753,222	円/年
8年目CF（手取り）	741,022	円/年
9年目CF（手取り）	728,311	円/年
10年目CF（手取り）	715,069	円/年
11年目CF（手取り）	78,862	円/年
12年目CF（手取り）	60,135	円/年
13年目CF（手取り）	40,626	円/年
14年目CF（手取り）	20,302	円/年
15年目CF（手取り）	-871	円/年
16年目CF（手取り）	-22,929	円/年
17年目CF（手取り）	-45,908	円/年
18年目CF（手取り）	-69,848	円/年
19年目CF（手取り）	-94,788	円/年
20年目CF（手取り）	-120,769	円/年
21年目CF（手取り）	-147,836	円/年
22年目CF（手取り）	-176,034	円/年
23年目CF（手取り）	-205,410	円/年
24年目CF（手取り）	-236,013	円/年
25年目CF（手取り）	-267,895	円/年
26年目CF（手取り）	-301,109	円/年
27年目CF（手取り）	-335,711	円/年
28年目CF（手取り）	-371,758	円/年
29年目CF（手取り）	-409,311	円/年
30年目CF（手取り）	-448,318	円/年
31年目CF（手取り）	1,849,119	円/年
32年目CF（手取り）	1,849,119	円/年
33年目CF（手取り）	1,849,119	円/年
34年目CF（手取り）	1,849,119	円/年
35年目CF（手取り）	1,849,119	円/年

7 自然減少の罠

長期のシミュレーションを作成した際に、C／Fが徐々に目減りしていくことをお伝えしました。これを**C／Fの自然減少**といいます。

この自然減少は、ローンを用いた不動産投資において必ず発生することです。家賃下落や空室の増加などがまったくない状態だったとしても、ローンで投資物件を購入している場合は、必ず徐々にC／Fが自然減少していくのです。

なぜなら、自然減少はローン金利と税金の次のような関係によって引き起こされる現象だからです。

一般的に不動産投資を行う場合、元利均等ローンを組みます。元利均等とは毎月の銀行への支払額を一定にする支払方法です。例えば、月々10万円のローンを元利均等で支払う場合、最初の支払いは利息支払額が9万円、元金返済額が1万円とし、次の支払では利息支払額が8万円、元金返済額が2万円というように、徐々に利息支払額を減らし、元金返済額を上げていくという支払方法です。

　この利息支払額が減っていくことこそが、自然減少の原因なのです。具体的に手取りＣ／Ｆが自然減少するメカニズムを見てみましょう。

　左の図は満室家賃から元利均等で銀行支払（元金返済＋利息支払）を行っていることを表します。5年目の銀行支払はそのほとんどが利息ですが、10年目、15年目と年を追うごとに利息支払の額は小さくなります。この利息支払は所得税・住民税といった税金に影響します。具体的には**利息支払額が大きいほど税金が小さく、利息支払額が小さいほど税金が大きくなる**のです。

　満室家賃は一定で、そこから銀行支払と税金を引いたものが手取りＣ／Ｆとなりますが、税金が年を追うごとに大きくなっていくため、結果として手取りＣ／Ｆは徐々に自然減少するのです。なお、この図では説明のために家賃下落や空室、その他の経費などは省略しています。

　繰り返しますが、この自然減少はほとんどすべての不動産投資物件において発生します。目の前にある直近のＣ／Ｆや月々の支払額だけで判断すると、数年後には想定していたよりお金が貯まらない、あるいはマイナスになっているといった自然減少の罠に陥ることになります。そうならないためにも、物件を購入する前には、長期の手取りＣ／Ｆ状況をシミュレーションするように心がけましょう。

手取りC/Fが自然減少するメカニズム

毎年の家賃収入および経費が一定である場合、利息が減れば減るほど、所得税・住民税が上がる。

結果として、満室経営でも、家賃が下落しなくても、手取りは自然に年々減少する。(元利均等の場合)

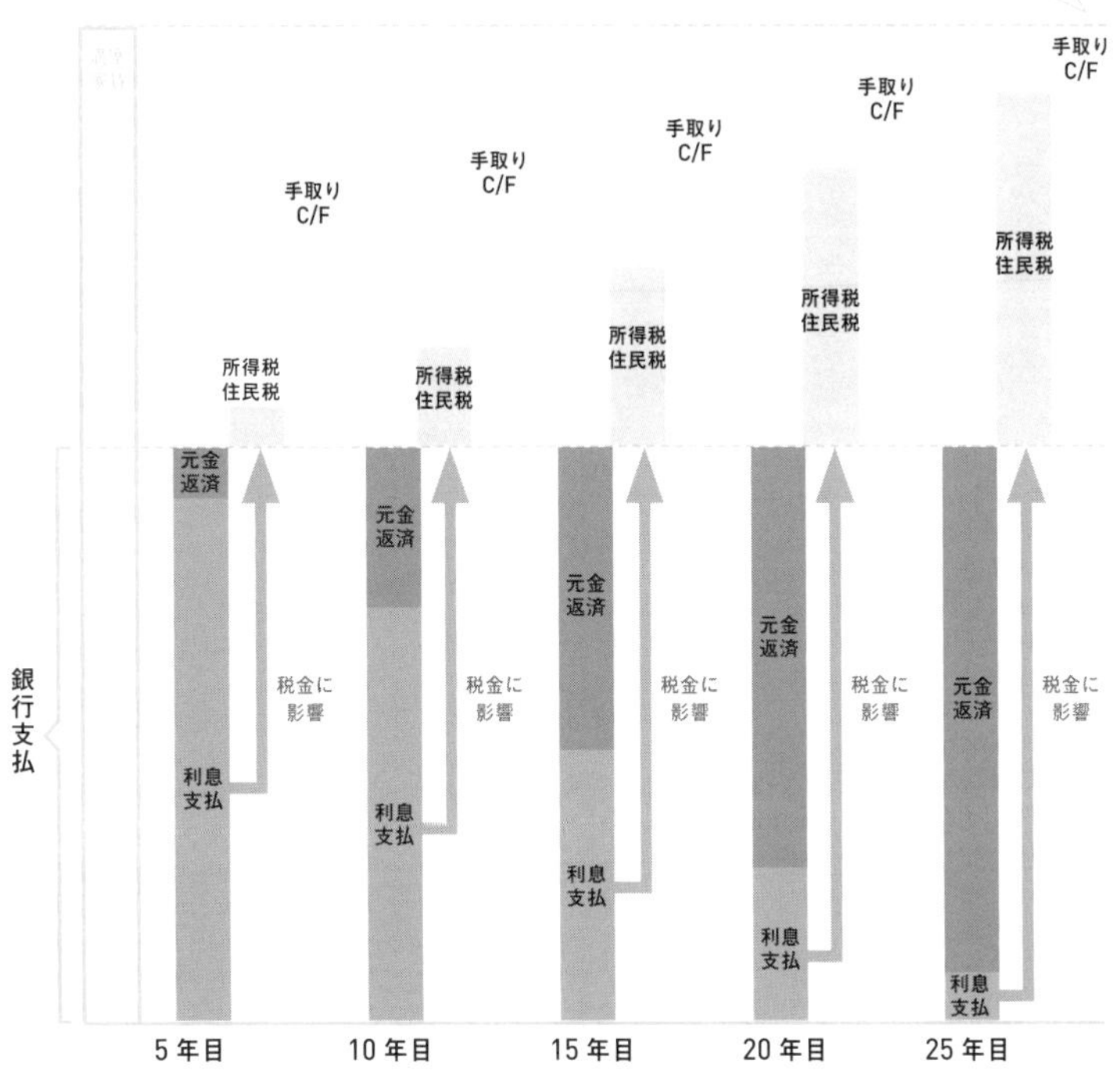

※その他の経費は省略

第４章のまとめ

◎不動産投資における「よい」物件とは、「割安な」物件のことである

◎不動産投資家は「銀行の目」「税務署の目」「お財布の目」の３つの目を持つべし

◎３つの目とはすなわち「B／S」「P／L」「C／F」のことである

◎購入前には長期シミュレーションの作成が不可欠

◎シミュレーションの元データは「マイソク」「路線価」「銀行融資条件」「自分の所得情報」の４つ

◎不動産投資ではC／Fは必ず年々自然減少するが、その理由は税金が増えるから

第 5 章

現地調査で
高める
物件目利き力

1 買う物件は必ず何度も見に行く

利回りや土地値などの定量分析を終え、数字的によいと思われる物件を絞り込んだら、次は実際に物件を訪れ、現地調査を行いましょう。

現地調査は大きく分けて「買付前」と「買付後」の2パターンがあります。この2パターンの現地調査はその目的や実行するアクションがまったく異なります。つまり、最低でも2回、できればそれ以上にたくさん現地調査を行わなくてはならないということです。

1 買付前の現地調査

まずは「買付前の現地調査」です。現地調査の目的は、ライバルを出し抜き、いち早く買付を入れる判断を行うためです。そのために必要とされるアクションは、**速攻で見に行くこと**および、**大きな問題がなければ速攻で買付を入れること**、というように素早さを最優先にしたものとなります。

素早さを最優先としますので、**見るのは最低限の外観のみ**です。大きなヒビワレや腐り、ゴミなどが散乱していないかなどぱっと見で判断できるところのみチェックします。

また、物件を見ている途中にその物件のお隣やご近所の方が通りかかったら、積極的に声をかけましょう。ご近所の方はその物件の住民や、以前のトラブルなどについて教えてくれることが多々あります。「この辺りは住みやすいですか?」「このアパートは夜中うるさくないですか?」というように一歩踏み込んで尋ねてみるとよいでしょう。

物件を見て大きな問題がなければ、速攻で買付を入れます。ちなみに本当によい（割安でお買い得）物件は一瞬で売れてしまうため、できるだけすぐに見に行く必要があります。仮に物件を見つけたのが平日だったとしたら、仕事帰りの深夜や翌日の仕事前の早朝などに時間をつくって見に行きましょう。

2 買付後の現地調査

次は「買付後の現地調査」です。買付を入れ、売主から受け付けてもらえたら、あらためて落ち着いて現地調査を行います。ここでは物件の状態や管理の状態、周辺環境を細かく見て、本当に買うべきか見極めることを目的とします。買付を入れた時点で、当然、買う意思はあります。しかし、万が一、物件に致命的な問題などを発見した場合、この時点であれば買付を取り下げることができるので、売買契約までにしっかりと確認しておきましょう。

買付後の現地調査は時間的に余裕がありますので、買付前に見られなかった時間のかかる調査を行います。例えば駅から物件まで歩いてみる、物件に空室があれば内見（室内を見ること）を行う、入居者が本当に住んでいるのか、各部屋のポストや窓などをじっくりと眺め生活感をチェックする等、売主に許可してもらい細かく調査を行いましょう。

可能であれば**昼、夜、平日、休日、晴れの日、雨の日といろいろなシチュエーションで見るのがよい**でしょう。雨天時には廊下に水たまりができるなど物件の排水処理について確認できたりしますので、天候次第ではありますが雨が降ったら「ラッキー！　物件調査日和だ」と認識してください。

このタイミングでは、**売主に質問することも念頭に入れて物件調査を行ってください**。例えば外部に何に使用されているか不明なボックスがある場合、現オーナーに質問する必要があります。売買契約時など売主と会えるタイミングに質問できると効率がよいため、現地調査であらかじめ質問すべき点を洗い出しておくのです。

あなたが不動産業者であれば何度も現地調査を行うことはＮＧです。しかし、あなたは不動産

取引の大まかな流れと見に行くタイミング

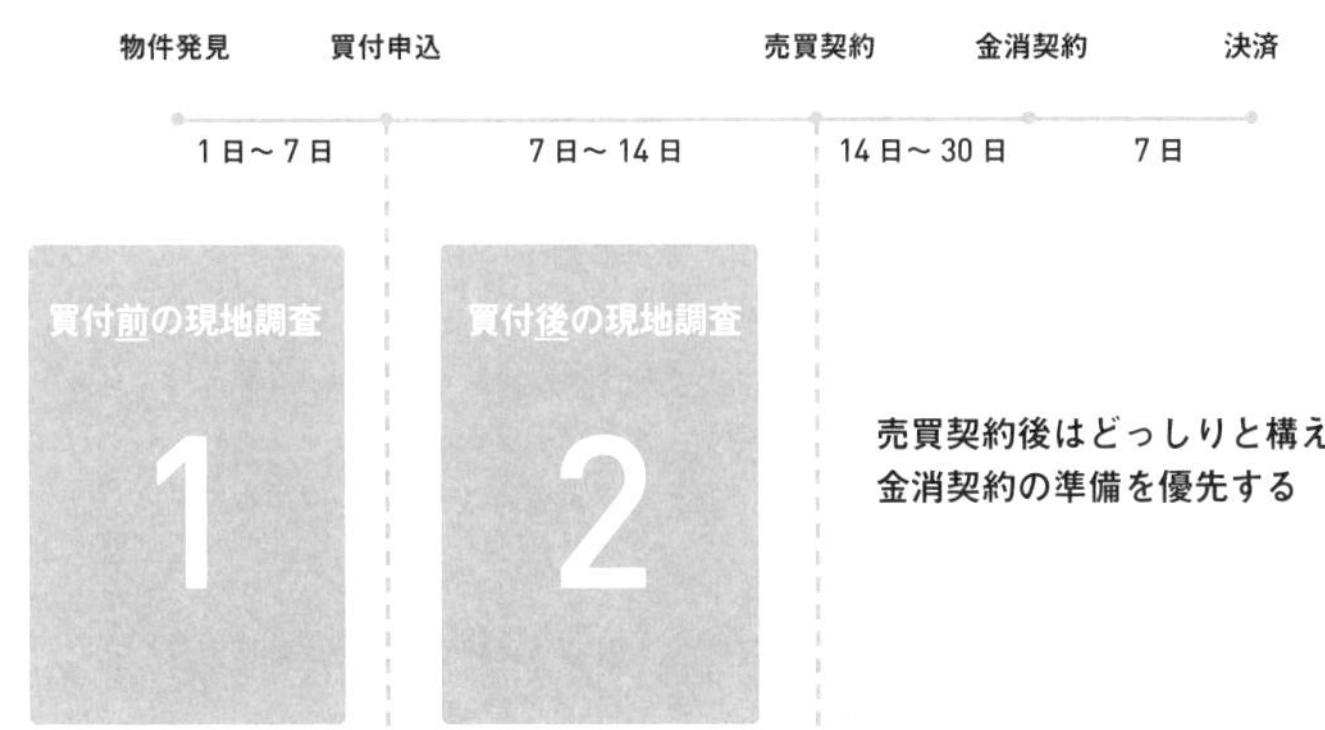

1. 買付前と、2. 買付後で目的やアクションが異なる

不動産投資家（とその卵）で、これから非常に高額な投資を行おうとするわけですから、慎重に何度も見ることが重要です。

どんな人でも高額なものを購入する時には慎重になります。例えば、高い自動車、高いアクセサリー、高い電化製品などを購入する時に、人はパンフレットを何度も見たり、店舗に何度も足を運んだり、インターネットの口コミで他社製品と比較したり、かなりの時間を費やすと思います。不動産投資物件も同じです。相当高額な投資になるわけですから、それらと同様に何度も足を運んで納得するまでしっかりと見極めるようにしましょう。

買付前の現地調査

見る目的	▶ ライバルを出し抜き、いち早く買付を入れるかどうか判断するため
アクション	▶ 速攻で見に行く ▶ 大きな問題がなければ、速攻で買付を入れる
見るポイント	▶ 定量分析をクリアしているのであれば必要最低限（外観だけ）でＯＫ ▶ 物件の状況、管理の状況、周辺環境をさっと見る ▶ お隣さんと話す機会があれば、積極的にヒアリングする
見に行く時間	▶ 物件を見つけたら平日でも、深夜、早朝などに速攻で見に行く

買付後の現地調査

見る目的	▶ 売買契約までに物件を見極める（本当に買ってよいか最終判断をする）
アクション	▶ 細かく何度も見る ▶ 情報に偽りがないか見る ▶ 売主への質問事項を念頭に入れながら見る
見るポイント	▶ 物件から駅まで歩いてみる ▶ 入居者が本当にいるのかどうか、窓辺やポストなどよく確かめる ▶ パッと見ではなんだかわからない設備がないか確かめる（質問事項） ▶ 内見できれば室内を見学する ▶ 水たまり、変な匂いがないかなど、五感を活かしてチェックする ▶ 隣地との標識（くい）などがあればチェックする
見に行く時間	▶ 昼、夜、平日、休日、晴れの日、雨の日、できるだけタイミングを変えて見に行く

2 現地で見るべき3つのポイント

現地調査では次の3つのポイントから物件を見ていきます。それは、①物件の状況、②管理の状況、③周辺環境です。この3つを合わせて**現地調査の視点**といいます。大規模マンション、小規模のアパート、一戸建など、物件の規模により多少異なりますが、どの物件もこれらの視点でチェックする必要があります。

1 物件の状況

物件の状況は、**物件がまだ使用可能か、それともボロボロで使用できないか見極めることを目的とします**。そのため外壁や鉄部分のサビ、防水塗装の状態などを見ることがメインとなります。また都市ガスかプロパンガスか、水道メーターは一括か個別か、エレベーターはあるのか等、購入後の経営にかかるコストに影響しそうな設備なども合わせてチェックします。

2 管理の状況

管理の状況は、入居者の素行および現オーナーによる管理レベルをチェックすることです。電気メーターの回転や新聞受けの目張りなどを見て、本当に入居しているのかのチェックを行います。売主側の提示するレントロール（家賃表）には満室と表記されていても、実際には人が住んでいなかったりすることがあるので自分の目で確かめる必要があるからです。

また、廊下などにゴミや大量の私物などがないか、ゴミ捨て場が清潔に保たれているか、外から見える窓ガラスにカビが発生していないか、異臭を感じないかなど五感をフルに使い入居者の素行を思い浮かべながらチェックします。

廊下などに私物やゴミがあると、賃貸の客付に悪影響を及ぼしますし、部屋の中がゴミ屋敷になっている入居者がいる場合、退去後の原状回復費用がかさんでしまうため、その費用を見込んでおかなくてはならないからです。

3 周辺の環境

周辺環境は、周辺の治安や駅までの道のり、スーパーのような生活に必要な施設の有無など、入居者にとって住みやすいかをチェックすることです。物件の前面道路は十分広くて自動車が入りやすいか、女性でも歩けるよう夜道は十分明るい照明があるか、家族向け物件であれば学校や公園は近いかなど、その物件のターゲット層に必要な施設の有無をチェックしていきます。

もちろんスーパーやコンビニは単身者向けでも家族向けでも重要な施設ですが、学校や公園の有無は単身者向け物件にはあまり関係がなく、家族向けのニーズに対してはプラスの影響があります。検討している物件の間取りがどういったニーズに対応しているのかを加味してチェックしてください。最寄りの駅から物件までを歩いている途中にどんな施設があるのか、地図を見ながら細かくチェックしていくとその町の様子がわかって大変面白いと思います。

現地で見るべき3つのポイント

現地調査の視点

1.物件の状況

建物の状態

・クラック、ヒビワレ
・水漏れ、水跡
・板・壁の破損、汚れ
・鉄部分のサビ
・階段・廊下の広さ、状態
・ペンキ塗装の状態
・防水塗装の状態

設備の状態

・ガス設備（都市ガスorプロパン）
・電気メーター
・水道メーター（一括か個別か）
・エレベーターの有無、状態
・洗濯機置場（外か内か）
・ベランダ、物干し竿の有無
・駐輪場、駐車場の有無、広さ
・共同ゴミ捨て場の有無、広さ

2.管理の状況

入居者の状況

・電気メーターの回転によるチェック
・郵便受けに名前があるか
・新聞受けに目張りがあるか
・近所からのクレームはないか

清潔さの状態

・清掃は行き届いているか
・共用部に大量の私物がないか
・ゴミ捨て場は清潔に保たれているか
・窓ガラスに割れはないか
・自転車は雑然と置かれていないか
・異音・異臭を出していないか
・草木の状況
・水たまりはできていないか

3.周辺環境

物件の周囲

・道路との間口は十分か
・道路は広いか
・夜間でも道路は明るいか
・自然環境はどうか

周辺の施設

・駅までの距離
・スーパー、コンビニまでの距離
・学校、公園までの距離
・駐車場までの距離
・墓・火葬場・○○事務所がないか

ハザード関連

・河川からの距離、海抜m
・傾斜地、ガケ、埋立地
・救急車両が通れる道幅か
・交番は近くにあるか

3 現地調査とは〝写真撮影〟のことだ

1 写真は5W1Hで撮ろう

現地調査とは、言い換えると「写真撮影」です。前節では現地調査で見るべきポイントを説明しました。しかし、現地調査のポイントは多岐にわたるため、それらすべてを頭に入れてチェックするのはかなり難しいと思います。そのため、もっと簡単な方法で現地調査を行います。その方法こそが写真撮影なのです。現地を漠然と見てくるのではなく、**しっかりと目的を意識して写真を撮影してくることこそ、現地調査の極意**といえます。

1-1 写真を撮る3つのメリット

写真撮影のメリットは、主に3つあります。1つめは**記録が正確**だということです。プロの投資家になればなるほど、一日や一週間で見る物件の数は増えてきます。一日にいくつもの物件を見ると、最初に見た物件とその後に見た物件の記憶が混ぜこぜになってしまいます。それを防止するという点で写真ほど簡単で確実なものはないのです。

メリットの2つめは、**資料として提出できる**ということです。例えば銀行に物件資料として写真を求められた場合、写真が手元にあればすぐに提出ができます。もし、写真を撮っていなかった場合、不動産業者に連絡して送ってもらったり、後日、自分自身で撮りに行かなくてはならず、銀行の審査がそのぶんだけ遅れてしまうことになります。

そして写真撮影の最大のメリットといえるのが、**フレーム（枠）で切り取る**ことです。趣味で絵画や写真を行っている方であれば、フレーム、構図の大切さをご存じかもしれませんが、一般的にはなかなか意識しないと思います。次の図のような景色がある時に、漠然と全体を見てしまうと大きな「〇」や小さな「〇」、大きな「△」や小さな「△」のどこを見てよいのかわからなくなります。一方、このようにフレームで切り取ると「〇」が重要であることが一目瞭然になります。つまり、写真を撮るという行為は物件全体のうち、どこが大切な情報なのかを意識的に把握していく訓練になるのです。これが写真を撮るメリットであり、現地調査＝写真撮影という理由です。

写真撮影のメリット

記録が正確なこと	資料として 提出できること	フレーム（枠） で切り取ること

フレーム（枠）で切り取ることのメリット

漠然と全体を見ていると「○」や「△」のどれが重要かわからなくなる

フレームで切り取ることで「○」が重要であることが一目瞭然になる

１－② ５Ｗ１Ｈで撮るからわかること

ではどのように撮れば、意識的に重要な部分の写真撮影を行うことができるのでしょうか。そのヒントは「写真は〝５Ｗ１Ｈ〟で撮る」ということです。

５Ｗ１Ｈは中学英語で学んだ、「ＷＨＥＮ（いつ）」「ＷＨＥＲＥ（どこで）」「ＷＨＹ（なぜ）」「ＷＨＯ（誰に）」「ＷＨＡＴ（何を）」「ＨＯＷ（どのように）」の頭文字をとったものです。何かを伝える際にはこの５Ｗ１Ｈを意識して伝えると、もれなく必要な情報を伝えられるということでビジネススキルとしてご存じの方も多いと思います。

この５Ｗ１Ｈですが、実は写真でも同様に使うことができます。何かを誰かに伝えるために用いるという点では文字情報でも写真のような画像情報でも同様です。

そのため現地調査として写真撮影を行う時には、必ず「誰に」「何を」「どのように」伝えるかを意識する必要があるのです。

誰に何を伝えるかということについては、その写真を誰に見せながら何をその人に説明したいかをイメージするとわかりやすいと思います。

左下の例①では、「銀行に」「物件の前面道路の状況を」「添付資料として提出するために」撮っ

写真は5W1Hで撮る

無意識に撮った場合

漠然と撮影すると何に使うか不明、必要な情報が撮れていない写真になる

5W1Hで撮るメリット

誰に、何を説明するために撮ったかわかる…後の活用法が見えている
→必要な情報が撮れている

5W1Hで撮ることの例

	誰に	何を	どのように　なぜ
1	銀行に	物件の前面道路の状態を	添付資料として提出するために
2	自分に	物件のプロパンガス設備を	思い出させるために
3	自分に	物件の鉄部分のリビ状況を	思い出させるために
4	配偶者に	物件のきれいな見た目を	伝え、安心させるために

➡ **大半は、自分に思い出させるため**

➡ **現地で見落としていても、後々写真で確認できるようにする**

た写真であることがわかります。また例②と例③は「自分に」「思い出させるために」撮ったということがわかります。そして例④では物件購入に反対する「配偶者に」「物件のきれいな見た目を」「伝え、安心させるため」というように、パートナーを納得させる材料として撮ったということがわかります。このように写真はその撮ったものを、**後々どのように使うかを意識しながら撮影することが重要**です。

プロパンガスのボンベを撮影しておくことで、この物件が都市ガスだったかプロパンガスだったかを思い出すことができます。サビの状況を撮影しておけば、サビがどの程度ひどかったのか、修繕にいくらかかるのかなどを想定する材料となります。

最初から完全にすべてのチェックポイントを撮影することは難しいかもしれませんが、このように５Ｗ１Ｈで撮影をし続けていると、誰でも自然と現地調査のチェックポイントがカバーできるようになりますので非常に効果的な訓練方法です。

2　現地で撮るべき5つのポイント

５Ｗ１Ｈの心構えができたら次は実際に物件写真を撮っていきます。具体的には次の５つのポイントを５Ｗ１Ｈで誰かに伝えることを目標とします。

【撮るべきポイント】
①全体を伝える
②境界を伝える
③共用部を伝える
④設備状況を伝える
⑤物件の状態を伝える

それでは１つひとつ見ていきましょう。

２－①　全体を伝える

１つめは全体を伝えることを目的とします。具体的な撮影箇所は物件の外観および前面道路などになります。

この目的の多くは「自分自身に物件の造りや外観イメージを思い出させるため」のものです。物

全体を伝える　～物件の外観、前面道路～

外観（左から）

外観（右から）

前面道路

5W1Hの例

誰に	何を	どのように　なぜ
自分に	物件が茶色のタイル張りであることを	思い出させるため
自分に	階段などの外観イメージを	思い出させるため
銀行に	物件の前面道路の状況を	資料として提出するため

件の左右から、あるいは裏側からできる限り撮影します。外観の色や素材、見た目から受ける印象（お洒落か古臭いか、男性が好みそうか女性が好みそうか）などを詳細に思い出せるように写真を撮影してください。

外観のイメージは入居募集の有利不利や、外壁の補修コストを想定する時に重要な材料となりますので、自分自身のあいまいな記憶ではなく写真として記録してください。

また前面道路の写真については、意識して撮るように心がけてください。銀行などの金融機関は物件の前面道路との関係を重視しますので、その写真はそのまま添付資料として提出することができるからです。

2―(2) 境界を伝える

2つめは境界です。道路側から見て物件の左右に境界があれば、その部分もしっかりと撮影しておきます。古い物件では境界がない場合もありますが、その場合は〝境界がない〟ということを記録します。

通常、境界の有無に関しては仲介を行う不動産業者が確認してくれますが、それに先んじて自分の目で確かめられることは確かめておきます。

境界を伝える

左側境界

右側境界

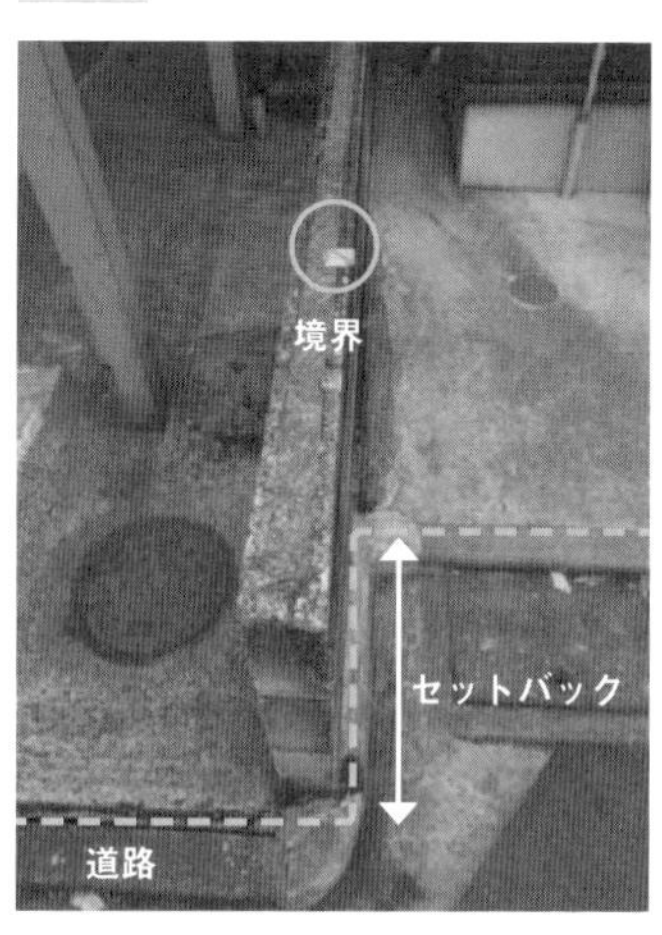

5W1Hの例

誰に	何を	どのように　なぜ
銀行に	前面の境界があることを	説明するため
自分に	左右の境界線を	思い出させるため
自分に	セットバックされていないことを	思い出させるため

この境界の写真は、銀行がお隣さんとの境界確定を求めてくる場合に説明資料として用いるだけでなく、様々な情報を読みとることができます。例えば写真のように境界が少し引っ込んでいるということは、お隣さんはセットバックが済んでいるが、物件自体はセットバックされていないことが読みとれます。複数の写真を組み合わせてセットバックの面積を推計することも可能となるため、とても有用です。

2-(3) 共用部を伝える

３つめは共用部です。具体的には廊下や庭などです。これらの写真からも様々な情報を読みとることができます。

例えば「廊下１」の写真（１９６ページ）で、廊下に洗濯機が置かれているということは、室内には洗濯機置き場がないことを意味します。洗濯機置き場が外ということは、想定されるターゲット入居者は男性が中心になりますので、その物件の立地や設備が男性のニーズに合致しているのかなどの検討が必要になります。

廊下にゴミが散らかっていないかは現状の管理状況を把握することを意味します。「廊下２」の写真では、手前の柱にほうきとちりとりが吊り下げられており清掃が行き届いていることがわか

共用部を伝える　〜廊下、庭など〜

廊下1

廊下2

庭

5W1Hの例

誰に	何を	どのように　なぜ
自分に	廊下に洗濯機があることを	思い出させるため
自分に	廊下の清掃が行き届いていることを	思い出させるため
自分に	子供用の自転車があることを	思い出させるため
自分に	雑草が生えていることを	思い出させるため

ります。

「庭」の写真からもいろいろな情報が読みとれます。一番わかりやすいのが手前に子供用の自転車が置かれていることです。サイズ的には小学校高学年から中学生くらいの自転車なので、入居者の中に子供がいることがわかります。実際この物件の一部は家族向けの部屋があるため、そこの住民であることが予測されます。

また「庭」や「廊下2」には雑草が生えていることが見てとれます。これを放置すると夏場に雑草が生い茂ることが予想できます。そのため定期的に除草をしなくてはならず、そのコストを見込んでおかなくてはならないということがわかるのです。

このように、現状を理解するだけでなく将来かかるコスト等の予測ができるよう、共用部の写真はできるだけたくさん撮影してください。

2-(4) 設備状況を伝える

4つめは設備状況です。設備とは、ゴミ捨て場や自転車置き場、給湯器やプロパンガスなどのガス設備などです。

物件に専用のごみ捨て場が備わっているのか、それはむき出しのものなのかボックスが設置されているのか、ゴミの収集日にはどのような状態になっているのかを確認します。これも入居者の満足度や物件の清掃コストなどに影響しますので押さえておきたいところです。また同様に自転車置き場があるのか、ないのかなども重要です。駅から遠い物件などは自転車置き場がある方が入居募集に有利になりますので、事前にチェックしておかなくてはなりません。特に自転車置き場がなくて路駐している場合などは、近隣住民との間でトラブルを抱えていないかのチェックも必要になります。

設備状況を伝える

ゴミ捨て場

自転車置き場

給湯器

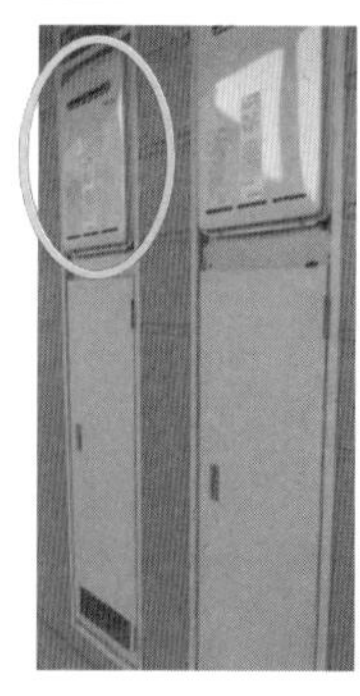

プロパンガスボンベ

5W1Hの例

誰に	何を	どのように　なぜ
自分に	ゴミ捨て場の状態を	思い出させるため
自分に	自転車置き場の状態を	思い出させるため
自分に	給湯器の状況を	思い出させるため
自分に	プロパンガスかどうかを	思い出させるため

また各部屋についている給湯器も写真におさめておきます。給湯器自体の年式が新しいかどうかはそのまま今後の修繕コストの推計につながる情報です。特に古いタイプ（バランス釜）の給湯器がついている場合、若い人に敬遠される可能性もありますのでリフォームの際に交換することも念頭に入れてコスト計算をします。

　プロパンガスのボンベがある場合も必ず写真に撮ってください。地域によりどちらがよいということはありませんが、その物件がプロパンガスなのか都市ガスなのかにより、ガス設備の維持コストが変わってくるため物件の運営コストを見積もる材料となるからです。

2－⑸　物件の状態を伝える

５つめは物件の状態です。初心者の多くが中古物件で気にするポイントがここだと思います。具体的には、階段の裏側、鉄部分のサビ、外壁塗装の状況、ヒビワレなどを撮影します。

階段や柱などの鉄部分については、サビが発生するため、そのサビが表面的なものなのかをチェックします。サビを落として塗装するだけであれば修繕コストはあまりかかりませんが、大きな穴があいている場合などは、修繕コストが高くつくこともありますので、事前に見極めておかなくてはなりません。

外壁塗装は指先で触れて粉がつくか（チョーキング）をチェックするとわかりやすいと思います。もちろん粉がついたからといってすぐにだめになるわけではありません。どれくらい持ちそうかということを把握し、再塗装をするタイミングやその時のコストを加味して物件の購入検討をする材料とするのです。

物件の外壁にヒビワレ（クラック）がある場合は必ず写真におさめます。ヒビワレが大きいのか

物件の状態を伝える

階段の裏側

鉄部分

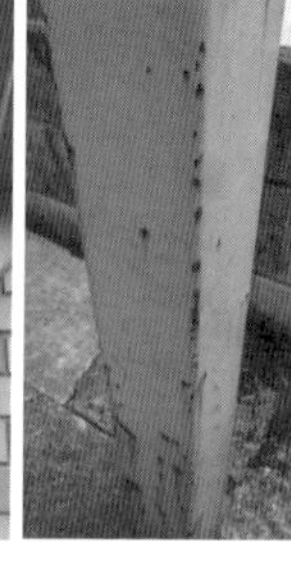

外壁の塗装

ヒビワレ部分

5W1Hの例

誰に	何を	どのように　なぜ
自分に	さびの進行具合を	思い出させるため
自分に	外壁がどれくらい大丈夫か	思い出させるため
自分に	修繕がどれくらいかかりそうか	検討させるため

小さいのか、どの位置にどれくらいの大きさで発生しているのかわかるように写真を撮ります。

その位置にあるヒビワレを放置した場合、どのような影響があるのか、修繕にはいくらくらいかかりそうか、そもそも致命的なヒビワレなのかの検討をする材料とします。判断が難しいとは思いますが、建物全体に斜めに大きな亀裂が入っていたり、ヒビワレを放置し雨に侵食されているような場合は購入検討対象から外す判断を行います。中古物件を購入する際、ヒビワレがまったくないということは難しいと思います。完璧な診断をすることはコスト的にも時間的にも不可能ですから、自分自身の目で見極める力をつけてください。初心者の方は不安に思うかもしれませんが、この５Ｗ１Ｈでの物件撮影を大量に行って場数をこなせば自然と身についてきますので頑張って物件調査（物件撮影）をしてください。

3　情報量を多く撮ると何が読みとれるのか

１枚の写真には実に様々な情報が含まれています。例えば２０３ページの写真のように何気なく廊下を撮影した写真からもたくさんの情報を読みとることが可能です。重要なのはただ漠然と写真を見るのではなく、特に「入居」や「コスト」の観点から写真の中の情報を読みとることです。

例えば、この写真は５Ｗ１Ｈを意識して、洗濯機が外にあることを思い出させるために撮影したものなので、①のように目立つ位置に洗濯機が映っています。ただそれだけの写真で終わらず、この洗濯機の周囲をよく観察してください。真ん中の部屋（奥の方の①）には洗濯機がないことがわかります。これは真ん中の部屋に入居者が住んでいるのかチェックが必要になるということを意味します。このように撮影時にもともと意図していない部分も読みとることができるのが写真のよいところです。

それ以外にも読みとれる情報は多数あります。

例えば電灯についてです。②はドア上の電灯です。ドア上の電灯は入居者が室内から点灯するためあまり使われることがなく「入居」ニーズにほとんど影響のない設備です。それに対して③の共用部の電灯は夜間に自動で点灯するため入居者の満足度を上げるだけでなく、夜間の内見時に役立ち「入居」ニーズにプラスの影響を与えます。ただし、共用部の電灯はプラスチックのカバーに覆われているため蛍光灯の交換には一手間がかかる点で「コスト」を上げるといえます。

④はバランス釜の煙突です。これは古いタイプの給湯器が未だに使われていることを意味します。つまり、入居付けにマイナスで、交換する場合はコストもかかるため「入居」にも「コスト」にも影響を与える情報です。

⑤はドアが金属製であることを思い出させてくれます。この金属製のドアがカッコいいか、カッコ悪いかは見る人の感性によりますが、「入居」に影響する可能性があります。

⑥は窓枠です。この建物の場合、窓枠が木製のため、将来的にアルミサッシに交換するなどの可能性が見えてきます。つまり将来的なコストが見えてくるということです。

このようにもともと意図した5W1Hの目的だけでなく、様々な情報を読みとることができるのが優れた物件写真なのです。では次に、このような写真を撮るコツをご紹介します。

1枚の写真からどれだけ多くの情報を読みとることができるか（例）

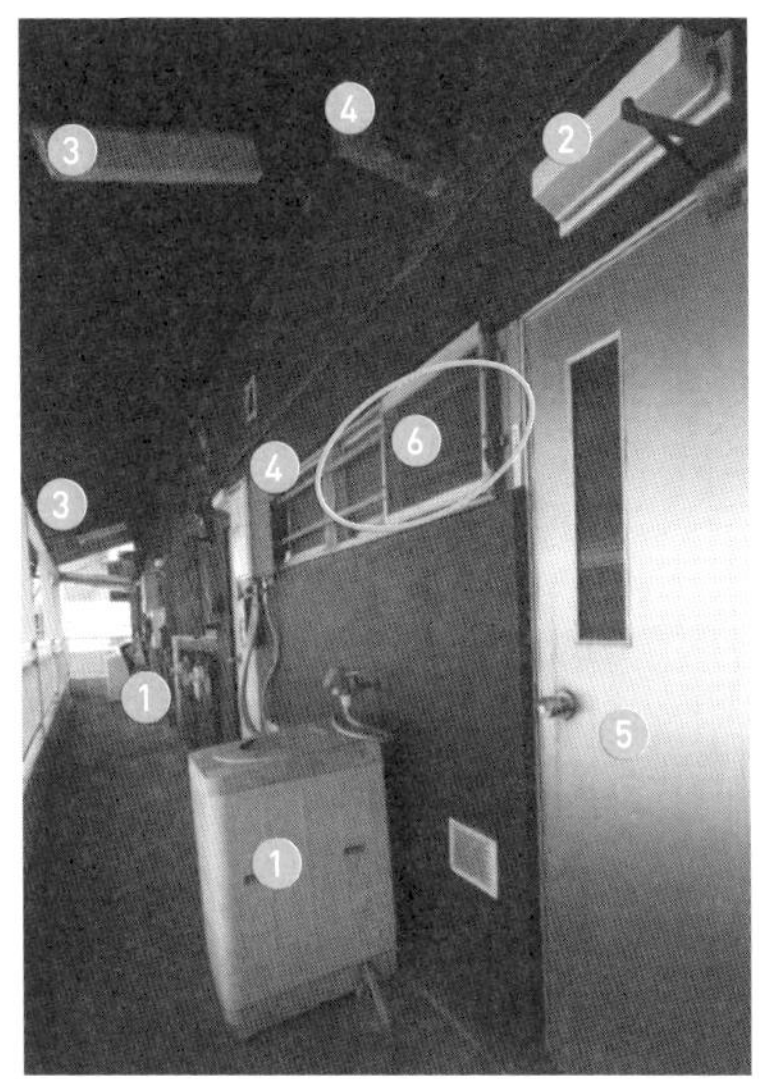

読みとることのできる情報の例

①からわかること
- 洗濯機は外であること　入居
- 真ん中の部屋には洗濯機がない　入居

②からわかること
- ドア上の電灯は各個人の契約、つまりあまり使われない　入居

③からわかること
- 共用部の電灯は2か所→夜も明るい　入居
- カバーを外して交換するので少し面倒　コスト

④からわかること
- 一番手前はバランス釜　入居　コスト
- 奥の部屋は新しい給湯器が入っている　入居

⑤からわかること
- 手前の部屋のドアが金属製に変更されている　入居

⑥からわかること
- 窓枠が「木」、将来アルミサッシに交換する可能性　コスト

4　効率よく撮るコツとＮＧポイント

4-(1) 超広角レンズで後ろに下がって撮る

写真を撮影する際には、情報量を多く撮ることを心がけましょう。そのためのコツは、**「できるだけ超広角レンズで撮る」**ことと**「できるだけ後ろに下がって撮る」**ことの2つです。

「広角レンズ」とは、その名の通り「広く」撮れるレンズのことです。どれくらい広く撮影できるかはレンズやカメラに「広角○○ミリ」と記載がされた数字を参照してください。この数字が小さいほど「広く」撮れるため、できるだけ小さな数字のものを選ぶのがよいでしょう。

この「広角レンズ」によってどれくらい情報量が変わるのかを次のページの写真で表していきます。一般的なスマホカメラの広角レンズは「28ミリ」くらいですが、図の左側の写真がそれにあたります。一方で右側の写真は超広角レンズの「19ミリ」で同じ部屋を同じように撮影したものです。

左側の写真にはなかった「ホワイトボード」やその下にある「本棚」、「エアコン」や「床のフ

情報量の多い写真を撮るコツ

スマホカメラ（28ミリ）

情報量が全く違う

超広角レンズ（19ミリ）

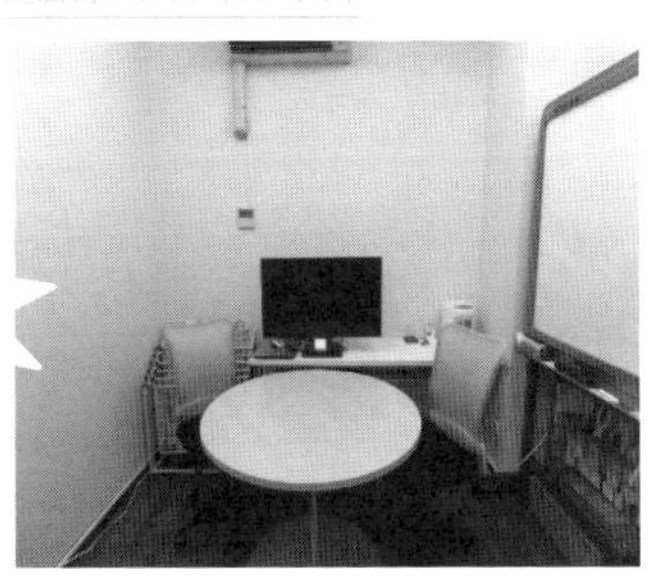

できるだけ超広角レンズで撮る・できるだけ後ろに下がって撮る

ローリング」などの情報が右側の写真にはしっかりと映っていることがわかると思います。つまり、同じように撮影しても超広角レンズの方が情報量を多く撮ることができるということなのです。

　これは超広角のレンズやカメラ、ワイドコンバーターを買えば誰でも撮影できるという意味で非常に簡単に身につけることができる手法です。

　超広角のレンズ等を買うことができない場合は、後ろに下がって撮影しても同様の効果を得ることができます。しかし、物件撮影の場合、廊下や物件の前面道路などの幅が不足してそれほど後ろに下がれないことも多いため、できることなら入手した方がよいでしょう。

4-② 写真撮影は流れるように

写真撮影は流れるように行います。物件調査時に5W1Hを意識し撮影する一番の目的は、自分に物件の様々な情報を思い出させることです。そして、自分自身の脳に物件の記憶を想起させるために最適な撮影法が「流れるように」というものなのです。

「流れるように」とは、物件写真を撮る時に**撮影の順番を意識する**ということです。具体的には、物件の「外→中」「1階→2階」というように、順番に撮影していきます。まずは物件の外観や道路付け、自転車置き場やゴミ捨て場など物件の外側を一通り撮影し、その後、廊下、階段などの中を撮影し、2階に移るという具合です。

こうすることで、後々物件写真を見ている時に、外側から順番に物件を歩いているイメージを脳内に描くことができます。

物件を漠然と見て、思い出したかのように写真を撮るのではなく、**まずは物件の外側を撮り、外側に関する写真を撮り終わったら内側の写真を撮るというルールを設けて撮影してください**。室内を撮影する際も、入口のドアを撮り、足元の玄関を撮り、それから内側に進んでいきます。必ず外から中へを意識してください。

写真撮影は流れるように

また、「全体→部分」の撮影も意識します。例えば「廊下全体を撮影し、その後アップで手前にある洗濯機を撮影する」「壁全体を撮影し、アップでヒビワレを撮影する」というように、全体の中でどの位置にあるのかがわかる写真とセットで撮ることが重要です。廊下全体を撮ることで、洗濯機だけでなく様々な周辺情報が読みとれる写真を得られますし、壁全体のどの辺にヒビワレがあったのかを思い出すことができるからです。

このように物件写真は流れるように撮るということが、効率よく物件写真を撮るコツなのです。

最後に、写真撮影時にNGな行為についても言及します。

まず大前提ですが、賃貸物件にはそこで生活する入居者がいます。写真撮影時に大きな声で電話したり、バタバタと足音を立てて騒いだりすると入居者に迷惑がかかりますので絶対にいけません。同様にカメラのシャッター音もパシャパシャとうるさいので、できれば消音で撮影することをおすすめします。スマホではシャッター音を消すことができないため、コンパクトデジカメなどシャッター音を消すことができる撮影機材を用いる方がよいでしょう。

また、物件撮影の際には不法侵入をしないようにしてください。事前に許可をとっていたとしても、入居者の専用庭などプライベートな空間に侵入してはいけません。あくまで外から見える範囲内にとどめておきましょう。

入居者のプライベートエリアに物件の破損箇所など気になる部分がある場合は、自分で撮影しようとはせずに不動産業者に詳細を確認するようにしてください。

物件調査を行う際にはしっかりとマナーを守ってください。

写真撮影のまとめとNGポイント

写真撮影まとめ

- **写真は５Ｗ１Ｈで撮る（使用目的を意識して撮る）**
- **情報量をできるだけ多く撮るクセを付ける（超広角、後退する）**
- **流れるように撮るクセを付ける**

NGポイント

- **うるさくして入居者に迷惑をかけない**
- **カメラのシャッター音に気を使う**
- **不法侵入をしない**

4 アピールできる買付証明書の書き方

物件調査が一通り終わり、シミュレーションもOK、物件調査もOKという段階になったら、次は速攻で買付申込を行いましょう。

買付申込とは「この物件をXXX円で購入したいです」と表明することです。一般的には不動産業者が準備した申込の書類に住所、氏名、購入希望金額、手付金の額を記載して、先方の不動産業者にFAXしてもらいます。

買付申込の書類は、買付証明書などと呼ばれ、フォーマットは不動産業者により様々なものがあります。売主側の不動産業者は、買付証明書のFAXを受け取ると、それを印刷して売主に渡します。人気物件の場合、複数の人から買付証明書が届くことがあります。その場合は、その中から売主が契約したいと思う人を一人選びます。

ここでは、そのような場合に、複数の人の中からあなたが選ばれる確率を増やすための「アピールできる買付の書き方」について解説したいと思います。

アピールできる買付証明書の書き方

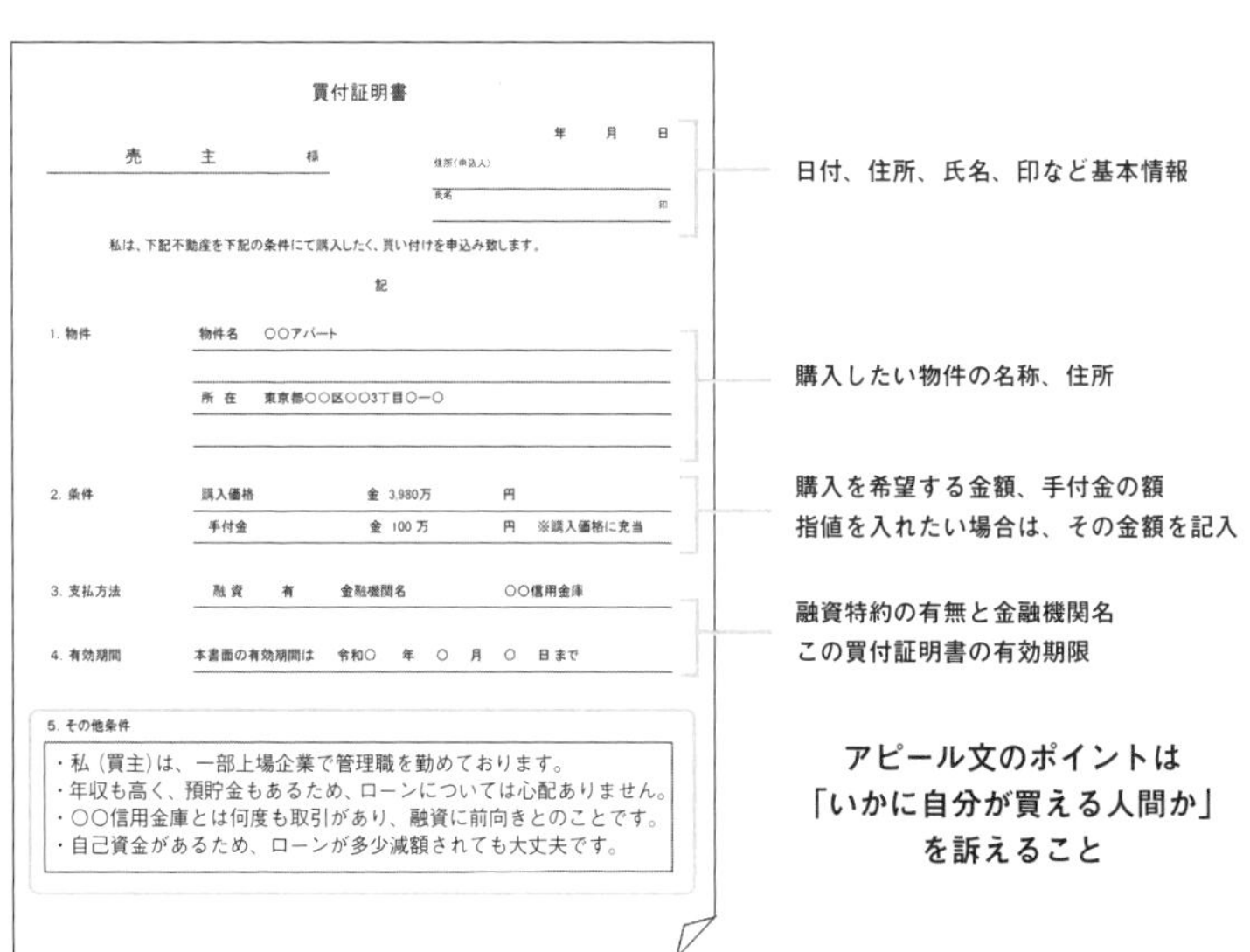

買付証明書

年　月　日

売　主　様

住所（申込人）

氏名　印

私は、下記不動産を下記の条件にて購入したく、買い付けを申込み致します。

記

1. 物件　物件名　〇〇アパート
所在　東京都〇〇区〇〇3丁目〇—〇

2. 条件　購入価格　金 3,980万　円
手付金　金 100 万　円　※購入価格に充当

3. 支払方法　融資　有　金融機関名　〇〇信用金庫

4. 有効期間　本書面の有効期間は　令和〇　年　〇　月　〇　日まで

5. その他条件

・私（買主）は、一部上場企業で管理職を勤めております。
・年収も高く、預貯金もあるため、ローンについては心配ありません。
・〇〇信用金庫とは何度も取引があり、融資に前向きとのことです。
・自己資金があるため、ローンが多少減額されても大丈夫です。

上の図は買付証明書の例です。右上には買主の住所、氏名、印鑑などを記入する欄があります。また、真ん中にはこの物件の住所と名称、買付の希望金額と手付金の額およびこの買付の有効期間、融資特約の有無と使用する金融機関などを記載する欄があります。

融資特約とは、融資が通らなかった場合には購入できないため契約をやめ、手付金を返してもらう特別な約束という意味です。不動産は一般的に融資を用いて購入しますので、基本的に融資特約を設定します。融資を依頼する金融機関が決まっている場合には、買付証明書に金融機関

名などを書くとよりよい印象を売主に与えることができます。

そして最も大切なのがその他条件の欄に記載しているアピール文です。**アピール文のポイントは「いかに自分が買える人間か」を訴えること**です。

「買える人間」とは、例えば現金で即決で購入できる人や、必ずローンが通り物件を購入できる人のことを意味します。反対に「買えない人間」とは、頭金もなくローンも通らないような人のことです。

売主の立場になって、複数枚の買付証明書が手元に届いた時にどの人を選ぶかを考えると、必然的に答えがわかると思います。すなわち、購入希望金額が同じであれば、買える人を選ぶのです。

「買える人間」の中でも最強なのが「現金買い」の人です。融資を使わず、手元の現金で買ってくれるため、売主からすれば絶対に売れる安心感があります。また融資審査などがないため、極端にいえば一日で取引を終了させることも可能です。このような「現金買い」の人がライバルにいる場合は、あきらめるしかないでしょう。

ただライバルも融資を用いる場合はこのアピール文によりあなたの買付が有利になる可能性があります。具体的にアピール文の例を見ていきましょう。まずアピール文の1行目では「一部上場企業」「管理職」という自分自身の職業について説明しています。有名企業や医師、弁護士など社会的地位のある職業に就いている場合はしっかりとアピールします。次に2行目では「年収」「預貯金」「ローンは心配ない」というように、ローンが出るということを強調する内容となります。加えてすでに金融機関と取引実績がある場合は、金融機関の担当者に事前に話を通しておき「融資に前向き」ならばその旨も記載してアピールします。

最後に、ダメ押しとして4行目には「自己資金」があるので「ローンが多少減額されても大丈夫」という、買える人であることをアピールする文を入れます。

このように、売主にとってこの買主はしっかりとした職業に就いており、預貯金もあり、金融機関とも取引実績があり、多少ローンが減額されても購入してくれる「買える人間」であることを示すことが大切です。

なお、人によっては「大切にします」などといった情に訴えるアピール文を書くこともありますが、これはあまりおすすめできません。

情に訴えるアピールは相手がそこに長年住んでいた戸建物件などでは有効な場合もありますが、アパートなどの投資物件ではほとんど意味がないからです。

アパートなどの投資物件の売主はほとんどの場合は投資家です。投資家である売主は情に訴える買主ではなく、しっかりと買ってくれる買主を求めているのです。

第５章のまとめ

◎買付前の現地調査の目的は速攻で買付を入れるため

◎買付後の現地調査の目的は致命的な問題を契約前に発見するため

◎買付後の物件調査はいろいろなシチュエーションで（昼・夜・平日・休日・晴れの日・雨の日）

◎現地調査は「写真撮影」＝写真は５Ｗ１Ｈで撮る（後々の活用法を意識して撮る）

◎情報量を多く撮るコツは、できるだけ下がって撮る、超広角レンズで撮る

◎買付証明書は、自分が買える人間であることをしっかりとアピールする

第6章

金融機関探しから始まる一流投資家への道

1 金融機関の種類と特徴

融資を制する者が不動産投資を制するといわれるように、不動産投資と切っても切れない関係にあるのが金融機関です。

金融機関の代表といえば〝銀行〟ですが、日本にはそれ以外にも様々な金融機関が存在します。どの金融機関もお金を貸してくれるという点では同じですが、それぞれ性質が異なるため、どのようにお付き合いすればよいかを理解することが必要です。

ここでは不動産投資のパートナーたる金融機関について説明していきます。

不動産投資でお世話になる金融機関は図のように大きく4つに分けることができます。都銀（都市銀行）、地銀（地方銀行）、信金・信組（信用金庫・信用組合）、ノンバンクの4種類です。

都銀とは「三菱ＵＦＪ銀行」「三井住友銀行」「みずほ銀行」の3行のことをいいます。地方在住だとあまりなじみがありませんが、日本全国に支店があり融資範囲も日本全国と広範囲です。そのため地方在住で東京の物件に融資を付けたい時は都銀に依頼する必要があります。ただし、都

金融機関の種類と融資範囲

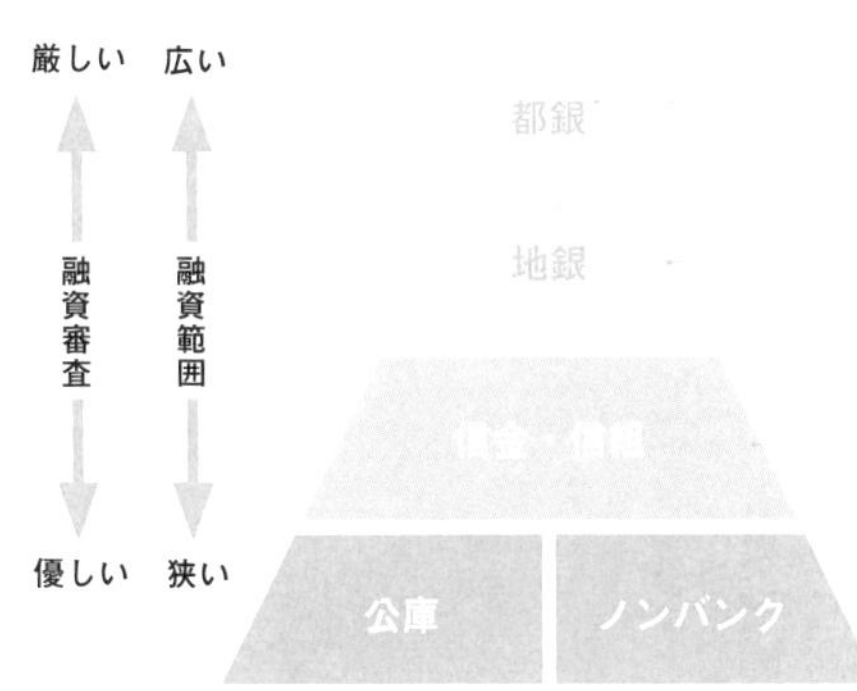

銀は融資範囲が広く便利な反面、融資審査が厳しいという特徴もあります。年収や預貯金の額がそれなりに高くないと融資を受けることができないのです。そのため平均的な年収のサラリーマンが最初に門をたたくにはハードルがあります。

それに対し、次に挙げる地銀と信金・信組、ノンバンクについては融資のハードルがぐっと下がります。地銀はその県の名前を冠されている銀行を代表にその県内で多数の支店を持つ銀行です。融資エリアはその県内を中心に隣県くらいまでと狭くなりますが、融資審査は都銀よりもかなり優しく、求められる年収や預金額はサラリーマンでも部課長クラスになれば手の届く範囲となっています。

信金・信組はさらに融資範囲が狭く、市内、区内といった限定的なエリアとなります。そのエリアに居住もしくは勤務先があれば口座を作ることができますが、それ以外には融資どころか口座を作ることもできないため、信金・信組と取引のある方は少ないと思います。信金・信組は地域に根差した金融機関なので融資範囲は狭いけれど、そのぶん融通が利くのがよい点です。年収基準などはあまりなく、長年かけて担当者としっかりとした人間関係を築くことで融資の条件が向上していくため、長いお付き合いを心がけましょう。

ノンバンクとは読んで字のごとく〝銀行ではない〟金融機関です。銀行のようにお金を預けたりはできませんが、お金を貸してくれるところです。ノンバンクは銀行や信金・信組よりも金利が高いという特徴がありますが、融資範囲や融資審査に融通が利くため、不動産投資家としてお世話になっている人は多いと思います。前述の「建蔽率・容積率オーバー」など銀行や信金・信組が融資をしない物件でも融資してくれるため、高金利をカバーできるくらいよい物件を持ち込んで借り入れをするのがポイントとなってきます。融資に際し年収基準などが厳しくないため、銀行ではローンが組めない人でも融資をしてもらえる可能性があるという点でありがたい金融機関といえます。

最後に前述の４つに加え、政府系金融機関として公庫（日本政策金融公庫）にも言及しておきます。公庫は中小企業や個人事業向けに低金利で融資をしてくれる金融機関です。政府系のため一般の銀行よりも融資条件は優しく、一時期は不動産投資でローンを組まれた方も少なくありません。

ただ、昨今の融資引き締めにより不動産投資に対するローン額や融資期間が縮小していることで、物件購入資金としての借り入れは難しくなっています。しかし、低金利で10年程度の借り入れであれば今でも可能なため、リフォームなどで少額のローンを依頼するのがよいでしょう。

2 金融機関を探す3つのステップ

不動産投資に融資をしてくれる金融機関を探すには3つのステップがあります。

ステップ1は**「エリアを選定する」**ことです。前述のとおり各金融機関にはそれぞれ融資可能なエリアが存在しますので、融資可能なエリアにある金融機関を選んで訪問しなくてはなりません。他県にある距離が遠く離れた物件の融資を地元の信金に依頼しても、融資可能なエリア外となってしまうので融資してもらえることはありません。その場合は他県まで対応している地銀や都銀などに融資を依頼しなくてはなりません。

ステップ2は**「制約条件を把握する」**ことです。各金融機関は融資審査において独自の制約条件を設けています。この条件は金融機関により異なりますので、A銀行に持ち込むのであればA銀行の制約条件、B銀行に持ち込むのであればB銀行の制約条件を把握してそれぞれに適した説明資料が必要となります。

ステップ3は**「実際に行ってみる」**ことです。事前にある程度、目的とする金融機関を絞り込

金融機関を探す３つのステップ

３つのステップ	概要
STEP1 エリアを選定する	金融機関には融資可能エリアが存在するため自分自身の融資可能エリアを把握する
STEP2 制約条件を把握する	金融機関は独自に融資の制約条件を設けているため自身が制約条件をクリアしているか把握する
STEP3 実際に行ってみる	最終的に融資可能性がある金融機関に出向き融資してもらえるかを確認する

んだら、あとは実際に訪問し、担当者を紹介してもらいます。その時には自分自身の説明資料や物件の資料、その物件の事業計画などを持参し、必要に応じて説明します。

銀行は平日の昼しか営業していないため、普通のサラリーマンはなかなか訪問しづらいかもしれません。説明資料を作り込み、育休をとっていた配偶者に金融機関を回ってもらったというベテランの投資家もいます。金融機関開拓は不動産投資において必須であるため、なんとか工夫して訪問する時間を作りましょう。

3 エリアから選定する

金融機関のエリアは意外と狭いです。基本的には自宅の住所と物件の住所の両方がそのエリア内に入っていないと融資審査をしてもらうことができないのです。特に信金は地銀よりもエリアに厳しく、エリア対象外の場合は預金口座を作ることすらできません。彼らは支店ごとにエリアを細かく区切っており、他支店のエリアを越境して取引することを嫌います。そのため信金と取引したい場合は家から最も近い支店を訪問するのが無難です。

家から近いところに金融機関がない場合は、勤務先などの住所を中心にしてもよいです。勤務先が都心にある場合、取引できる銀行や信金が近くにたくさんあると思いますので、昼休みなどに訪問することもできるでしょう。

次の図はA銀行の融資可能エリアのイメージ図ですが、この図においてBアパートは融資可能エリア内ですが、Cマンションは融資不可となります。もしCマンションの融資を頼みたい場合は、A銀行ではなく別の金融機関を開拓しなくてはならないということになります。これは融資

金融機関のエリア（イメージ図）

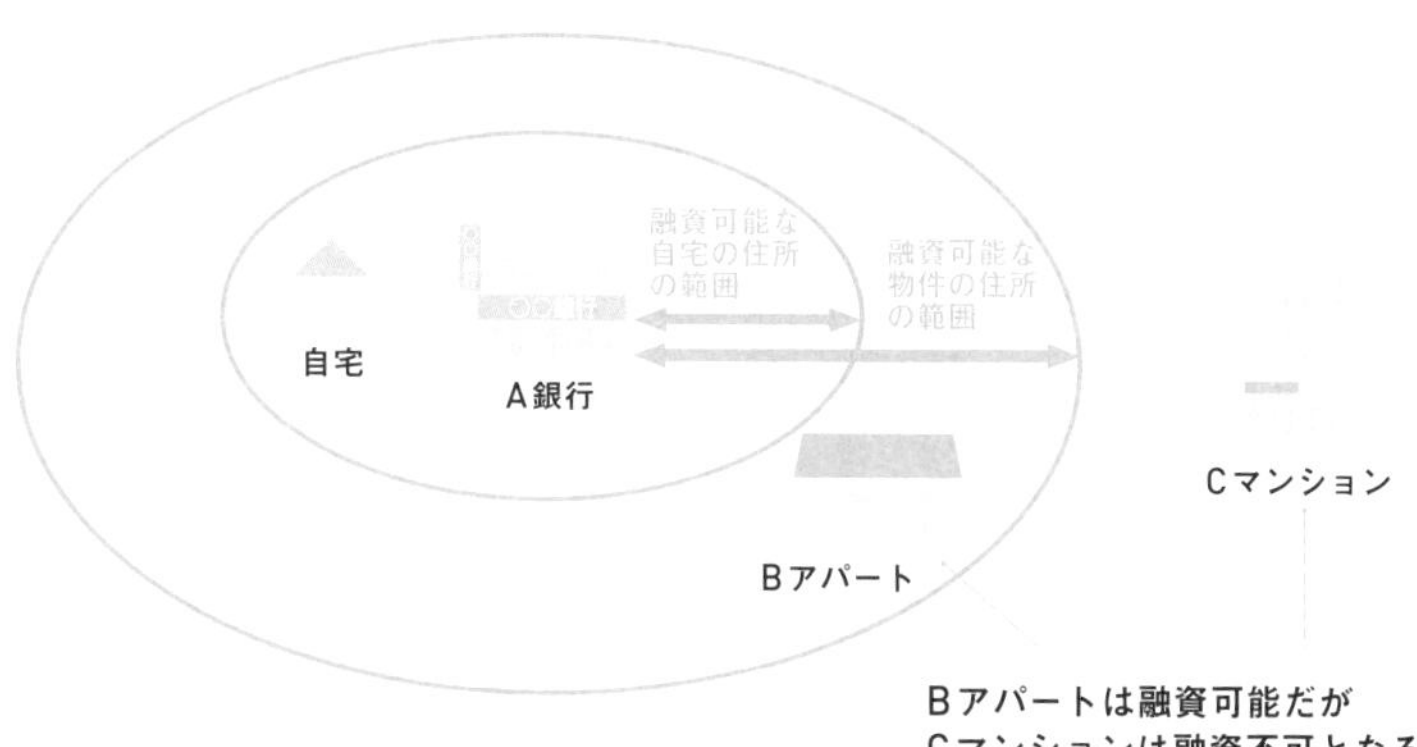

エリアからも自分自身が投資できるエリアが絞られてくるということを意味します。つまり**金融機関に持ち込むことを念頭に入れ、あらかじめその金融機関に対応したエリアで物件を探すことが大切**だといえるのです。

4 3つの融資制約条件から選択する

金融機関を探す次のステップは**「制約条件を把握する」**ことです。金融機関によって細かな違いはありますが、この制約条件はおおよそ3つの条件で構成されています。

1つめの**「年収」**はわかりやすい指標です。投資物件への融資に積極的な金融機関では、明示しているかは別にして、年収による基準がある場合が多いです。有名な地銀でいえば、年収700～800万円あたりが基準となっています。ただし、この基準は一律というわけではなく、その人の状況によって多少前後します。融資が緩かった時には年収が600万円台でも融資が出た例もあります。しかし、昨今では融資引き締めにより厳しく見られるようになっているので、あまり「年収」に自信のない人は信金やノンバンクを利用した方がよいでしょう。

2つめの**「資産負債バランス」**は、自宅やアパートなどすでに所有している不動産と抱えている借金とのバランスです。新築でマイホームを購入したばかりの人は、残債が減っておらず資産よりも負債の方が多い債務超過の状態になっています。この債務超過が大きすぎる場合は、それ

３つの融資制約条件

**金融機関によって求められる
年収基準が異なる**

**自宅、投資物件、購入予定物件の
すべての資産と負債のバランス**

**自宅、車のローンも含めた
収入と返済の比率**

以上の融資を受けることができなくなります。一般的にいえば、自宅1件くらいであれば大幅な債務超過になることはありませんが、自宅に加え投資用の新築区分マンションなどを2~3件購入したばかりの人は、かなり大幅な債務超過になっています。その場合、まずは区分マンションを売却し残債を減らすことから始めなくてはなりません。

3つめの**「返済比率」**は、収入に対して返済の額が何%を占めるかという比率を意味します。具体的には、月々100万円の給料を稼ぐ人が、月々40万円をマイホームや車のローンに支払っている場合は、返済比率40%（40万円÷100万円）となります。この返済比率が高すぎる場合、その人が生活できなくなるため金融機関はお金を貸さないのです。銀行や信金によって異なりますが、おおよそ30~40%の間で「返済比率」を見ているところが多いです。

5 高所得者ほど誤解する金融機関の常識

先ほどの3つの制約条件のうち、年収が1500万円を超えるような高所得の人が最も引っかかりやすいのが「返済比率」です。

というのも年収が高くなればなるほど、1億円を超えるような高額な自宅や高級外車に乗るような生活をするようになるからです。そのため月々の収入は多いのですが、そのぶん返済する金額も大きくなってしまい、結果として「返済比率」が引っかかってしまうのです。

特に能力の高い仕事のできる方の多くに共通するのは、高給取りなのにあまり預金がないということです。私が知る人にも、年収は1500万円なのに預金が400万円くらいしかないという方はたくさんいました。

こういった高所得な方々とお話しすると感じるのは、自分の稼ぐ能力について絶対の自信を持っているということです。そのため高所得な方は多少お金を使ってもまた稼げばよいという意識があるのです。

稼ぐ能力に自信を持っていることは社会で成功するうえでとても大切な資質なのでよいことなのですが、不動産投資の融資においてはマイナスに働くこともあります。なぜなら、金融機関から最も敬遠されるのが「年収が高いわりに預金が少ない人」だからです。**彼らが最も好むのは「年収が高く預金も多い人」で、次に「年収はあまり高くないけれど預金は多い人」**です。

稼ぐ能力が高いというのは、言い換えると「将来の収入が高い」、つまり「まだこの世に存在していない資産」があるということです。

住宅ローンの場合は「年収」つまり「まだこの世に存在していない資産」が大いに評価されるのですが、残念ながら**不動産投資では金融機関は「すでに存在する資産」しか評価しない**のです。もちろん「年収」も参考にはしますがあくまで参考です。

「まだこの世に存在していない資産」がほとんど評価してもらえないのは、万が一あなたに健康上の問題があり稼げなくなったら、未来永劫実現しないものになるからです。金融機関はそのような実現しないかもしれないものを評価しないというわけです。

高所得者は社会的地位も高く、仕事ができるため「稼ぐ能力」は評価されるものであると無意識のうちに思い込んでいます。しかし、金融機関にはその常識が通用しません。

金融機関は「まだこの世に存在していない資産」より「すでに存在する資産」を評価するということをしっかりと理解して開拓していきましょう。

高所得者と金融機関の常識の違い

高所得者の常識		金融機関の常識
年収が高いのは評価されること	⟺	まだ存在していないものに価値はない
お金をたくさん使っても稼げばよい	⟺	お金をたくさん使う生活は好ましくない
預金は多くはないが、とくに困らない	⟺	預金は多いほど融資が有利になる
年収が高い＝高額な住宅ローンを組める	⟺	住宅ローンと不動産投資ローンは違う
年収が高い＝高級車のローンを組める	⟺	高級車のローンは融資が不利になる

➡ **金融機関の常識ではすでに存在する資産（預金等）のみが評価対象**

6 物件が先か、銀行が先か

「物件が先か？ 銀行が先か？」はよく耳にする質問です。物件を探すよりも前に、銀行に行き自身への融資可能な最大額を把握した方がよいのか？ というのがその質問の意図です。

その答えは、不動産投資初心者に関して言えば「物件が先」です。というのも、**融資の可能性や最大額は「購入予定の物件の担保価値」で決まる**からです。融資金額は、投資家自身の年収や預金だけでは決まらず、購入予定の物件の担保価値が高ければ上がり、低ければ下がるのです。

ですので、手ぶらで銀行に出向いて「私にいくらまで融資してくれますか？」と質問をされても「購入予定の物件の担保価値」によって融資額は変わってしまうため、銀行の担当者は明確に答えることができないのです。

初心者が銀行に出向く時には「物件の情報」および「自分自身の情報」を持参しましょう。「物件の情報」とは不動産業者からもらえる物件資料（マイソク）です。これがあれば銀行はある程度までその物件の担保価値を調査することができ、融資についての判断をしてもらえます。

金融機関訪問時に持参する資料

物件の情報

自分自身の情報

物件マイソク

収支シミュレーション

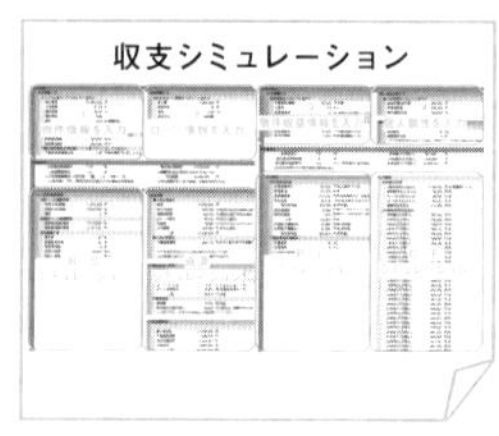

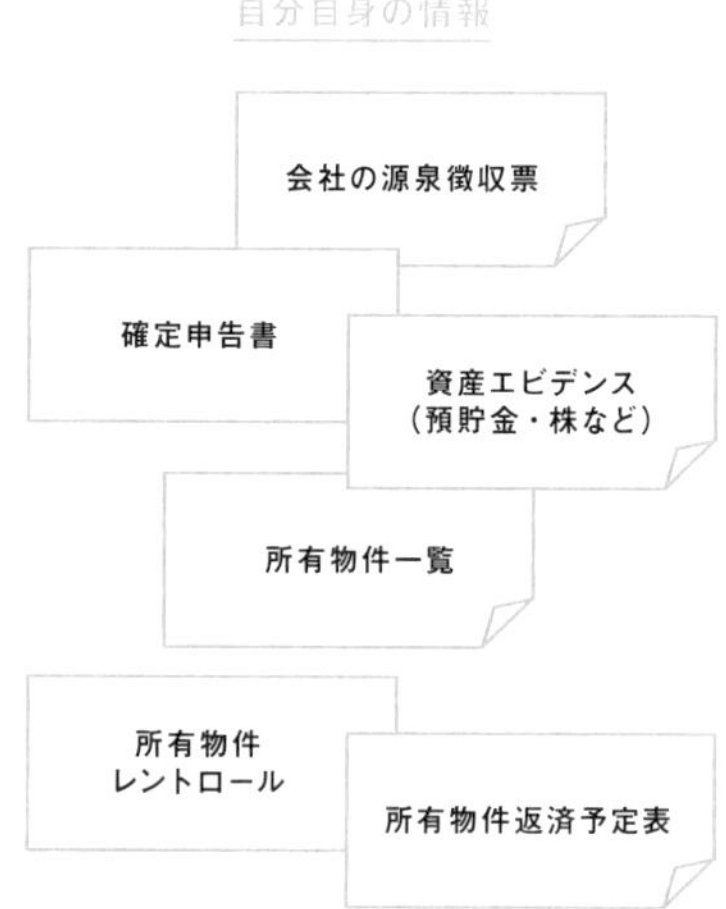

さらに可能であれば、収支シミュレーションを用いて、銀行にこの物件の事業計画を説明できれば融資にプラスとなります。

また「自分自身の情報」としては会社の源泉徴収票（3年分）、確定申告書（3年分）、預貯金や株など資産のエビデンス、所有物件一覧、その所有物件のレントロール、返済予定表なども持参すると本気度が伝わります。

これらの「自分自身の情報」は、銀行で融資審査をする時にいずれ提出を求められるため、あらかじめ整理しておくとよいでしょう。

7 金融機関を訪問する時の手順

金融機関を訪問する時には、**まず電話で不動産投資について融資しているかを確認してから行くようにします。**まだまだ多くの銀行は不動産投資への融資を行っていないため、不動産投資への融資をしない銀行に出向いても無駄足となるからです。電話で確認する時は具体的に○○という投資物件の購入を予定していて融資を希望する旨を伝えます。

電話で融資について検討してもらえるとの回答をもらったら、担当者と日程を調整し実際の店舗に足を運びます。

その際には購入を予定する物件の情報、自分自身の情報それぞれの資料を持参して、自分自身の言葉でこの物件の事業計画について説明してください。

銀行を訪問しても、すぐには融資してもらえないことも多々ありますが、その場合でも関係を築くために口座を作りましょう。そしてその口座で積立をするなど**積極的にその銀行と関わっていく意思表示を行います。**

金融機関に行く時の手順

1. まずは電話で不動産投資について取り扱っているか確認する
2. 担当者と日程を確認し、実際の店舗に足を運ぶ
3. 購入を予定する物件資料と、自分自身の資料を持参する

そうすることで、今回の物件に対する融資は出ずとも、将来的に別の物件への融資の可能性が高まるからです。

これはお客さんとの関係性を重視する信金などでは特に重要です。信金の場合、初めてのお客さんとの取引は厳しく、長い関係性のあるお客さんには優しくなる傾向があります。そのためベテラン投資家は、1年くらいかけて信金との関係性を築くために、日々信金巡りをしています。

8 金融機関アタックリストの作成

金融機関を開拓するにあたりベテラン投資家が行っているのが、アタックリストの作成です。不動産投資に理解のある銀行や信金はまだまだ少数ですので、できるだけたくさんの金融機関にあたることが必要なのです。**10件の金融機関にあたってやっと1件だけ前向きに検討してくれる金融機関に出会える**ため、最低でも10件くらいの金融機関には連絡したいものです。

アタックリストの作成方法はとても簡単です。スマホやパソコンの地図で自宅を中心に表示し、「銀行」や「信金」を検索するだけです。すると自宅周辺の金融機関が表示されますので、それを手帳などにメモします。メモする内容は、金融機関名、支店名、電話番号などです。自宅周辺だけだとあまり金融機関が出てこない場合は、より範囲を広くしたり、勤務先を中心に検索しなおし、最低でも10件以上は書き出せることが望ましいです。

金融機関アタックリスト

金融機関名	支店名	電話番号	備考（住所、担当など）
○○信用金庫	○○支店	XX-XXXX-XXXX	
○○信用金庫	△△支店	XX-XXXX-XXXX	
■■信用金庫	○○支店	XX-XXXX-XXXX	
■■信用金庫	○○駅前支店	XX-XXXX-XXXX	
△△銀行	○○駅東支店	XX-XXXX-XXXX	
○○銀行	○○駅支店	XX-XXXX-XXXX	
⋮	⋮	⋮	⋮

➡ 自宅や勤務先など10件以上のリストができるまで書き出す

9 融資のポイントは「支店」「担当」「タイミング」

融資が出るかどうかのポイントは「支店」「担当」「タイミング」です。この三拍子がそろった時に融資は出ます。逆に、たとえ購入予定の物件がよくても、投資家の個人属性が素晴らしくても、この三拍子がそろわなければ融資が出ないということです。

銀行や信金はたくさんの支店があります。それらの支店はそれぞれの予算枠、目標額がありま す。同じ銀行でも早めに予算枠(目標額)を達成している支店と、予算未達で、営業を頑張らなくてはならない支店が存在しています。**銀行も商売ですから目標額に満たないところの方が、より融資を前向きに検討してくれます**。つまり、1つの支店に行って断られたとしても、別の支店では融資を検討してくれることもあるということなのです。

次に大切なのが「担当」です。ローンのための稟議書を作成するのは銀行の担当者です。この**稟議書のできによってローンの金額や条件が変わってしまうため、担当者はとても大切です**。しかし、不動産投資ローンの稟議書の通し方に詳しい担当者は銀行の中では少数派です。そのため、たくさんの担当者に会い、積極的に動いてくれる担当者を見つけ出すことが重要なのです。なお、銀行の担当者は数年で他の支店に異動してしまいますので、定期的に支店を訪問し新しい担当者との関係を築き続けてください。

最後に大切なのが「タイミング」です。デパートなどの小売店は季節セールを行いますが、銀行も明示していませんが決算セールのタイミングがあります。具体的には**年度末（3月末）**および**半期（9月末）**です。それより小さいタイミングとして四半期もありますが、この半期に一度がもっとも融資に積極的になるタイミングです。

各支店はこのタイミングで予算（目標）を達成しなくてはならないため、融資に積極的になるのです。このタイミングから逆算し、いつ物件を持ち込むかを考えながら投資物件を探すとより効果的です。

ただし、あまりにも融資のタイミングを重視しすぎて、儲からない物件を購入してしまっては本末転倒になります。あくまでよい儲かる物件をしっかりと探すことが先決であることをゆめゆめお忘れにならないようにしてください。

融資は支店・担当・タイミング

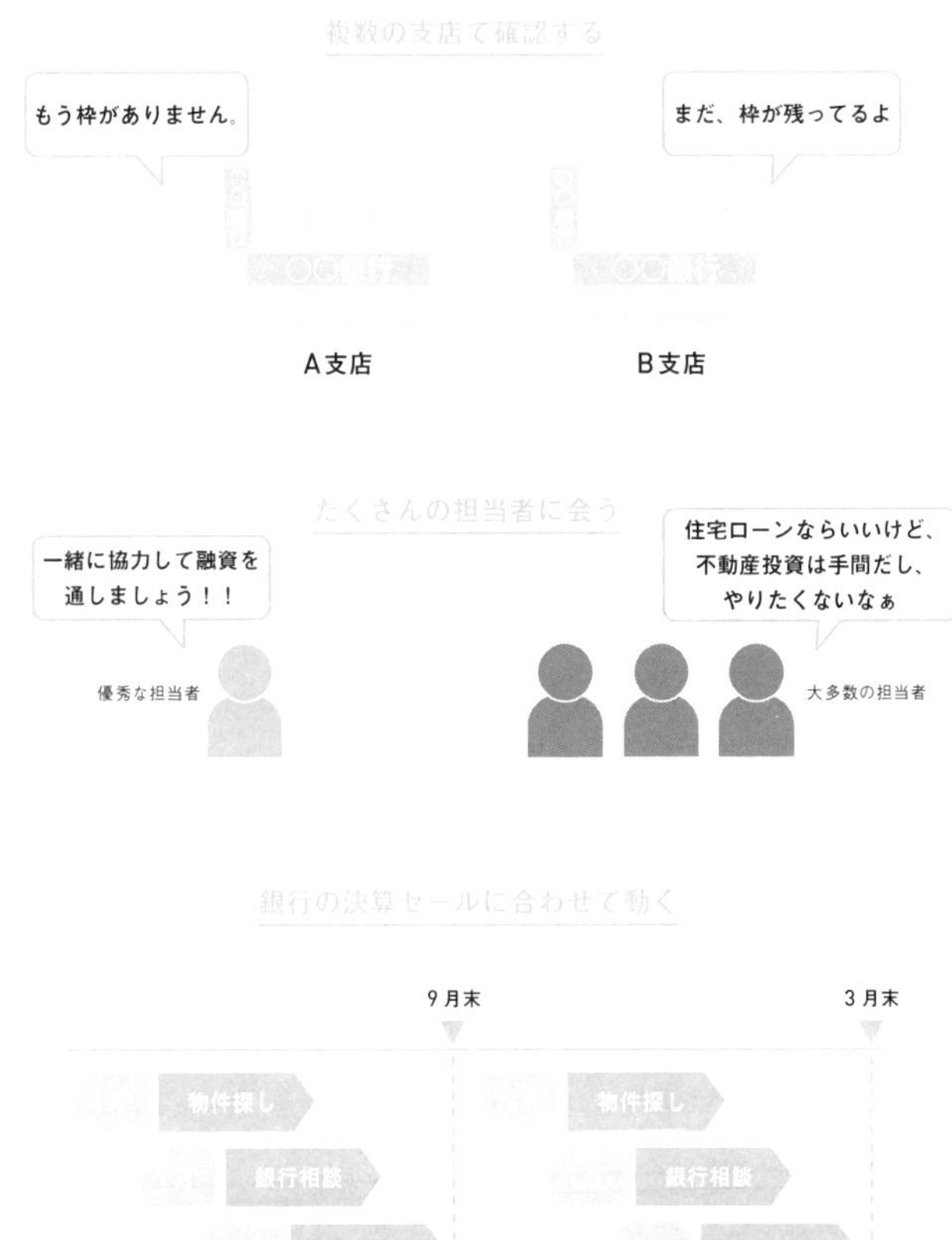

融資のポイントは支店・担当・タイミングです。融資が出る確率は約10%なので10行以上の信金や銀行を回るのがよい。楽して融資は引けない。

10 金利と期間はどちらが大切か？

融資において「金利と期間はどちらが大切か？」という問題は多くの投資家を悩ませます。というのも、一律にどちらが大切と決めることはできないからです。投資家自身の不動産投資に関する戦略によって、金利を重視するのか、期間を重視するのかが決まるからです。

そのため、まずは金利重視の場合と期間重視の場合でどのような違いがあるのかを理解したうえで、自分自身がどちらを重視するか判断してください。

２４０ページの図は、金利と期間によりC／Fがどのように変化するかを計算したものです。具体的には「金利を０・１％下げるのと融資期間を1年のばすのと、どちらを選択するか」という質問に対し、金利を下げた場合、もしくは期間をのばした場合にC／Fがどう影響を受けるのか例を計算しました。

図では、期間を20年から21年にのばすとC／Fは「約11万７０００円」増えるのに対し、金利を２・６％から２・５％に下げる場合、C／Fは「約８０００円」しか増加していません。

また期間を34年から35年にのばすとC／Fは「約3万9000円」増えるのに対し、金利を2・6％から2・5％に下げる場合、C／Fは「約1万円」しか増加しません。

つまり、C／Fへの影響という点で見ると、「金利」よりも「期間」の影響が大きいということがわかると思います。これが金利を重視すべきか期間を重視すべきかを決める理由となります。

C／Fを稼ぐことを重視した戦略をとる不動産投資家であれば、「期間」が大切となりますが、残債を減らす戦略（B／S重視）をとる不動産投資家であれば、期間よりも「金利」を重視することになるのです。

一般的には不動産投資初心者はC／F重視のステージにいることが多いため、金利よりも期間を重視することになります。しかし期間をのばすということはそのぶん、残債の減りが遅くなり融資に対するリスクは増大するということを理解しておく必要があります。

不動産投資の初心者は、C／Fへの影響と融資のリスクを考慮したうえで、自分自身の戦略に合った金利と期間を選択するようにしてください。

金利と期間によりC/Fがどのように変化するか

金利を0.1%下げるか、融資期間を1年のばすか、あなたなら、どちらを選択しますか？

年収900万、5000万の利回り9%の物件にフルローンの例

	金利(%)							
期間(年)	2.5%	2.6%	2.7%	2.8%	2.9%	3.0%	3.1%	3.2%
20	127,543	119,449	111,203	102,812	94,257	85,555	76,691	67,678
21	244,725	236,460	228,022	219,436	210,676	201,755	192,686	183,442
22	351,019	342,569	333,947	325,165	316,208	307,080	297,778	288,314
23	447,856	439,222	430,413	421,421	412,255	402,916	393,404	383,715
24	536,410	527,599	518,591	509,400	500,034	490,483	480,746	470,823
25	617,679	608,679	599,483	590,091	580,511	570,746	560,785	550,635
26	692,507	683,318	673,920	664,337	654,543	644,565	634,375	624,000
27	761,597	752,216	742,638	732,851	722,854	712,647	702,242	691,638
28	825,584	816,012	806,229	796,238	786,036	775,624	764,991	754,158
29	884,977	875,224	865,249	855,051	844,644	834,015	823,163	812,089
30	940,247	930,310	920,141	909,738	899,124	888,264	877,194	865,901
31	991,789	981,659	971,305	960,707	949,875	938,807	927,506	915,981
32	1,039,967	1,029,642	1,019,094	1,008,287	997,247	985,971	974,450	962,705
33	1,085,070	1,074,559	1,063,803	1,052,802	1,041,553	1,030,056	1,018,327	1,006,348
34	1,127,374	1,116,679	1,105,727	1,094,529	1,083,069	1,071,365	1,059,402	1,047,203
35	1,167,123	1,156,242	1,145,093	1,133,695	1,122,029	1,110,103	1,097,931	1,085,497

➡ **金利0.1%の影響と比較して期間1年のC/Fへの影響のは4～14倍となる**

11 利息が減っても手取りが増えない理由

金利と期間の関係について、金利が小さくなってもそれほどC／Fは増えないということを明示しました。金利が小さくなる、すなわち利息の支払いが減るにもかかわらず、手取りのC／Fがあまり増えないのはなぜでしょうか。

その原因はずばり〝税金〟です。利息は税金と密接に関係しています。具体的には**利息が高いと税金は低くなり、利息が低いと税金は高くなる**という関係があるのです。

これを説明したのが２４３ページの図です。金利交渉によりもともとの利息から半分の利息になった場合、利息が減ったということを理由に税金が上がります。そのため手取りは思ったより増えないという結果になるのです。

例えば、金利交渉により利息の支払いが10万円下がったとしたら、その結果として税金が５万円増えるため、手取りC／Fは５万円しか増えないといったイメージです。

利息は経費となり課税所得を下げる効果があるため、その経費が減ったぶんだけ利益が上がったとみなされて結果として税金が増えるからです。

これが利息減少の効果は半減してしまうということなのです。これではせっかく頑張って銀行と金利交渉をしたのに報われないという気持ちになるかもしれません。

つまり**金利交渉は「銀行に支払うか、国（税金）に支払うか」の違いにすぎない**というわけです。

もちろん、金利が低い方がよいことは確かなので、金利交渉や借り換えなどで金利を低くできるならば、低くしてもよいでしょう。しかし、その交渉や借り換えによりその銀行との関係が悪化する場合は、少し考慮が必要です。最悪の場合、その銀行から今後の融資をしてもらえなくなることもありますので、今後の不動産投資において禍根を残さないようにしてください。

繰り返しますが金利交渉は「銀行に支払うか、国（税金）に支払うか」の違いです。であるならば、躍起になって金利を下げるのではなく、お金を貸してくれる銀行に感謝して金利を支払った方が長い目で見てよいこともあるのです。

金利が減っても手取りがあまり増えない理由

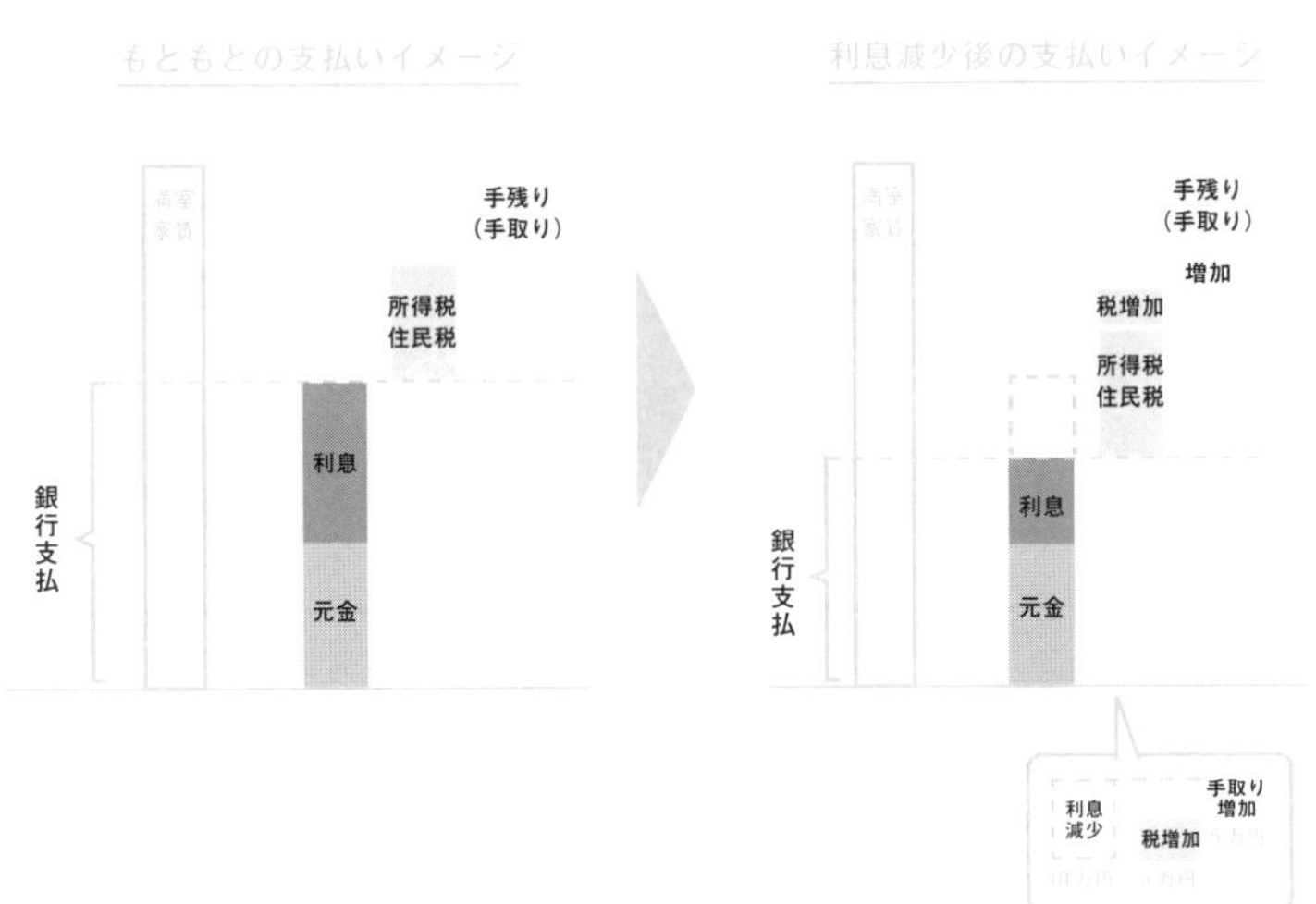

銀行への支払いが減ると、国(税金)への支払いが増える
(金利減少の効果は小さくなってしまう)

12 金融機関にしては「いけない」3つのこと

金融機関にしてはいけないことが3つあります。それは「だましてはいけない」「評価を信用してはいけない」「心を許してはいけない」の3つです。

「だましてはいけない」というのはそのままの意味です。例えば、住宅ローンで投資用物件を購入する、他に借金があるのに黙って融資を受けるなど、嘘をついてはいけません。アパートローンの金利が2～3％台と高いのに対し、住宅ローンは金利が0・4％台と非常に低いため、ついつい住宅ローンを流用したくなるのはわかりますが、それは絶対にやってはいけません。最近明るみに出た事件のように、二重契約書を作成したり、通帳の預金額を偽造して増やしたりといったことをすると私文書偽造などの罪に問われますので絶対にやめましょう。

次に**「評価を信用してはいけない」**です。不動産業界を揺るがした「かぼちゃの馬車」事件の被害者は皆口をそろえて「銀行が評価してくれる物件だったから安心して購入した」といいます。しかし、これは大きな間違いです。今回の事件に関係なく、そもそも銀行の「評価を信用してはいけない」からです。というのも銀行はたとえその物件が担保として不十分だとしても、購入する人の給与や資産を差し押さえることができるなら、お金を貸す商売だからです。

たしかに担保となる物件の評価が悪いと銀行はお金を貸してくれないため、ある程度までは、その評価を信頼することができます。しかし、ある程度までなのです。

銀行は決して投資家を儲けさせるためにお金を貸すのではありません。自分たちの利益のためにお金を貸すのです。投資家が持っている自宅や株や預金などを差し押さえれば、銀行が損をしないことが証明できればお金を貸すのです。ですので、銀行の評価ではなく自分自身でその物件を評価して投資しなくてはならないのです。

最後に注意すべきは、**「心を許してはいけない」**です。これは人情あふれる人であればあるほど難しいことです。金融機関というのは突き詰めていくと「金貸し」になります。「金貸し」と聞くと、なんだか血も涙もない非情の人のように聞こえますが、そのイメージで合っています。

銀行にせよ信用金庫にせよ、金融機関の担当者はとてもよい人が多く、一生懸命に融資や事業についての相談を受けてくれます。このこと自体はとてもありがたいのですが、どんなに担当者

金融機関にしては「いけない」３つのこと

だましてはいけない	住宅ローンで投資用物件を購入する、一物件一法人一銀行スキームで他の借金を黙って借入する。こういったことはしてはいけない。
評価を信用してはいけない	銀行が評価してくれるからよい物件ではない。銀行は借金さえ返済できれば貸してくれる。極端な話、あなたの給与だけで返済できるなら貸してくれるのだ。
心を許してはいけない	銀行であれノンバンクであれ、突き詰めると「金貸し」 心を許して必要以上に自分自身の情報を与える必要はない。担当者がよい人でもその上司や本部はあなたをシビアに査定していることを忘れない。

がよい人でも、その上司や本部の偉い人たちは、あなたのことをシビアに見ています。

たとえ経営者として優れているということを担当者が力説しても、本部の人たちには通用しないことも多々あるのです。ポロっと担当者に言ってしまった何気ない一言により、早期返済を求められたりすることもあります。そのため、金融機関に対して心を許してはならず、必要以上にあなたの情報を与えるのは慎まなくてはならないのです。

13 住宅ローンで投資用区分を購入したら

とても恐ろしい体験をした方がいます。そのサラリーマン不動産投資家S氏は、昨今の不動産投資ブームと、不動産業者の口車に乗っかり、ついつい嘘をついて投資物件を購入してしまったのです。

S氏は都内に勤める高所得なサラリーマンです。特に大きな借金もなく、不動産業者から見てよいカモの条件を満たしています。そのS氏はとある不動産業者から区分マンションの購入をすすめられました。

そのうたい文句は「節税対策」「将来の年金づくり」などなど、いわゆる儲からない物件を売るための常套句です。しかし、高所得がゆえに高い税金を支払っていたS氏の心にビビッとくるうたい文句でした。

S氏はその区分マンションを購入することにしました。なお、その物件というのは都内で築10年、4000万円ほどの物件です。表面利回りは低く5%にも満たないもので、到底、投資物件と呼べる代物ではありません。

当然、金利が高い投資用ローンでは月々の支払いのマイナスが大きすぎるため、返済計画が成り立ちません。そのため業者が提案したのが低金利の住宅ローンを利用するということだったのです。住宅ローンで購入して、賃貸として貸し出しても問題ないという業者の説明を鵜呑みにしたS氏は、住宅ローンで購入する契約をしてしまいます。

しかし、話はここで終わりません。高所得であるS氏の借り入れ余力を知っている業者はさらに、強欲な提案をしてきます。

それは、もう1件、住宅ローンで別の4000万円の区分マンションを購入しないかという提案でした。通常、住宅ローンは一人1件しか組むことができません。もちろん、引越しや家族構成の変化によりセカンドハウスを購入するなどの場合には複数の住宅ローンを組むことができますが、立て続けに借りられるものではありません。

しかし、業者は区分マンション2件の決済を同日に行えば、住宅ローンを2件同時に借入れることができると説明します。

S氏はその提案を受け入れます。そして、2件のマンションの住宅ローンを、A銀行とB銀行という別々の銀行に同時に申請します。もちろん、それぞれの銀行にはもう1つの住宅ローンについては内緒にしたままです。

たしかに決済当日までS氏は住宅ローンを借りていないため、A銀行とB銀行が個人情報を調べても、ばれる心配はありません。許されざることですが、理論的に不可能ではない手法です。しかし、悲劇は起こります。決済を予定していたB銀行の日程が合わず、たった一日だけ決済が遅れてしまったのです。その結果S氏の目論見は銀行に露呈してしまいます。融資を実行してしまったB銀行の担当者は当然、上司から大目玉を食らい、S氏に3か月以内の全額返済を求めました。

いくら高所得のS氏でも3か月以内に4000万円を一括で返済することは不可能です。結局、金利がとても高いノンバンクの融資を受けることでなんとか返済できたそうですが、S氏はその当時、毎日眠れない夜を過ごしたそうです。

このような悲劇を導いた業者の責任を問いただしたいと思うかもしれません。しかし、銀行に行き住宅ローンの契約をしたのはS氏であり、不動産業者ではありません。また、不動産業者が行ったアドバイスについても、文書で残っているわけではありません。つまり、完全にS氏の責任になってしまうのです。不動産投資家は投資家である以上、失敗しても不動産業者にも銀行にもその責任を押し付けることはできないというわけです。

S氏のような悲劇を繰り返さないよう、違法なことを違法であると見抜く知識と、倫理観を持って不動産投資を行っていかなくてはならないのです。

第６章のまとめ

◎金融機関のエリアは意外と狭い

◎３つの融資制約条件は、年収・資産負債バランス・返済比率

◎高所得者ほど「返済比率」に気をつけて

◎物件が先か銀行が先か→初心者は物件が先

◎融資が出るのは10件回って１件程度、たくさんの金融機関を回ろう

◎金利が減ってもそれほど手取りは増えないのは〝税金〟のせい

◎金融機関は「だましてはいけない」「評価を信用してはいけない」「心を許してはいけない」

第7章

管理会社探しから始まる満室経営

1 満室経営のカギは管理会社

満室経営の決め手は、管理会社です。どんなによい物件を手に入れても、管理会社が悪ければ満室にすることはできません。そのため、**よい物件探しと同じくらい注力したいのが〝よい管理会社探し〟**です。

よい物件を手に入れ、よい管理会社に管理を任せることができれば満室経営ができます。しかし、そもそも悪い物件を手に入れてしまったり、よい物件でも悪い管理会社が管理をしている場合は、満室経営は難しいのです。

この章では、よい管理会社とはどういう管理会社のことをいうのかについて説明するとともに、よい管理会社を探す方法や満室にするためのアクションについても解説していきます。

満室経営のカギは管理会社

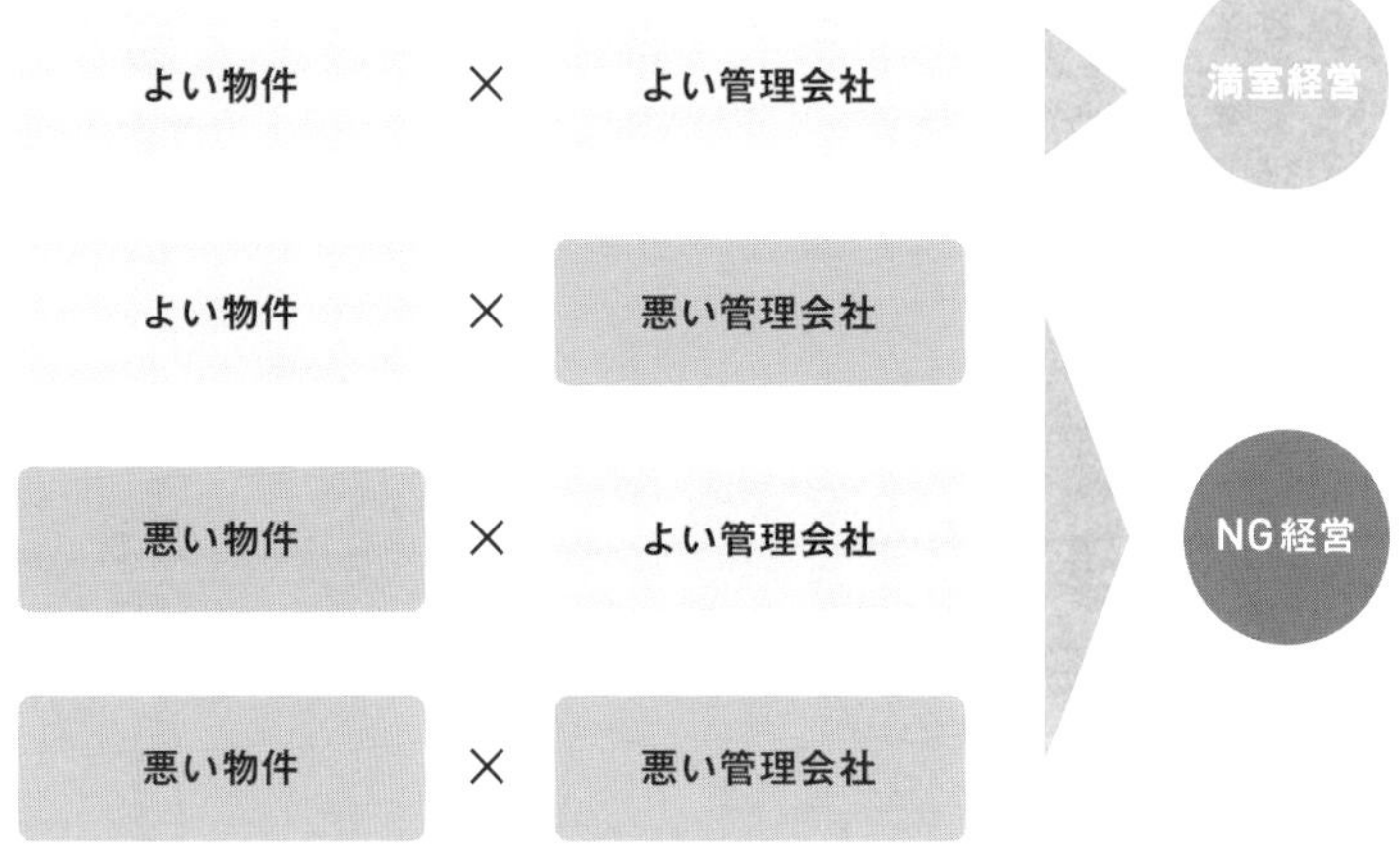

2 よい管理会社の条件とは

管理会社の二大業務は〝管理〟と〝客付〟です。

管理とは、入居者の家賃回収、エアコンや水道の故障などのクレーム対応、修理の手配、清掃の代行や電気・水道代の支払代行など、日々のこまごまとした管理業務のことです。一般的に月額家賃の5％程度の管理委託料を支払うことで、日々の雑多な管理業務を担ってくれます。

もう1つの客付とは、空室時に入居者を募集する業務です。ウェブに掲載したり、お客さんの現地案内をしてくれます。こちらは基本的に成功報酬で、入居者と賃貸契約を結ぶことができれば、家賃の1か月分や広告宣伝費などを支払います。

多くの管理会社ではこの2つの業務を行っています。そしてよい管理会社はそれぞれの業務においても次のような条件をクリアしています。

例えば、管理の要素では「ホウレンソウ（報告・連絡・相談）ができる」「フットワークが軽い」「コミュニケーションの力がある」などであり、客付の要素では「客付募集が上手」「営業が強い」

「入居審査がしっかりしている」などの条件です。またそれら両方に共通する要素として「入居者思い」「トラブル対応が早い」「ウェブが使える」などの条件もクリアしているとよい管理会社といえます。

管理会社の二大業務

業務	業務内容（例）
管理	入居者の家賃回収、クレーム対応 カギ管理、修理などの手配 清掃の手配、電気代・水道代の支払代行　など
客付	入居者の募集、現地案内 ウェブ掲載、営業

よい管理会社の条件（主な例）

3 管理が得意な会社、客付が得意な会社

管理会社の二大業務は管理と客付ですが、それぞれが相反する性質を持つため、両方ともが得意な会社は少ないのが実状です。

管理が得意な会社は、フットワークが軽くサービス精神が旺盛です。例えば、入居者から何かクレームが入った時に、すぐに自転車で駆けつけてくれたり、アパートに立ち寄ったらゴミを拾ってくれ、簡単な掃き掃除などをしてくれるような人がいる業者です。もちろん清掃は別途サービスとして費用が発生する場合もありますが、アパートの廊下にチラシなどが落ちていた時に、せっかく立ち寄ったのだから拾い上げてくれるというサービス精神のある業者の方がよい管理を期待できます。

一方、**客付が得意な会社は、とにかく営業一番というイメージ**です。1つの沿線上に複数の支店がある地場中堅などがそれにあたります。営業が得意な会社を見抜くには、営業の担当者に入居率について質問するのが簡単です。営業担当が自社管理物件の入居率についてしっかりと答え

ることができればその会社は営業が得意な会社です。入居率を定期的にチェックするほど営業に力を入れている証拠だからです。特に自社管理物件の入居率が90％後半であれば、客付において優秀な管理会社といえるでしょう。

また、そういった会社は店舗に入った瞬間にザワザワと活気を感じることができます。というのも営業の人員が多く、電話や接客で店舗内に話し声が響いているからです。管理が得意な会社に比べて全体としてザワザワしているのも客付が得意な会社の特徴といえます。

どちらのタイプの会社がよいかは、一概に決めることはできません。入居者のクレームにフットワークよく対応してくれる管理が得意な会社は、今住んでいる入居者の管理に時間を使うため、客付募集が手薄になります。客付が得意な会社は営業をすることに時間を費やすために、今住んでいる入居者への対応が遅れることがあります。１つの管理会社が、この２つの業務を高い次元で両立することは困難なのです。

そのため、**どちらが今の自分の物件にとって必要か**ということを念頭に入れて管理会社を選ぶ必要があるのです。例えば、購入したばかりの物件が空室だらけであれば、客付が得意な管理会社を選ばなくてはなりませんし、逆に満室経営の物件を購入したのであれば、客付よりも今いる人に末永く住んでいただけるよう、管理が得意な会社を選択するのがよいでしょう。

管理が得意な会社・客付が得意な会社

	特徴
管理が得意な例	▶ 何かあったらすぐに自転車で見に行ってくれる ▶ アパートに立ち寄ったらゴミがあったので拾ってくれる ▶ 簡単な掃き掃除くらいは、ついでにやってくれる ▶ 水道が壊れた時に現場に行って、パッキンを替えてくれる ▶ 工事を発注する時に現場に行って、細かく指示してくれる
客付が得意な例	▶ その沿線で店舗が複数ある（地場中堅） ▶ 自己管理物件の入居率が 90% 以上 ▶ スーモに募集を出している ▶ とにかく営業が強い（人数も多い）

4 大手と中小、どちらがよいか？

管理会社を選ぶ際に、大手がよいのか、中小がよいのかは悩ましい問題です。大手というのは、テレビCMなどで有名な会社全般です。それに対して中小は、駅前などで小ぢんまりと家族経営している、いわゆるパパママショップのイメージです。

大手と中小ではそれぞれ、メリット・デメリットが異なります。まず大手ですが、そのメリットはなんといっても人材の豊富さです。上場しているような大手企業の場合、有能な若手が入社するため、スタッフの質が安定しています。若い人が多いのでウェブなども使いこなせ、広告費が高い大手ポータルサイトなどを使用できるため客付も効率よく行うことができます。管理できる範囲も広く、ちょっと遠方の物件の管理などもお願いすることができます。

メリットの多い大手業者ですが、その反面デメリットも存在します。それはすべてにおいて高コストだということです。入居者のクレームに24時間対応をしてくれる反面、そのための費用についてては大家が負担しなくてはなりません。ちょっとした水道工事なども提携している大手水道工事会社などに丸投げするため、驚くほど高額になることもしばしばあります。

一方の中小は正反対です。中小の管理会社の中には、極めて稀にですが、とてもよい人がいます。そういった人は、フットワークが軽く、問題が起きた際には自転車などですぐにアパートに駆けつけてくれます。アパートのちょっとしたゴミ拾いや掃き掃除なども行ってくれたり、入居者と良好な関係を築いてトラブルを未然に防いでくれたりするのです。

また、修繕が必要な時でも、大家さんの立場でできるだけ安いコストで修繕できるようにいくつもの業者に相見積もりをとってくれたり、安く工事してくれる業者を紹介してくれたりします。大手の業者が水道のパッキン交換に3万円を請求するような場合でも、３００円の部品代だけで管理会社自ら交換してもらえることすらあります。

もちろん、管理会社が善意で行ってくれることについては大家さんから要求することはできませんが、素晴らしい管理会社の人は、大家さんのことを自分のことのように大切にして対応してくれるのです。

素晴らしい中小の会社のメリットについて述べましたが、もちろんデメリットも存在します。最大のデメリットは、イマイチな人の率がとても高いということです。要するに先ほど挙げた素晴らしい管理会社を探し出すのは大変だということです。また、どんなに素晴らしい人でも会社で働いている人数が少ないため、外出中は電話に出られず、休日や夜間などは対応できません。客

大手がよいのか、中小がよいのか

	メリット	デメリット
大手	▶ わりとスタッフの質が安定している ▶ 人が多いので電話がつながりやすい ▶ 客付にお金をかけられる ▶ ウェブを使い慣れている ▶ 対応エリアが広い	▶ スタッフの質が低い時もある ▶ 24時間対応でもお金がかかる ▶ 緊急工事対応などのコストが高い ▶ 遠い物件の場合、対応が遅い
中小	▶ たまにすごくよい人がいる ▶ フットワーク軽く、物件を見てきてくれる ▶ ついでに掃除もしてくれる ▶ 入居者と良好な人間関係を築いて、トラブルが少なくなる ▶ ちょっとした工事などを安くやってくれる（業者を知っている）	▶ イマイチな人の率が高い ▶ 人数が少ないので電話に出られないことがある ▶ 休日や夜間など電話がつながらない ▶ 客付にお金がかけられない ▶ ウェブにあまり慣れていない

付についても大手と比べるとお金をかけた広告はできませんし、そもそも若い人と違ってウェブに不慣れな人も多いのです。

しかし、デメリットはあるものの、中小には人間として素晴らしい人がひそかに存在しています。そして不動産投資家として安心して物件を任せるには、そういった素晴らしい人を見つけ出す必要があります。**大手を選ぶにせよ中小を選ぶにせよ、最終的には自分の担当の人柄や仕事に対する姿勢が重要**になってきます。そういった素晴らしい会社および担当者に、出会えるようにしっかりと管理会社探しをしましょう。

5 田舎の物件は管理会社を先に探す

田舎に投資物件を購入するのであれば、物件よりもむしろ管理会社を先に探してください。満室経営のカギは管理会社にあると述べた通り、どんなによい物件でもよい管理会社に管理を依頼することができなければ満室経営、安定経営はできないというのが不動産投資です。

もちろん一部の玄人投資家は徹底した自主管理で、管理会社を通さずに驚異の収益を実現していますが、それは例外です。ほとんどの不動産投資家は管理会社に委託しています。そのためこれから投資家になっていこうとする方のほとんどすべては管理会社に委託するという前提で話を進めます。

管理を委託する時に大切なのはたくさんの管理会社を回り、自分の求めるよい管理会社に出会うことです。しかし、田舎の物件の場合、その周辺にそもそも管理会社が存在しないということが多々あるのです。

都心から少し離れた田舎に行くと、駅前にポツンと古くからやっているような小さな不動産屋

（管理会社）が1件しかないというのはよく見られる光景です。

都心であれば中小から大手までたくさんの不動産屋（管理会社）が軒を連ねているため、それらを比較してよりよい管理会社を選ぶことができますが、田舎ではそもそも選択肢が限られているため、選ぶことができないのです。

そして、そのエリアで古くから営業している不動産屋（管理会社）は多くの場合、昔なじみのそのエリアの大家さんを優先し、新規の投資家に対してはあまり一生懸命に動いてくれないことがあるのです。

これは由々しき問題です。たとえ賃貸ニーズがあるとわかっていても、管理することができなければそのエリアにおける不動産投資での成功は難しくなるからです。

その場合の選択肢は2つです。1つは、その**唯一の不動産屋に足しげく通い仲良くなる**ことです。たとえ新参者でも仲良くなればそれなりに扱ってくれるようになりますので、その唯一の不動産屋と良好な人間関係を築き、よい管理をしてもらうことです。

それが不可能な場合、もう1つは、**大手に依頼する**ことです。大手は基本的に管理範囲が広いため受け付けてくれる可能性はあります。しかし、大手の店舗から物件が遠ければクレーム対応などのレスポンスが悪くなることは否めません。

また、あまりに遠い地域の物件の場合、大手であっても管理を断られることがあります。その

田舎の物件はむしろ管理会社を先に探す

田舎にはそもそも管理会社が少ない（大手は１件もない場合が多い）

よい管理会社が存在しない地域の満室経営はかなり困難

➡ 田舎の物件を購入するのであれば、購入前に管理会社を見つけ出す
（よい管理会社が見つかれば、購入を検討する）

場合、よい管理会社に依頼できる可能性は絶望的です。

そのため、田舎の物件を購入したい場合、物件そのもの以上に、管理会社を先に探すことが大切なのです。

田舎の物件は、よい管理会社が見つからない場合は購入をあきらめるくらいの覚悟で管理会社を探した方がよいでしょう。

6

よい管理会社は〝足〟で探す

よい管理会社は〝足で探す〟のが大原則です。東京23区など広大なエリアで不動産投資を行っている場合、23区の西側にある物件を、東側にある管理会社が管理するのは難しいのが実情です。どんなによい管理会社でも、物件までの距離が離れすぎていると、移動だけで2時間くらいかかり管理が手薄になってしまうからです。ですので、**それぞれの物件の近くに最適な管理会社があるのが理想**です。そのために、物件の周辺を歩き、管理会社を探すのです。

その場合に大切なのは、探す順番です。沿線で考えると、まずは物件の最寄駅前を回ります。最寄駅前に大手や中小などが多数存在していれば、それらの会社を全部チェックします。**最低でも4件以上は回るように心がけてください**。4件〜10件程度回ることができれば、それぞれの店内や営業の雰囲気などを比較できますので、その中から最もよい管理会社を選択します。

残念なことにその最寄駅に管理会社候補がない場合は、隣の駅などに行き同様に探します。隣の駅にも同様に管理会社がなかった場合、一番近いターミナル駅に向かいます。ターミナル駅

管理会社は足で探す

西武池袋線の例　　よい管理会社探して訪れるべき場所

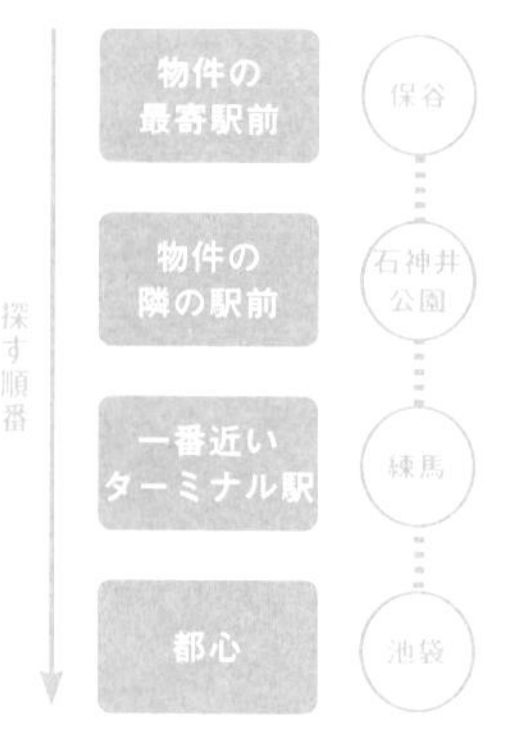

▶ その物件の最寄駅の中小、大手の不動産屋を最低でも4件以上は回る。

▶ 最寄駅にあまり不動産屋がない時は、いくつか隣の駅に足を運ぶ。

▶ それでもだめなら、乗り換えなどのターミナルになっている大き目の駅に行き、そこの不動産屋も回る。

▶ 上記のどこにもよい不動産屋がなければ、物件から行くことができる最も都心の駅周辺の不動産屋を回る。

とは複数路線が乗り入れる、大きめの駅のことです。みんな大好き西武池袋線で例えると、ターミナル駅のイメージは3線利用可能で新宿、渋谷、池袋に直通する練馬駅です。こういったターミナル駅周辺であれば、大手や中小の不動産屋が営業しているため、よい管理会社候補が見つかる可能性も高まります。

　しかし、ターミナル駅でもよい管理会社候補を見つけることができない、もしくはそもそもターミナル駅がないという場合は、その路線で最も都心の駅で探すのがよいでしょう。

　先ほどの西武池袋線でいうと池袋駅です。都心は上京してきた人が家探しをするときの起点になるため、他に選択肢がない場合は、都心で探すのがセオリーとなります。

7 管理会社を探すタイミング

管理会社を探すタイミングは、物件の買付を入れた後から、売買契約の前までの1~2週の間です。

すでに満室の物件で現オーナーの管理会社に大きな問題がない場合は、管理会社はそのまま踏襲してもよいです。しかし、現状の管理に問題があると思われる場合は、管理会社を変更しなくてはなりません。管理会社を変更する理由は多々ありますが、例えば、空室が多いのに募集を行えていなかったり、入居者の審査が緩く滞納などが複数発生しているなどの管理会社は変更する場合が多いです。

通常、管理会社の変更には1~3か月ほどの事前通知が必要ですが、物件のオーナーが変わる時にはそれらの事前通知がなくても変更できる場合が多いです。オーナーが変わるタイミングで管理会社を変更できるよう、あらかじめ決済までに新しい管理会社を探しておく必要があります。

管理会社探しは、基本的に売買契約までに行うのが効率的です。というのも第5章で説明した

取引の大まかな流れと管理会社を探すタイミング

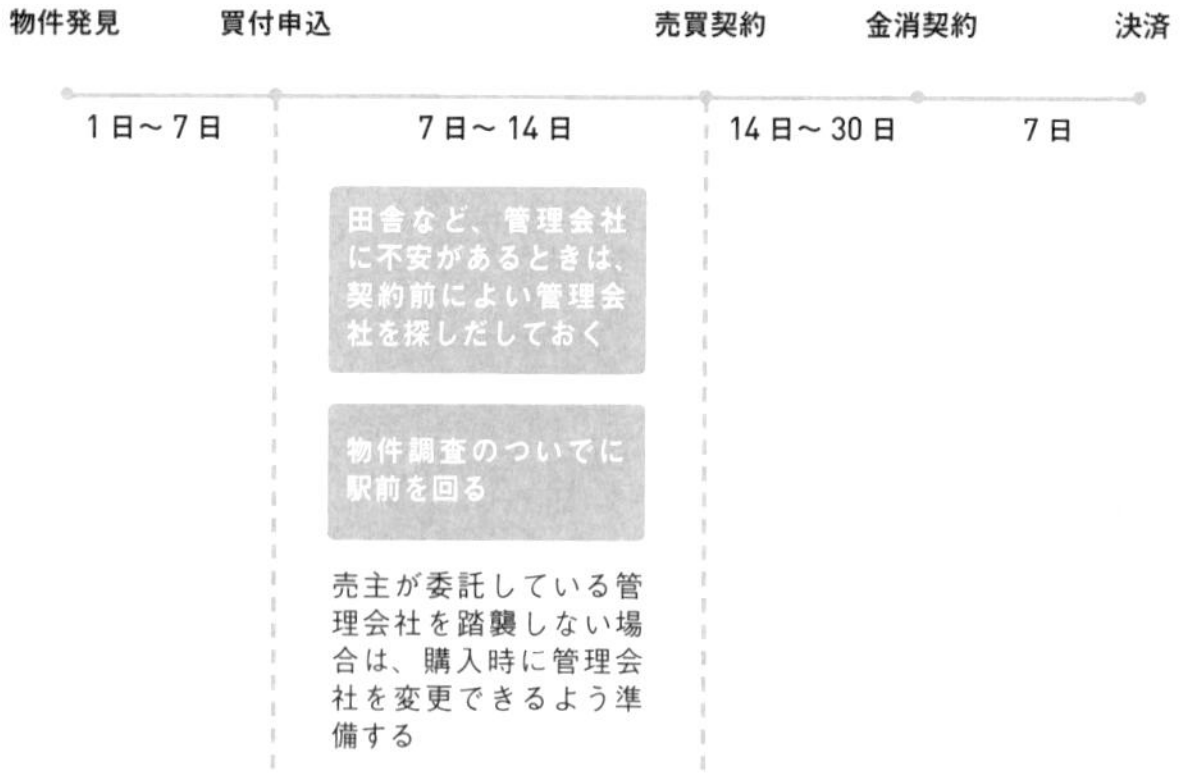

物件発見　買付申込　売買契約　金消契約　決済

1日〜7日　7日〜14日　14日〜30日　7日

田舎など、管理会社に不安があるときは、契約前によい管理会社を探しだしておく

物件調査のついでに駅前を回る

売主が委託している管理会社を踏襲しない場合は、購入時に管理会社を変更できるよう準備する

物件調査に行くのなら、ついでに管理会社も探すのが効率的

通り、買付申込を入れてから売買契約までの間に、その物件の現地調査を再度行うためです。

せっかく物件を見に行くのですから、ついでに駅前を回って管理会社を回った方が効率的でしょう。また、田舎の物件の場合、契約前までに物件を任せられそうな管理会社にめどをつける方が安心して契約に臨めるからです。

もちろん、その物件の最寄駅前にたくさんの不動産屋が営業しており、管理会社が選り取り見取りな環境であれば、売買契約後に探しても構いません。

8 管理を頼んではいけない会社の例

よい管理会社の特徴は共通点が多いですが、よくない管理会社の特徴は千差万別です。そして、残念なことに世の中に存在する管理会社のほとんどはよくない管理会社です。

よい管理会社は足で探すしかありませんが、それでも絶対にここだけに依頼してはいけないという管理会社のパターンを3つほどお伝えしたいと思います。

その3つとは**「リフォーム系」「安かろう悪かろう」「古臭くやる気なし」**です。

まず「リフォーム系」ですが、本業がリフォーム業者やその関連会社に多いパターンです。これらの管理会社は、ちょっとしたことでも高額なリフォームを提案してきます。例えばユニットバスのままで十分に満室にできるアパートに対して、フロとトイレを別々にしないとお客さんは入らないなどと根も葉もないことを言ってきます。こういった業者はよく賃貸の仲介手数料「無料」を謳い、入居募集をしています。管理会社の大事な収益源である仲介手数料をもらわなくても商売が成り立つのは、大家さんからのリフォーム代で稼いでいるからでしょう。なお、私はリフォームがダメだと言っているわけではありません。もちろん必要なリフォームはきちんと行わなくてはなりません。しかし、リフォームは適正な価格を調べ、リフォームしたことによりアップする家賃や入居率との費用対効果を計算したうえで行うべきものです。入居募集ができないというような管理会社の言葉を鵜呑みにしてはならないのは自明のことですし、そういった管理会社とは付き合うべきではありません。

２つめは「安かろう悪かろう」です。これは新進気鋭や独立したての売買専門業者などで見られるものです。一般的な物件の管理手数料は月々家賃の５％が相場ですが、こういった業者は管理物件を拡大するために３％など格安で管理を引き受けています。もちろんそれがすべて悪いというわけではありません。しかし、まだまだスタッフなどが充実していない状態での過度な管理拡大はあまりよいことではありません。その会社の管理キャパを超えてしまったり、無理に遠方の物件の管理を引き受けてしまったりすると、管理が手薄になってしまう可能性があります。格安に引き受けてくれるところすべてが悪いわけではありませんが、管理の経験が少ない会社が格安を条件に出してきた場合は注意が必要です。

３つめは「古臭くやる気なし」な業者です。割合としてはこのパターンに当たる確率が最も大きいでしょう。いわゆる個人商店規模の小さな店舗が多く、古い机と調度品が置かれ、昭和から時が止まったままの佇まい。店主は奥の方にいて、お客さんが来ても読んでいる新聞から目を離

第7章
管理会社探しから始まる満室経営

管理を頼んではいけない会社の例

リフォーム系	▶本業がリフォーム業者の流れをくむ管理会社の場合、ちょっとしたことでリフォームしましょうと提案してくる。 ▶よく賃貸の仲介手数料無料を謳っていたりする。（利益の源泉は大家さんからのリフォーム代なので）
安かろう悪かろう	▶新進の売買専門業者が賃貸管理を始めた場合など、管理手数料を3％にするなど、格安な料金を提示してくる。 ▶管理キャパを超えて遠方の物件などの管理を請け負った場合、管理が手薄になる可能性がある。
古臭くやる気なし	▶古臭くやる気のない、昔の殿様商売気分のままのお店。 ▶客付の方法などを聞いても、ウェブを使うなどの具体的な答えが出てこない。

さないという、接客態度が最低レベルの業者です。こういう店舗の店主や店員に客付などの方法を質問しても、具体的な回答は得られません。ウェブのポータルサイトを使って客付募集をしていることや、1か月に何人くらい新規の入居者を案内しているなど具体的な回答が返ってこない業者に管理を任せることはできません。中小でも素晴らしい担当者がいる反面、こういった業者も多数存在するので、1件1件根気よく探していく必要があります。

こういった3つのパターンの業者を避け、しっかりと管理を任せることのできる業者を探してください。

9 いち早く満室にするためのアクション

どんなによい物件を購入し、どんなによい管理会社に管理を依頼しても、いつかは必ず退去者が現れ空室が発生します。空室は不動産投資家にとって避けては通れないものなのです。

しかし、過度に空室を恐れる必要はありません。優れた不動産投資家たるもの、いち早く満室にするためのアクションを淡々と実行するのみです。

そのアクションのキモは**「口は出しすぎず、出さなすぎず」**というものです。一般的に満室時、不動産投資家は管理会社と話をすることはありません。しかし、空室の時はそれではいけません。適切なタイミングに適切な内容を管理会社と相談して取り決める必要があるからです。

空室になると毎日のように管理会社に電話をかけて、早く満室にしてくれと責め立てる不動産投資家がいます。一方、空室になってもまったく興味なく管理会社と話をしない投資家もいます。

このような口を出しすぎる投資家と口を出さなすぎる投資家のままでは満室経営は難しくなります。

まず、口を出しすぎる投資家は、下手をすると管理会社の担当に嫌われてしまうのが最大の問題です。担当も人間ですから、毎日のように電話で責め立ててくるような人の物件を大切にしようとは思わなくなります。責め立てる人は自分自身の空室への不安を管理会社の担当にぶつけているだけではないのかと自問自答しましょう。

次に、おおらかに対応しすぎ、口を出さなすぎる投資家は、残念ながら管理会社の担当から忘れ去られてしまいます。もしくは、後回しにされます。管理会社はあなたの保有する物件と同じような間取りで同じような家賃のアパートをたくさん管理しています。入居を希望する人が来た時に、その中であなたの物件を思い出す、もっと言えばあなたのことを思い出してもらえないと、別の似たような物件を紹介することになるからです。

ですから、嫌われるほどではないけど、忘れられるほどでもない「口は出しすぎず、出さなすぎず」という立ち位置が重要なのです。

「口は出しすぎず、出さなすぎず」とは、具体的には空室になったら、多くても2週間に1回、少なくても1か月に1回くらいの頻度で電話をするなり店舗を訪問することです。

満室の時は一切電話や店舗の訪問をしなくてもよいですが、空室になったらちょっとだけ積極的に連絡をとりましょう。

いち早く満室にするためのキモ

口を出しすぎると → 面倒くさがられ、嫌がられては本末転倒

出さなすぎると → 忘れられ、後回しにされる

口は出しすぎず 出さなすぎず 

- 頻度は多くて2週間、少なくとも1か月1回。話す内容は、募集条件について。期限を区切り、募集条件を決める
- 次回の電話は、期限の翌日にする

その時に話す内容は募集条件についてです。募集条件とは「家賃設定」「AD／フリーレント」「その他キャンペーン」です。

「家賃設定」は管理会社の意見を参考にして、家賃をいくらにするかを決めることです。一般的に繁忙期の1～3月は高めの家賃設定にできますが、閑散期の6～8月は家賃設定が安くなってきます。季節変動やそのエリアの需要などは、よい管理会社であればある程度把握しているはずなので、無理のない家賃の相場を提案してくれるはずです。

次に**「AD／フリーレント」**です。ADは広告費という意味合いで、本来は入居募集の広告のための費用です。しかし現在では、入居を達成してくれた業者への報酬の意味合いが強くなっています。このADは通常、管理会社の懐に入るというよりは、管理会社に入居者を紹介してくれた他社

に支払われます。そのためＡＤが多ければ多いほど、たくさんの他社が積極的にあなたの物件を広告してくれるようになります。その意味では広告費といえるかもしれません。フリーレントは、入居者に対して入居後１～２か月の家賃を無料にするというサービスです。ＡＤもフリーレントも賃料の何か月分というように表現されます。例えば、「ＡＤ３」は「ＡＤは家賃の３か月分」という意味で、「フリーレント３」は「３か月間は家賃を無料にします」という意味です。

このＡＤとフリーレントはよく「転用可」とされることがあります。これはＡＤでもフリーレントでも業者の采配で決めてよいという意味です。ＡＤ３（フリーレント転用可）とすると、入居者を紹介してくれた業者の采配で３か月をＡＤかフリーレントに割り振ることができるようになります。例えば、ＡＤ２と入居者へのフリーレント１か月などに割り振るといったように、入居者を探してくれる業者次第で決められるということです。

この「ＡＤ／フリーレント」は東京周辺では１～３か月程度が一般的ですが、自分の物件で何か月分にするかについては管理会社とよく相談してください。エリアによって最低１か月はついているところや、２か月つけないといけないところなどがあるため、そのエリアをよく知っている管理会社の意見を参考にする必要があるからです。

「その他キャンペーン」についても言及しておきます。これは投資家のセンスによるのですが、例えば駅から遠い物件などでは自転車をプレゼントしたりする人がいます。テレビなどの家電をプ

話し合うべき募集条件の内容

家賃設定	▶家賃をいくらにするか、管理会社と相談して決める ▶1～3月は家賃が高く、6～8月は家賃が安くなる ▶ポータルサイトの表示などを加味して決める
AD（広告費）フリーレント	▶周囲の物件のADやフリーレントの条件を確認して決める ▶一般的には1～3か月分くらいつけるところが多い ▶ADとフリーレントどちらも転用可能にすることもある
その他キャンペーン	▶自転車プレゼント、お米プレゼント、無料Wi-Fi、壁紙を入居者の好きな色に選べるキャンペーンなど投資家のセンスにより多岐にわたる

レゼントしたり、お米をプレゼントしたりする投資家もいます。坂の多い地域の物件を持つ投資家さんとは原付プレゼントの企画を話したこともあります。どのようなプレゼントが喜ばれるかは入居者の属性によるので、自分自身の物件のターゲット層に合わせていろいろ試してみてください。

管理会社との募集条件を決める時にとても重要なのが**「期限を区切る」**ということです。具体的には2週間～1か月後まではその募集条件で募集をかけてもらい、反響を確認して募集条件を変更していくのです。

例えば、次ページの図のように7月1日に管理会社と相談し7月31日までの期限を区切って家賃やADなどの募集条件を決めます。

期限を区切って募集をかける（7月、8月の例）

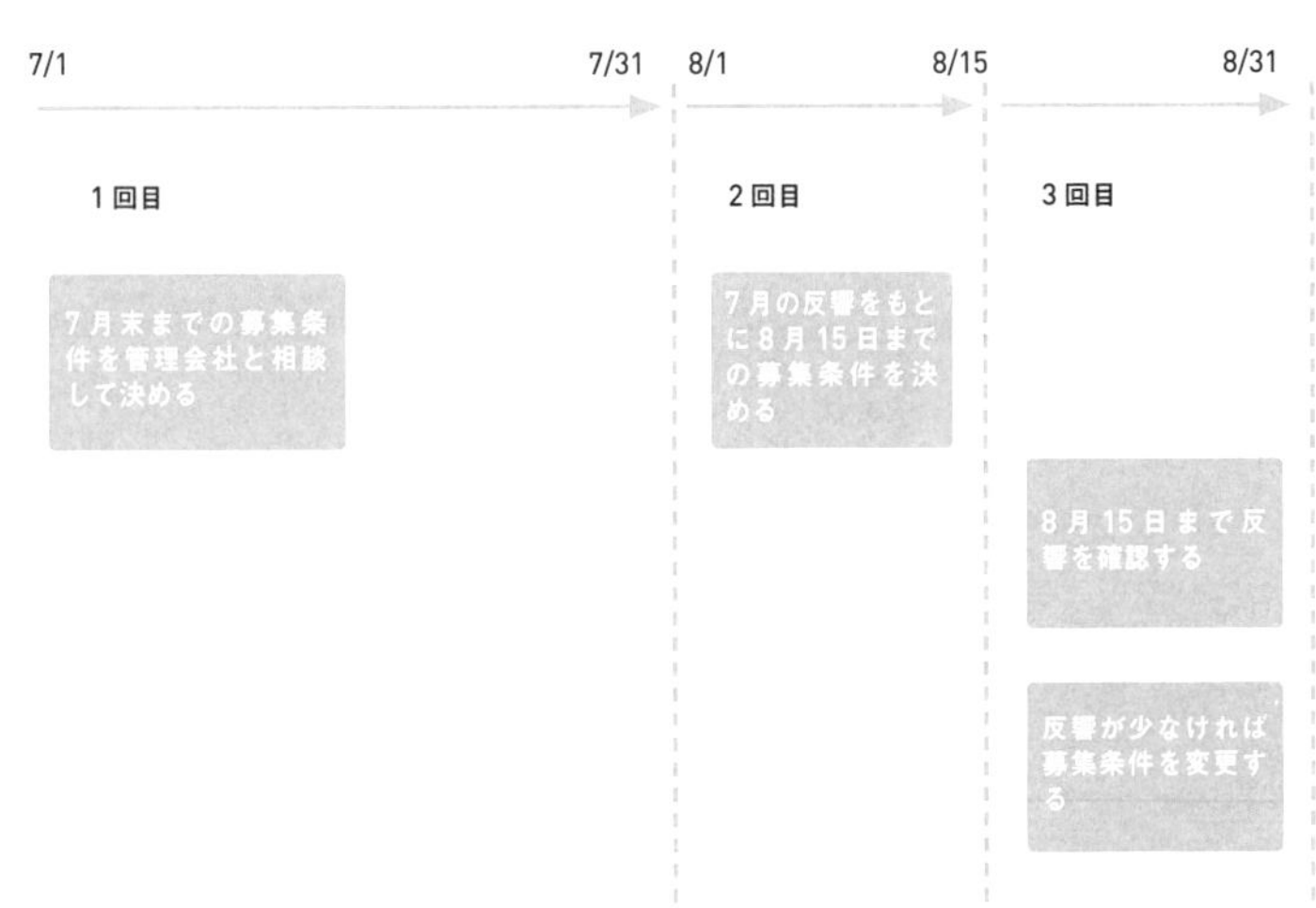

そして、期限の翌日である8月1日に管理会社に連絡をとるのです。その時、7月中の入居問い合わせ件数などの反響や、家賃は高すぎないか、ADは少なすぎないかなどの条件を再確認します。それらの情報をもとに8月15日までの募集条件を取り決め、募集を再開してもらいます。

そして、期限の翌日である8月16日に管理会社に連絡をとります。前回と同様に反響や募集条件の変更を話し合います。これを1か月に1回、もしくは2週間に1回の頻度で行うことで、管理会社にしっかりと動いてもらえる立場を築き上げるのです。

「口を出しすぎず、出さなすぎず」期限を区切ってしっかりと募集条件を決めることで、いち早く満室を実現してください。

第7章のまとめ

◎よい物件×よい管理会社＝満室経営

◎管理会社は管理と客付、どちらがその物件に必要なのかで決める

◎大手は質が一定だが高コスト、中小は低コストだが質がバラバラ

◎田舎の物件はよい管理会社が見つからない場合は購入をあきらめる

◎物件の最寄駅、ターミナル駅、都心駅の順に管理会社を探す

◎避けるべき3パターンは、「リフォーム系」「安かろう悪かろう」「古臭くやる気なし」

◎「口は出しすぎず、出さなすぎず」「期限を区切って」募集条件を決める

第 8 章

売買契約・金消契約、
そして
大家さんの第一歩

1 売買契約までに理解しておくこと

いよいよ物件の売買契約が迫ってきました。初めての売買契約は期待と不安が入り混じっていることでしょう。

この売買契約の前に必ず理解しておかなくてはならないのが**重説（重要事項説明書）**です。不動産の売買契約では、売買契約書に押印する前に、買主はその不動産の重要な内容を書き記した重説についての説明を受けなくてはならないのです。

重説の説明は、必ず宅建士（宅地建物取引士）が行います。通常は説明時に宅建士免許を提示されます。

この重説には、物件そのものの情報や関係する法令などが事細かに記載されており、すべてが大切な内容となっています。しかし、内容が細かすぎて初心者がすべてを理解することは困難です。そのため、最初は「再建築に関すること」「契約条件に関すること」の2つのことだけに注意してください。

まず重説の中で最も大切なのは**「再建築に関すること」**です。再建築の条件については第3章にて説明しましたが、**物件の前面道路の種類、道路の幅員、その間口の長さから、きちんと再建築ができるということを改めて確認してください**。

これは重説に必ず記載されているため、そのページと役所などが発行している道路台帳などを確認することで情報が正しいことをチェックできます。道路台帳の情報などは調査した不動産業者に説明してもらいましょう。

前面道路が私道の場合は、私道の持ち分があるのか、ない場合は掘削権や通行権について確認しましょう。掘削権とはガスや水道などの配管を引き込む際に、私道を掘削してよいかという権利で、私道の持ち分がない場合は、私道の所有者の許可が必要になります。

セットバックがある場合は、その面積についても確認します。隣地との境界についても、隣地所有者と押印済みの確定した境界なのか、未確定の境界なのかを正しく把握しておきます。隣地との境界があいまいなことは、古い物件では珍しくないため、境界が未確定なことを必要以上に恐れることはありません。しかし、間口がギリギリ2メートルの物件などの場合、境界が数センチずれてしまうと再建築ができなくなる可能性があるので、隣地との境界をはっきりさせる必要があります。

また、再建築の際に建てられる建蔽率と容積率についても改めてチェックしておきます。特に容積率については前面道路の幅員により制限を受ける場合があります。不動産業者からもらった物件のマイソク資料には容積率200％と書いてあったとしても、前面道路の幅員により160％など少し狭くなったりする場合もあります。これらに関しても、重説には正しい内容が書いてありますので、必ず重説を正として理解してください。

次に重説で2つめに大切な**「契約条件に関すること」**を説明します。契約条件のチェックでは、物件そのものではなく、**契約内容について売主側・買主側に有利・不利になる条件がないかということをチェックします。**

まず、必ずチェックするのが、日付についてです。最初は手付解除日付です。手付解除とは、売買契約時に支払った手付金を放棄（売主に差し上げる）して、契約を解除できるということを意味します。この解除日付がいつまでなのかを把握しておけば、万が一の時には手付金を放棄することで物件購入をキャンセルすることができます。この期限を過ぎてしまうと違約金がかかってきますので、自己都合でキャンセルする場合はこの日付までに行う必要があります。

次に**融資特約日付**についてです。これは融資承認の取得期日と融資特約による解除期日の2つがあります。取得期日とは、この日までに金融機関から融資ＯＫかＮＧかの回答を取得してください という日付のことです。解除期日は融資がＮＧだった場合、この日までに融資特約による売買契約の解除を行ってくださいという日付のことです。

この日付はとても大切です。融資特約は不動産投資家にとって、万が一融資が通らなかった時に手付金を返還してもらい、契約をキャンセルできる最大の保険です。

そのためできるだけ余裕を持った日付の設定になっているかチェックしてください。契約日から最低でも１か月、できれば２か月程度あるのが望ましいです。

あってはならないことですが、融資が通らないことはどんなベテラン投資家にもありますので、その際にはこの融資特約を使わなくてはなりません。しかし、金融機関の融資審査が長引き、融資承認の取得期日に間に合わない場合は、このせっかくの保険が使えなくなってしまうのです。

不動産業者が月内に売上を立てたいなどの理由で、決済を急ぎ、融資特約の日付が契約日から近めに設定されていることがありますので注意してください。

また、残金決済の日付についても、融資特約の日付と同様に十分な日数が確保されているかをチェックしてください。買主側としては、残金決済の日付の直前まで融資特約が使える状態になっているのが理想です。

不動産投資家は必ず、**土地・建物の金額**についてもチェックしてください。不動産投資では土地代金は経費にならず、建物代金のみが減価償却費として経費計上できます。そのため、**総額のうち、建物代金が高いほど節税ができ、今後の賃貸経営に有利となります**。土地・建物の金額は消費税非課税の個人間売買の場合は売主と買主の合意があれば自由に決めることができますので、売主に不利にならないのであれば建物を高めにしてもらうように交渉しましょう。

なお、売主が消費税課税事業者の場合、建物金額を高くすると、売主が支払う消費税が増えてしまうため、交渉しても建物代金を高くすることはできません。

最後に、その他特約についてです。その他特約は一般的には、重説の最後のページに記載されています。これは今回の売買契約について特別に取り決めた内容です。わざわざ特別に取り決めた内容ですから、書かれていることについてはしっかりと理解するようにしてください。

その中で、古い投資物件によくある**瑕疵担保免責**について説明します。古い物件などは値引きをする代わりに瑕疵担保免責とすることがよくあります。これは、物件の瑕疵（白アリや雨漏り、傾きなどの物件の問題）について、買主に説明できていなかったことがあったとしても、受け入れてくださいというものです。

通常、シロアリや雨漏り、傾きなどは外から見ただけではわからないため、売主も把握できて

重説で理解すべきポイント

	ポイント
再建築に関すること	▶再建築可能かどうか ▶前面道路の種類、道路の幅、間口の長さ ▶私道の持ち分（掘削権、通行権について） ▶セットバックの面積 ▶隣地との境界 ▶建蔽率、容積率（前面道路幅員による制限）
契約条件に関すること	▶手付解除の日付 ▶融資特約の日付（取得期日、解除期日） ▶残金決済の日付 ▶土地・建物の金額 ▶その他特約 ▶瑕疵担保免責について

いないことが多いです。もちろん有料で建物の診断を行えば把握できますが、手間やコストがかかります。

そのため、値引きに応じるなどの条件を受ける代わりに、瑕疵についても受け入れてくださいという特約が成立するのです。

逆に、買付申込を行う際に、値引きをお願いする代わりに瑕疵担保免責を受け入れますと表明するなどすると、値引きが通りやすくなります。

2 売買契約時に現オーナーにするべき質問

ついに売買契約の日がやってきました。契約当日に重説の説明を受ける場合は2時間、事前に重説の説明を受けている場合は、1時間程度で売買契約の締結を行います。

不動産業者から事前に連絡が来ている持ち物を持参して契約場所に向かいます。一般的な持ち物は、免許証などの身分証、印鑑、印紙代、手付金の4つです。この中で注意したいのは手付金です。手付金は高額なため、ATMで一度に引き出せないことが多いので注意してください。前日までに銀行の窓口に行って引き出すか、数日に分けてATMから引き出しておく必要があります。また、普段持ち歩かない数百万円単位の現金を持ち歩くことになりますので、なくさないように注意してください。

売買契約時に現オーナーである売主にはしっかりと質問しましょう。売主と会えるのは売買契約時と決済時の2回だけです。この2回で必要なことをヒアリングしてしまわなくてはなりませ

持っていくもの

免許証　身分証（パスポート、住基カード等もOK）
印　鑑　実印でなくてもOK
印紙代　契約書に貼る印紙の代金
手付金　ATMで引き出せない金額の場合は前日までに準備

ん。

質問する主な内容は、**物件の設備、修繕履歴、入居者、管理会社、入居付け、その他の費用**についてです。

物件の設備とは、第5章で説明した現地調査の時に発見した、なんだかよくわからない設備についてです。建物に設置された謎の設備などの疑問は売主にヒアリングして解消しましょう。

また、修繕履歴についても売主が詳細を把握している場合がありますので聞いてみます。入居者については売主が把握している範囲で、どのような性格の人が住んでいるのか、職業やこれまでの滞納状況、問題行動についても教えてもらいましょう。

管理会社については、そのまま継承するのか、変更するのかを判断するためにも売主に詳しく聞きましょう。管理会社のレスポンスのよさや、コミュニケーション、サービスのよさ、客付や営業力などを確認し、管理が得意なのか、営業が得意なのかを把握しましょう。

また売主が不動産投資の玄人だった場合は、この物件やそれ

現オーナーへの質問

物件の設備	外観から判断できない設備は質問する
修繕履歴	これまでの修繕について
入居者	入居者の性格や職業、滞納状況など
管理会社	対応の良し悪しなど
入居付け	入居付けに工夫していることなど
その他の費用	ケーブル TV や Wi-Fi、町会費など

以外で入居付けに工夫していることなどを質問してみましょう。不動産投資の先達としていろいろなテクニックを教えてくれるかもしれません。

それから、今現在、売主が支払っている月額費用についても質問するとよいでしょう。管理会社が把握していない月額費用がかかっている可能性があるからです。例えばケーブルＴＶや無料Ｗｉ‐Ｆｉなどを設置していれば月額費用がかかります。そのほか町会費など管理会社を通さずに売主が直接支払っている費用について、すべて聞いておきましょう。

3 金消契約・決済に向けて揃える書類

売買契約を行ったら、次は融資の金消契約（金銭消費貸借契約）です。金融機関へは買付申込後に、融資の事前審査を依頼し、売買契約後に融資の本申込を行います。基本的に、事前審査を通過していれば本審査の申込も通過できることがほとんどですが、場合によっては融資金額を減額されることもありますので余裕を持った資金計画を立ててください。

金消契約およびその事前準備は平日、金融機関や役所等が営業している時間帯に行わなくてはなりません。多くのサラリーマンは、この準備のために有給を取得しなくてはならないでしょう。そのため必要となる公的書類を一括で取得してくる等、ムダのない動きができるようにあらかじめ必要書類とその取得場所を把握しておきましょう。

本審査および金消契約で必要となる公的書類は、役所で取得するものと税務署で取得するものがあります。役所で取得するものには、印鑑証明書と住民票および所得証明書があります。印鑑証明書は役所にて印鑑登録を行うことで取得可能となります。印鑑登録を行っていない場合は、登録する印鑑を持参し、印鑑登録と印鑑証明書の取得を同時に行ってください。

住民票はマイナンバーカードを発行していればコンビニなどでも取得可能です。もちろんマイナンバーを持っていなくても従来通り役所で取得可能です。

なお役所で印鑑証明書と住民票を取得する際には、**印鑑証明書は3通以上、住民票は2通以上を取得しておく**とよいでしょう。一通当たり数百円の手数料がかかりますが、金融機関への本審査申込時や金消契約時だけでなく、その後の決済時に登記で使用する通数も含めて予備を取得しておいた方がよいからです。

これらに加えて、役所で取得するものに所得証明書というものがあります。これは地方税を収めたことに関する証明であり、住民税課税証明書や納税証明書とも呼ばれます。その名称は各地方の役所、地方の税務署により異なります。この所得証明書は直近の3年分を取得してください。また、すでに所有する不動産がある場合は、その不動産の固定資産税納税証明書もあわせて直近3年分取得してください。

次に税務署（国税）にて取得する書類は、納税証明書（その1）、納税証明書（その2）、納税証明書（その3の2）です。これらは税金に滞納がないかを証明する書類ですが、これらも直近3年分をそれぞれ取得してください。ただし、納税証明書（その3の2）については直近1年分でもよい場合や必要のない場合もありますので、金消契約を行う金融機関の指示に従ってください。いずれにせよ、サラリーマンにとって平日に頻繁に税務署へ行くことは難しいでしょうから多めに取得しておけば安心できると思います。

決済までに必要となる主な持ち物は「決済までに必要な持ち物、書類等まとめ」に細かく記載しましたので参照してください。

必要な書類が整ったら銀行やノンバンクなどの金融機関へ金消契約を結びに行きます。なお、金融機関によっては金消契約の前に本審査のプロセスを挟む場合もあります。

金消契約では公的書類のほかに、自分自身の身分証や勤め先から毎年もらっている源泉徴収票、記帳済みの銀行通帳、実印、購入する物件の契約書と重説などを持参します。配偶者や相続人の連帯保証が必要な場合は、連帯保証人になる人も同行します。

金消契約の内容、すなわちローンの内容については、金融機関の担当者が粛々と説明してくれますので不明な点があれば、都度質問をして理解してください。特に重要なのは、**金利変動時に銀行の返済がどうなるのか**と、**繰り上げ返済時にかかる手数料**などです。

ローンの説明が滞りなく進めば2～3時間で金融機関との金消契約が完了します。金消契約の後、数営業日後には決済を行うことができます。売主側に無事に金消契約が済んだことを不動産業者経由で伝えましょう。

金消契約・決済までの流れと必要な有給の日数

買付申込	準備における留意点	行く場所	必要な有給の日数
事前審査申込	自身の持ち物で準備可能 不動産業者を通じ、申込可能	特になし	0日
売買契約	手付金のみ準備が必要 契約は週末に不動産業者で行える	不動産業者	0日
[illegible]	公的書類の準備が必要 金融機関に行く必要あり	役所、税務署 金融機関	1～2日
金消契約	金融機関に行く必要あり	金融機関	1日
決済	金融機関に行く必要あり	金融機関	1日

決済までに必要な持ち物、書類等まとめ

	No	必要なもの	使用場所	取得方法	備考
金融機関事前審査申込	1	本人確認書類〔免許証、保険証、パスポート、在留カード、特別永住者証明書等〕コピー表・裏両方	金融機関	各自お持ちください	仮申込時は免許証&保険証両方のコピーを提出〔表裏両面必要〕
	2	実印		各自お持ちください	
	3	事前審査申込書		不動産屋 or 金融機関で記載	
	4	会社の源泉徴収票（直近３年分）コピー		各自お持ちください	
	5	確定申告書（直近３年分）コピー		各自お持ちください	
	6	預貯金残高確認書類（通帳の表紙、１ページ目、残高記載ページ、６か月の取引履歴記載ページ）コピー		各自お持ちください	ネットバンクは口座番号・氏名・残高・半年の取引履歴がわかる画面ショット
	7	株式、保険解約返戻金等の金融資産確認書類（保有株式書類、解約返戻金がわかる保険証券等）		各自お持ちください	ネット株式口座は、口座番号・残高がわかる画面ショット
	8	購入予定物件情報（販売図面、レントロール、登記情報、公図）		不動産屋にて準備	
	9	所有不動産確認書類（権利証、登記簿謄本）		各自お持ちください	お持ちの自宅、投資不動産があれば
	10	所有不動産の固定資産税・都市計画税課税明細		会社にて取得	お持ちの自宅、投資不動産があれば
	11	既存ローンの返済予定表		各自お持ちください	お持ちの自宅、投資不動産があれば
	12	賃料収入確認書類（通帳の表紙、１ページ目、直近の家賃入金と残高がわかるページ）コピー		各自お持ちください	お持ちの自宅、投資不動産があれば
売買契約	13	売買契約書・重要事項説明書	不動産屋	不動産屋にて取得	
	14	手付金		各自お持ちください	
	15	収入印紙（売買契約書用）		郵便局にて購入	不動産業者に準備してもらうこともある
	16	本人確認書類〔免許証、保険証、パスポート、在留カード、特別永住者証明書等〕		各自お持ちください	
	17	実印（認印も可）		各自お持ちください	
金融機関本審査申込	18	印鑑証明書	金融機関	役所にて取得	３通以上（登記用を含む）、有効期限３か月
	19	住民票（「世帯全員」「続柄」記載、「本籍」「マイナンバー」省略）		役所にて取得	２通以上（登記用を含む）、有効期限３か月
	20	納税証明書（その１、その２、その３の２）		税務署で取得〔国税〕	直近３年分
	21	住民税課税証明書 or 納税証明書 or 所得証明書（名称は市区役所・地方税務署により異なる）		役所にて取得	直近３年分
	22	所有不動産の固定資産税納税証明書（必要な場合のみ）		役所にて取得〔23区は都税事務所〕	直近３年分
	23	健康診断書		各自お持ちください	会社の健康診断 or 銀行指定の診断書
	24	実印		各自お持ちください	
	25	本人確認書類〔免許証、保険証、パスポート、在留カード、特別永住者証明書等〕		各自お持ちください	
[illegible]	26	口座振替依頼書（ローン引き落としの申込書類）	金融機関	金融機関にて記入	金融機関によっては本申込時
	27	申し込むローン引き落とし口座の通帳と印鑑		各自お持ちください	金融機関によっては本申込時
	28	実印		各自お持ちください	
	29	本人確認書類〔免許証、保険証、パスポート、在留カード、特別永住者証明書等〕		各自お持ちください	
	30	収入印紙（金消契約用）		郵便局にて購入	200円を数枚
決済	31	実印	金融機関	各自お持ちください	
	32	本人確認書類〔免許証、保険証、パスポート、在留カード、特別永住者証明書等〕		各自お持ちください	
	33	収入印紙（領収書用）		郵便局にて購入	200円を数枚

※金融機関によっては、仮申込と本申込および金消契約が同時に行われる場合があります。

4 お金は足りる？ 資金繰りの確認

金消契約が終われば、あとは決済を待つばかりです。決済までの間に決済当日の資金繰りを確認しておきましょう。

不動産を購入する時には、物件価格以外に様々な費用がかかります。それらの諸費用については基本的に自己資金で支払うのが投資用の不動産購入です。

この諸費用は購入する物件の価値にもよりますが、**物件価格に対して約7～10％程度**です。例えば1000万円の物件を購入する場合は約100万円、4000万円の物件を購入するには約320万円、8000万円の物件を購入するには約640万円の諸費用がかかるのです（金額が小さい物件ほど諸費用の割合は大きくなる傾向があります）。

つまり、**金融機関からフルローン（物件価格と同額のローン）を受けても、付随する諸費用を支払うことができなければ、物件を購入することはできない**ということなのです。

一般的な諸費用の内訳は、固都税（固定資産税・都市計画税）の日割り、登記関連費用、ローン手数料、火災保険、仲介手数料などです。

諸費用の内訳は不動産業者が作成する「精算金計算書」にて把握します。「精算金計算書」には、物件の残代金から月額家賃の日割りや、敷金等、固都税の日割り等を相殺した金額などが記載されています。気の利いた不動産業者であれば、これに加えローン手数料や登記費用、火災保険や仲介手数料など、売主の資金繰り全体を把握できるような「精算金計算書」を作成してくれるでしょう。

次の精算金計算書（イメージ）は、物件価格8000万円のアパートの例です。諸費用合計は608万4800円かかり、最終的に決済当日には444万2411円の現金を用意する必要があるということがわかります。

この金額を把握し、決済口座に十分な現金を移しておけば、安心して決済に臨めるでしょう。

精算金計算書（イメージ）

項目	金額	備考
【物件売買】		
物件価格	80,000,000	…1 物件の販売価格
手付金	1,000,000	…契約時に支払済
（小計）残代金	79,000,000	
XX 月賃料 6 日分	− 110,413	…売主→買主
敷金（1 か月分）	− 570,469	…売主→買主
固・都税精算	38,493	…買主→売主
売主様への支払額	78,357,611	…2 決済時支払額
【物件売買以外の費用】		
所有権移転登記（司法書士）	1,322,000	…現金支払
ローン手数料	1,728,000	…ローン金額から差引き
火災保険	378,000	…現金支払
弊社仲介手数料（税込）	2,656,800	（販売価格×3%＋6 万円）×消費税
（小計）諸費用合計	6,084,800	…3 諸費用合計
【最終的な現金の流れ】		
売主様への支払額	78,357,611	…2
（小計）手数料合計	6,084,800	…3
支払額合計（②＋③）	84,442,411	…決済当日に動く現金
ローン金額	80,000,000	…フルローン融資額
必要な自己資金	4,442,411	…決済までに用意する現金

※振込手数料等は省略

5 引き渡し後はすぐに管理契約を行おう

資金繰りやその他準備が完了していれば、決済自体は拍子抜けするほどサッと終わります。売主・買主、それぞれの業者および、司法書士が金融機関に集まると、早速ローンが実行され売主の指定口座に残代金が振り込まれます。売主が着金を確認すると、司法書士がその足で登記を行いに向かいます。当日中に登記できるように、決済は午前中に行うのが一般的です。

登記のために司法書士が退出した後は、残代金や日割り精算をした固都税や家賃などの領収書を受け渡し、無事取引終了です。

なお、決済は売主さんにお会いできる最後の機会となりますので、契約時に聞けなかったことがあれば質問しておくとよいでしょう。

引き渡しが終わったら、次は管理契約です。前オーナーが委託していた管理会社を承継する場合でも、新しい管理会社に切り替える場合でも、できるだけすぐに管理会社との委託契約を行わなくてはなりません。

すぐに管理契約を行おう

管理不在期間の防止	入居者に迷惑をかけないため
家賃回収トラブル防止	振込先変更には十分な期間を設ける
好条件を承継する	前オーナーの好条件な契約はそのままで

物件のオーナーが変更するタイミングでは、家賃が前オーナーに振り込まれたり、元の管理会社と新しい管理会社で申し送りがうまくいかなかったりします。特に家賃の振込先が新しい管理会社に代わる場合、入居者に大きな負担をかけることになりますから、速やかに動き、家賃の振込先変更などのリードタイムを長くとれるようにしてください。

決済時に丸一日すべて有給を取得している場合は、その日の午後にでも管理会社に向かいましょう。管理会社へは事前に電話で訪問する旨を伝えておけば、管理委託の契約書を準備してくれます。

前オーナーの管理会社を承継する場合、前オーナーがやり手の不動産投資家で管理委託手数料が、割引されていることもあります。その場合は前オーナーと同等の手数料で承継できるように交渉してみましょう。意外とそのまま割引された手数料で引き受けてくれることが多いです。

6 最初の1か月は自分で掃除をしよう

ついに念願の大家さんデビューです。しっかりと学び、数値に裏付けされた資産価値の高い物件です。たとえ築古の物件だったとしても、一国一城の主になったことは感慨深い出来事だと思います。

早速、この気持ちが高まっているうちに、物件の掃除に行きましょう。管理会社に定期清掃などを委託する場合も多いですが、最初の1か月は自分で掃除することをおすすめします。

というのも、**物件をすみずみまで掃除すると、これまで見えていなかった細かな故障箇所を発見することができるから**です。

自分自身で1時間ほどかけて、廊下や庭などの共用部や鉄部などを掃除していると、ゴミの貯まりやすい場所や、ちょっとした塗装の剥げなどを見つけることができ、物件の状態判断ができるものです。

不思議なもので、物件に出向いても、漠然と見回るだけでは物件の状態判断はできません。汚れているところを見つけてきれいにしようという、当事者意識を持って初めてわかることがあるのです。

発見した故障箇所で雨水が入ってきそうなところなど緊急性の高い箇所は、管理会社に連絡し修繕の手配をします。最初の1か月は、1回でも2回でも物件に足を運び、自分の目で物件の状態を確かめることを心がけてください。

物件の状況にもよりますが、掃除に行くにあたり持っていくとよいものを302ページの図にまとめました。

定番のほうき・ちりとりに加えて、マグネットフックも用意しましょう。マグネットフックは柱などの鉄部にくっつくので、そのフック部分にほうきとちりとりをかけておけば、すっきりと保管できるでしょう。

また、掃除の際は必ず軍手を着用してください。素手で掃除をしていると、アパートのサイディング（金属のパネル）の先端がささくれて尖っていたり、思わぬところで手をケガをするからです。

次にゴミ袋ですが、通常であれば45リットルくらいのものでも構わないのですが、草むしりを行うのであれば、90リットル以上の大きめのものを用意してください。草はかなりかさばりますので、ゴミ袋は大きければ大きい方がよいです。

雑誌などをしばるのに用いるビニールヒモとハサミもあると便利です。物件の掃除で雑誌をしばることはありませんが、ドアをヒモで引っ張って開けっ放しにする時などあると重宝します。紙・ペン・テープは、現地で入居者に向けてお知らせしたいことを思いついた時にすぐにお知らせを書いて貼るために持参します。共用部を掃除した後に〝共用部にゴミを捨てないでください〟などの張り紙をすることができます。

共用部に水道があるのであれば、ふき掃除用のバケツとぞうきんも用意するとよいでしょう。また、コーキング材（シーリング材）も用意していくとよいでしょう。コーキング材とは、ヒビワレを埋めるために使う、シリコン系もしくはウレタン系の接着剤のようなものです。パテや紙粘土のようにヒビワレに埋め込むと固まってくれますので、手の届く範囲でちょっとしたヒビワレの修繕に用います。

コーキング材はホームセンターに行くと数百円で購入できます。白色のものからベージュやグレーなど色が選べますので、物件の外壁の色に合わせて選んでください。

なおコーキングした後に塗装をするのであれば、ウレタン系のものを選んでください。シリコン系のものを選ぶと塗装ができない場合があります。

そのほかにも、ホームセンターでは物件管理に有益な様々なものが売られています。物件の掃除で発見できた故障箇所に合わせ、必要な物を調達してください。

掃除に便利な道具 まとめ

ほうき・ちりとり	柄の長いほうきがおすすめ
マグネットフック	ほうき・ちりとりを柱に設置する
軍手	尖った部分などがあるため必ず着用
ゴミ袋	45リットル、草かりを行うなら90リットル
草かり用カマ	資金に余裕があるなら電動がおすすめ
ビニールヒモ	雑誌などをしばるヒモはあると便利
ハサミ	ヒモを切るのに必須
紙・ペン・テープ	入居者へのお知らせを書く
バケツ・ぞうきん	ふき掃除用
コーキング材	小さなヒビはその場で埋めてしまう

7 税務署に青色申告の届け出をしておこう

いよいよ不動産賃貸業を開始しました。初めて物件を購入したら、まずは「青色申告の届け出」を行いましょう。この届出手続きは、正式には「所得税の青色申告承認申請手続」といいますが、ここでは簡易的に「青色申告の届け出」とします。

大家さんでも八百屋さんでもラーメン屋さんでもすべての事業者は年に一度、前年の所得を税務署に確定申告し、その確定申告した金額に基づいて税金を納めなくてはなりません。その申告書の紙の色には青色と白色があります。この青色の紙を用いて申告をするので青色申告といいます。

この青色申告の届け出とは、家賃の確定申告について青色の申告書を用いてよいという承認を受けるためのものです。この届出を出さない事業者は自動的に白色申告となります。

次節で説明しますが、この**青色申告には様々な特典がありますので、不動産賃貸業を行うのであれば必ず届け出しておいた方がよい**でしょう。

なお届出書は最寄りの税務署にありますので、税務署に行って入手してください。書き方がわからない場合は、税務署の職員の方に質問すれば丁寧に教えてもらえますので、困ることはないでしょう。

届け出に際し、注意すべき点は手続きに期限があるということです。**青色申告の届け出は、事業開始から2か月以内に行わなくてはならない**のです。それ以降に届け出てしまうと、今年の分の確定申告は白色になってしまいますので注意してください。

去年までは白色申告で、今年から青色申告にしたい場合は、その年の3月15日までに届け出ることで、その年の確定申告（確定申告するのは翌年1月～3月15日）を青色申告で行うことができます。

また、配偶者や家族などを従業員として給与を支払いたい場合には、併せて「青色事業専従者給与の届け出」も提出しましょう。ただし、給与を支払うと扶養控除などから外れてしまう場合があるので注意してください。

青色申告の届け出の提出期限

① 事業開始日（決済日）から2か月以内

② 青色申告したい年の3月15日まで

8 青色申告のメリット・デメリット

青色申告には白色にはない様々な特典があります。その恩恵のうち最も大きいのが青色申告特別控除です。この控除は最大で65万円も所得を控除してもらえるというものです。

経営する賃貸物件が事業的規模と認められれば（電子申告の場合）65万円の控除、業務的規模であれば10万円の控除を受けることができます。一般的にアパートやマンションを10室以上、もしくは貸家などを5棟程度所有していれば、事業的規模と認められるそうですが、その規模に満たなくても事業として営んでいることが明らかであれば事業的規模と認められる場合もあります。杓子定規に5棟10室で決まるわけではありませんので、不動産に詳しい税理士などと相談して決めてください。

青色申告のメリットとして次に重要なのは、純損失の繰越ができるということです。ある年の確定申告で赤字を出してしまった場合、その赤字を3年間繰り越すことができ、翌年以降の黒字と相殺することができるのです。

青色申告のメリット・デメリット

	事業的規模（5棟10室）	業務的規模
メリット	▶青色申告特別控除（65万円） ▶純損失の繰越・繰戻 ▶青色専従者への給与支払 ▶資産損失の全額必要経費計上	▶青色申告特別控除（10万円） ▶純損失の繰越・繰戻
デメリット	▶帳簿を整備しないといけない（簿記がわからないと記帳できない）	

また事業的規模であれば、青色専従者給与を支払えることや、賃貸物件を取り壊した際にその資産損失を全額経費として計上することができるというものがあります。なお、業務的規模の場合はその年の不動産所得の額までしか資産損失を経費として計上できず、残りは切り捨てとなります。

このように青色申告には様々なメリットが存在しますが、1つだけデメリットもあります。それは、帳簿を付けなくてはいけないということです。簿記が苦手な方には多大なるデメリットといえますが、B／S、P／L、C／Fの財務3表を理解している不動産投資家であれば大丈夫だと信じています。

少し勉強すれば簿記は理解できるはずです。基本の仕訳さえ理解すれば、今はクラウドなどの会計ソフトが豊富に出ていますので、それらを利用すればおおむね大丈夫です。ただ、どうしても簿記が理解できない場合や、時間がない場合は税理士に記帳代行も含めて依頼してください。

9 年間スケジュールで大切なポイント

不動産投資家の年間スケジュールはそれほど忙しいものではありません。きちんと儲かるよい物件を購入しさえすれば、日々の仕事はそれほど発生しないからです。もちろん空室があればその対応は必要ですが、それ以外は年間を通してある程度余裕のあるスケジュールが見えてくるでしょう。ここでは一般的な年間スケジュールを通して、押さえるべきポイントを説明します。

まず、1年で最も重要な繁忙期の募集についてです。賃貸の繁忙期といえば1〜3月です。新年度の4月に向けて多くの人が移動するため、家を探す人も多いからです。空室がある場合、この1〜3月の時期に入居を決めることができれば、家賃相場も高めに設定することができてベストです。この1〜3月に募集を開始するためには前年の12月くらいから動き始める必要があります。管理業者と密に連絡を取り合い、募集条件を変えながら反響を見て積極的に募集をかけてください。とはいえ実際のアクションは少なく、2週間に一度、管理会社に出向くか、電話連絡をする程度です。

4月までに満室にできなかった場合は、5月の連休まで募集を続けましょう。近年は4月の引越費用の高騰などから5月以降に引越をずらす人も出ていますので、そういった人のニーズを確保します。

5月の連休付近には、もう1つ大切な仕事があります。それは〝除草〟です。所有する賃貸物件の庭などに雑草が生えているのであれば、梅雨になる前に草むしりを行い、除草剤を撒きます。この時期に除草を行わず夏を迎えてしまうと、物件の庭が雑草でとんでもない状態になりますので、草むしりは梅雨に入る前の5月中に行いましょう。

6～8月はあまり賃貸市場が動かない時期になります。この時期は家賃を下げざるを得なくなりますので、管理会社と相談して下げ幅を考えながら募集してください。物件の売却を検討している場合は、無理に低い家賃で入居者をつけると利回りが下がってしまいますので注意が必要です。

9月に入りますと多少、賃貸が動き出します。この時期になると来年の繁忙期が見えてきます。この繁忙期に向けて退去した部屋の原状回復・リフォームなどを早めに手配していきましょう。年末になると大工さんも忙しくなってきますので、できるだけ早く原状回復・リフォームしてしまうのがよいでしょう。

12月に入ると来年の4月に向けた繁忙期への助走が始まります。この時期から徐々にテレビなどでも大手賃貸会社のＣＭが流れ始めますので、マーケットに合わせて家賃設定を見直し、募集を開始してください。

これが不動産投資家の年間スケジュールです。満室で推移すれば実際には1年間ずっと募集しないこともあるかもしれません。それ以外には時々発生する、エアコンなどの設備の故障などに対し、管理会社に修繕を依頼するといったところでしょう。

また、年に一回、1月~3月15日までの間に税務署に確定申告を行わなくてはなりません。そのために帳簿を付けるという作業も適宜必要となるでしょう。帳簿自体はいつ記帳しても構いませんが、1年分ためると記帳が大変になりますので、四半期くらいで記帳するのをおすすめします。

これらの年間スケジュールをこなしながら、次の物件取得に向けて物件探しを継続し、きちんと儲かるよい物件を増やしていってください。

不動産投資家の年間スケジュール

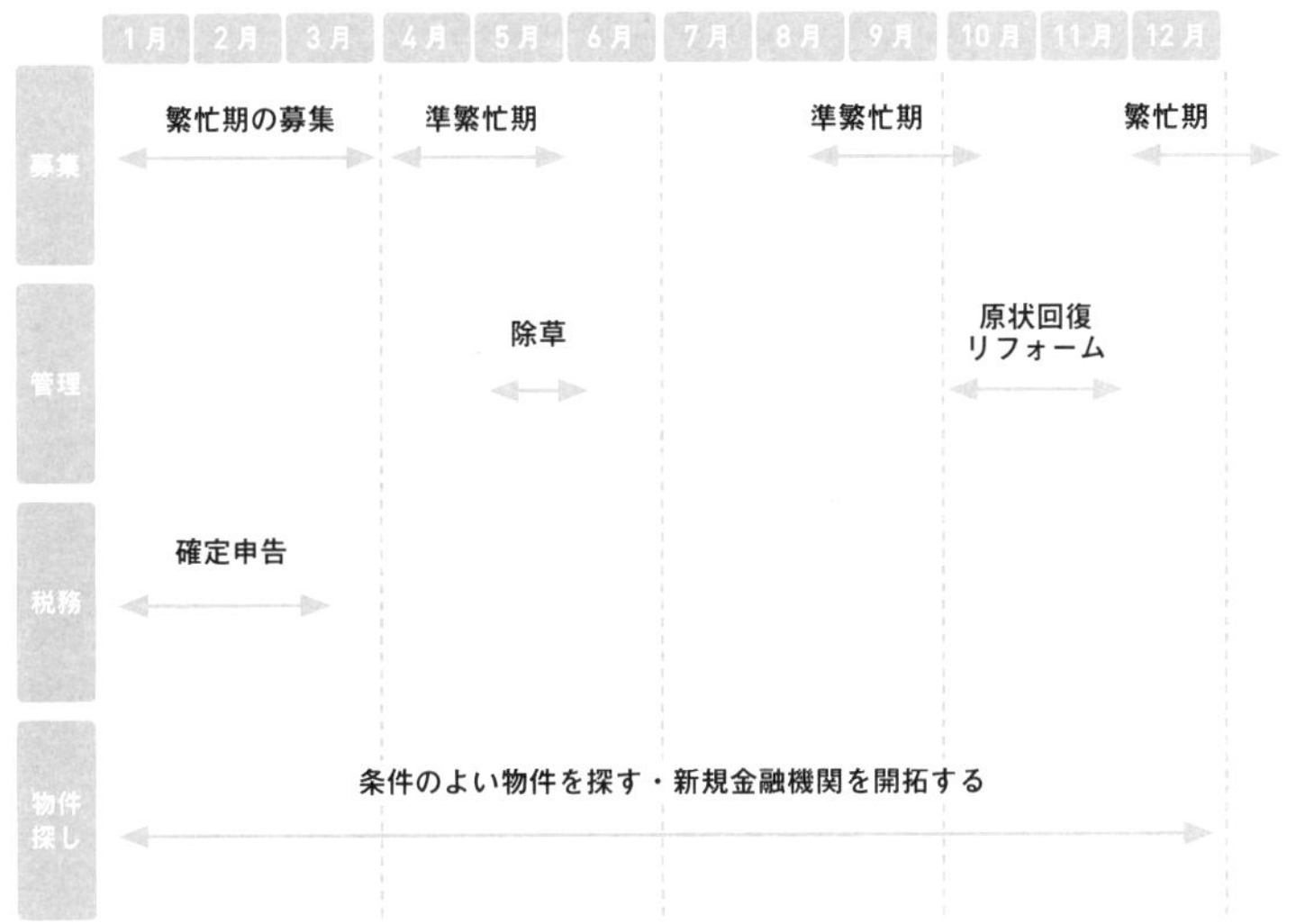

第８章のまとめ

◎重説は「再建築」と「契約条件」に関することだけは必ず理解すること

◎売主に会えるのは２回だけ。「物件の設備」「修繕履歴」「入居者」「管理会社」「入居付け」「その他の費用」について質問しよう

◎貴重な有給を使う金消契約、必要な公的書類は漏れなく準備しよう

◎決済当日の資金繰りは「精算金計算書」で把握しよう

◎最初の１カ月は自分で掃除して、物件の細かな不具合を見つけよう

◎青色申告の届け出は事業開始から２か月以内、忘れずに出しておこう

おわりに

「優秀なエリートサラリーマンが、どうして不動産投資で失敗してしまうのだろう」――。

素朴な疑問からこの本は生まれました。

失敗の要因の1つは、不動産投資における情報の非対称性にあるのではないかと私は考えます。情報の非対称性とは、売り手と買い手で情報量が圧倒的に異なる、すなわち売り手は情報が多く、買い手は情報が少ない状態ということです。

不動産は、情報の非対称性がとても大きいマーケットです。不動産業者が知りえる情報と、買い手が知りえる情報には雲泥の差があります。

買い手は少ない情報をもとに意思決定を行わなくてはならず、必然的に失敗しやすくなるのは致し方ないことなのかもしれません。

であるならば、買い手が十分な情報を把握すれば、失敗を防ぐことができるのもまた必然です。

その必然を実現するために、具体的な方法を体系的にまとめたのが本書なのです。

不動産取引を体系化するにあたり、不動産投資家の視点のみならず、そのパートナーである不動産業者の業務についても可視化し、不動産取引の全体像を把握できるように工夫された本は他に類を見ません。本書と併せて『誰も教えてくれない　不動産売買の教科書』（明日香出版社／2020年5月発行）を読めば、不動産取引全体の理解がさらに深まることでしょう。

不動産投資に対する理念を持ち、戦略を策定し、定量・定性で事業を判断し、具体的なアクションを起こす。パートナーたる不動産業者や金融機関と適切なコミュニケーションを行い、しっかりと協力を得る。

不動産投資で行うこれらのことは、あなたが会社で携わる事業や、社内のチーム構築などと同様であり、サラリーマンにとって親和性のあるプロセスです。

本書は、会社で仕事をしている人にとってなじみのあるプロセスに則り、優秀なサラリーマンにとって読みやすい構成となるよう心掛けて作成しました。

具体的な事例などにご協力いただいたM様、高橋様、大村様、ありがとうございました。

3名の先輩投資家のおかげで、これから第一歩を踏み出す多くの方が救われることでしょう。

まじめにコツコツ頑張るサラリーマンの皆様が、正しい知識と手法を身につけ、確実に成功するための第一歩を踏み出す一助とならんことを願います。

2020年2月

姫野　秀喜

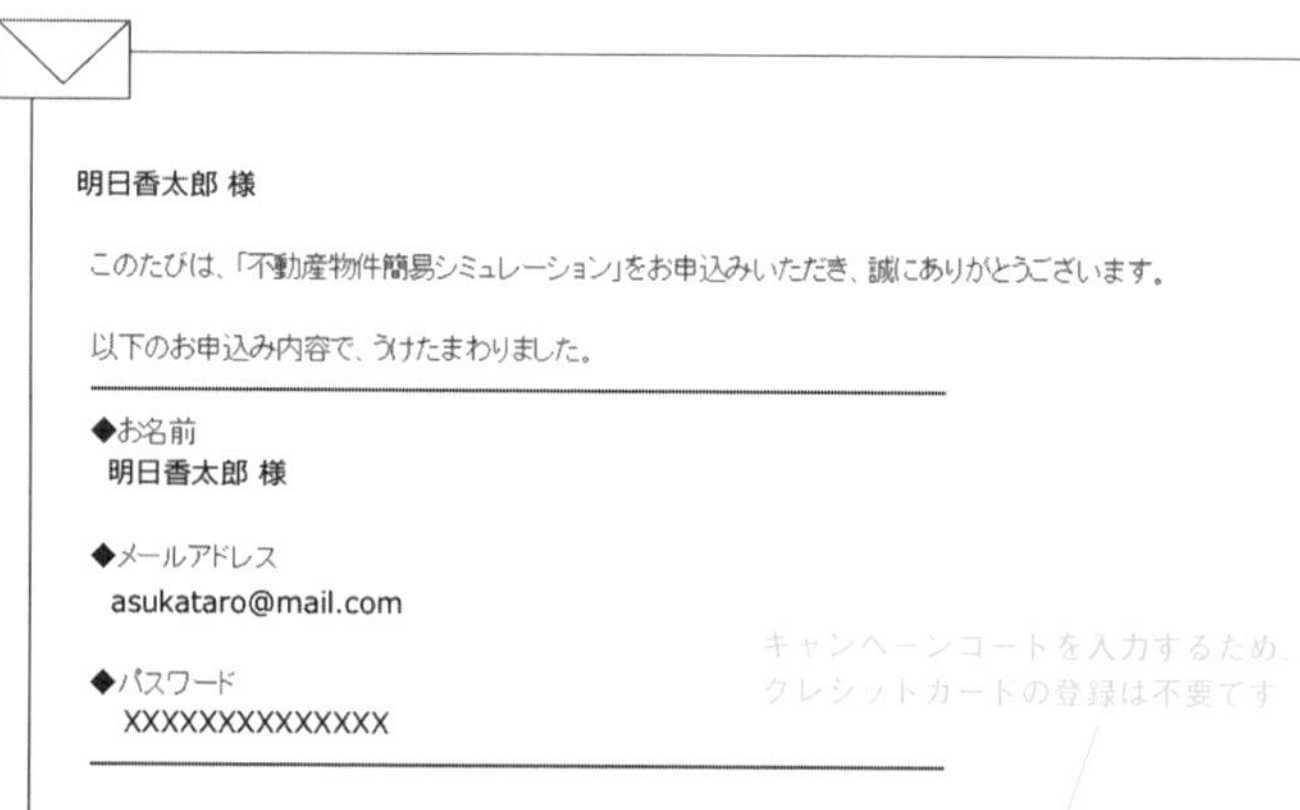

明日香太郎 様

このたびは、「不動産物件簡易シミュレーション」をお申込みいただき、誠にありがとうございます。

以下のお申込み内容で、うけたまわりました。

◆お名前
明日香太郎 様

◆メールアドレス
asukataro@mail.com

◆パスワード
XXXXXXXXXXXXXX

この内容でよろしければ、以下のURLよりログインして、クレジットカードによるお支払いをお願いします。
https://himeyafudosan.com/simulation/visitor/base/login.php

4. ログイン画面から、メールアドレスと仮パスワードを入力し、ログインしてください。

5. ログイン後の登録画面でキャンペーンコードを入力して、登録してください。キャンペーンコードの入力画面は１度しか表示されませんので、注意して入力してください。

キャンペーンコード　ASUKA2021
有効期間　登録後３か月(93日)利用可能

※有効期間終了後、解約等の手続きは不要です。課金されることはありません。
※継続して使用する際は、お支払いボタンからクレジットカード登録をしてください（月５００円+税）。

不動産物件簡易シミュレーション

ID（メールアドレス）　asukataro@mail.com
氏名　明日香　太郎
生年月日　1990/02/01
キャンペーンコード
※キャンペーンコードは本画面でのみ登録可能です。

キャンペーンコードを
入力する

戻る　　登録する

特　典

不動産物件簡易シミュレーション　アクセス　キャンペーンコード

本書をお買い求めいただいた皆様に、本書内で使われている不動産物件簡易シミュレーションが3か月間無料で使用できるキャンペーンコードをプレゼントいたします。

本書の第4章を読み進めながら、読者自身がシミュレーションを作成することでより理解が深まることでしょう。

購入を検討している物件について35年分のキャッシュフローを計算する等、不動産投資に活用してください。

利用方法

1. 以下のURLもしくはQRコードにアクセスしてください。

https://himeyafudosan.com/simulation/visitor/base/signup.php

2. 氏名とメールアドレスを入力して「送信する」ボタンを押してください。

不動産物件簡易シミュレーション

不動産物件簡易シミュレーション」の利用申し込みを行います。
氏名、メールアドレスを入力して「送信する」ボタンを押してください。

入力されたメールアドレスへ本登録案内のメールが送付されます。
メールをご確認の上、本登録を行ってください。

氏名　明日香　太郎

メールアドレス　asukataro@mail.com

送信する

3. 入力したメールアドレスに仮パスワードとログイン用URLが送信されますので、仮パスワードを入力してログインしてください。
ログイン後にキャンペーンコードを入力すれば、クレジットカードの登録をせずにシミュレーションの使用が可能です。

著者
姫野秀喜（ひめの・ひでき）
姫屋不動産コンサルティング（株）代表。
九州大学経済学部卒。アクセンチュア（株）で日本を代表する大企業の会計・経営コンサルティングに従事。
独立・開業後、年間100件以上の実地調査から得られる詳細な情報と高い問題解決力で、一人一人に合致した戦略策定から購入、融資、賃貸経営の改善までを一貫してサポート。不動産に関する記事は週刊ダイヤモンド、週刊ビル経営、日経ARIA、その他多数のニュースサイトに掲載されている。現在行っている無料相談は不動産を見極める力が身につくと評判。融資が厳しい現状でも、変わることなく1億円大家さんを多数プロデュースしている。
著書に『誰も教えてくれない　不動産売買の教科書』（明日香出版社）『売れない・貸せない・利益が出ない 負動産スパイラル』（清文社）がある。

確実に儲けを生み出す　不動産投資の教科書

2020年　3月26日　初版発行
2024年　11月14日　第18刷発行

著者　姫野秀喜
発行者　石野栄一
発行　明日香出版社
〒112-0005 東京都文京区水道2-11-5
電話 03-5395-7650
https://www.asuka-g.co.jp
印刷・製本　株式会社フクイン

ISBN 978-4-7569-2077-5